アイヌ近現代史読本

増補改訂版

小笠原信之　著

緑風出版

アイヌ近現代史読本【増補改訂版】　目次

アイヌ近現代史読本 〔増補改訂版〕 目次

4. 開拓の嵐、吹き荒れる　85

5. 逆境から起ち上がる　139

6. 民族復権の新しい波

カムチャトカ半島
占守海峡
占守島（シュムシュ島）
阿頼度島（アライト島）
幌筵島（パラムシル島）
志林規島（シリンキ島）
磨勘留島（マカンル島）
温禰古丹島（オネコタン島）
北
春牟古丹島（ハリムコタン島）
越渇留磨島（エカルマ島）
捨子古丹島（シャスコタン島）
知林古丹島（チリコタン島）
牟知列岩（ムシル列岩）
千
雷公計島（ライコケ島）
松輪島（マツワ島）
羅處和島（ラショワ島）
宇志知島（ウシシル島）
計吐夷島（ケトイ島）
島
新知島（シムシル島）
オホーツク海
太平洋
武魯頓島（ブロトン島）
知里保以島（チリホイ島）
得撫島（ウルップ島）
サハリン
（樺太）
択捉海峡
南
千
島
ポロナイスク（敷香）
択捉島（エトロフ島）
間宮海峡
チェーホフ
（野田）
ユジノサハリンスク（豊原）
色丹島（シコタン島）
国後島（クナシリ島）
ホルムスク
（真岡）
アニワ
（留多加）
コルサコフ（大泊）
アニワ湾
（亜庭）
歯舞群島（ハボマイ群島）
知床半島
根室
ノサップ岬
標津
宗谷岬
網走
厚岸
ノシャップ岬
稚内
紋別
北見
釧路
白糠
礼文島
利尻島
石狩川
旭川
帯広
十勝川
留萌
岩見沢
札幌
日高
広尾
襟裳岬
石狩川
江別
二風谷
浦河
小樽
余市
千歳
沙流川
静内
門別
苫小牧
伊達
白老
長万部
室蘭
登別
恵山岬
渡島半島
函館
江差
松前

1. 「異域」から「内国」へ

日本の近代は、明治維新に始まる。

一八六七年（慶応三年）一〇月、一五代将軍・徳川慶喜《よしのぶ》が朝廷に大政奉還《たいせいほうかん》をし、明治新政府が発足した。こうして江戸幕府支配の封建体制から近代天皇制国家へと生まれ変わったわけだが、本書の舞台・蝦夷《えぞ》地が新政府の直接支配を受けるようになったのは、二年後の六九年（明治二年）七月からである。

この間、旧幕府勢力が各地で内乱を起こし、歴史に逆ねじを巻こうとした。六八年（明治元年）の戊辰《ぼしん》戦争だ。京都郊外の鳥羽・伏見の戦いに始まり、官軍の東征《とうせい》、上野の山にこもった彰義隊《しょうぎたい》の反乱、東北諸藩の奥羽《おうう》越列藩同盟《えつれつぱんどうめい》による抵抗と続いたが、いずれも鎮圧《ちんあつ》された。そして最後に残ったのが、箱館《はこだて》（現在の函館）郊外の五稜郭《ごりょうかく》に立てこもった海軍総裁・榎本武揚《えのもとたけあき》の軍だった。榎本が六九年五月に降伏《こうふく》するや、新政府は七月に開拓使《し》を設置した。これで、蝦夷地とアイヌの人々が日本の領土、国民へと強制的に編入されたのである。

続いて九月に、蝦夷地を北海道と改称した。これには、幕末の探検家・松浦武四郎《まつうらたけしろう》が新政府に提出した意見書が参考にされている。彼は日高見道、北加伊道、海北道、海島道、東北道、千島道の六つを候補に挙げ、そのうちの北加伊道と海北道の二つを折衷《せっちゅう》した形で「北海道」が採用されたのだ。蝦夷地をくまなく歩き、松前藩《まつまえはん》や場所請負人《ばしょうけおいにん》（アイヌとの交易を松前藩から許可されている商人）の搾取《さくしゅ》と虐待《ぎゃくたい》にあえぐアイヌの窮状《きゅうじょう》に深い共感を示した武四郎が「カイ」という音に着目したのは、アイヌが自分たちの土地をカイと呼び、お互いをカイノーと読んでいたから。アイヌの良き隣人（シサム）たらんとしてきた彼の思いが、そこに込められていたのである。

ところが、折衷案で「北海道」とされたことにより、その思いが消されてしまった。哲学者の花崎皋平《はなさきこうへい》は、「北加伊道が北海道に変えられたとき、そこにこめられた大事な意味も消された。その名づけを生んだ流れは、武四郎一人の力や思いではどうにもならない滔々《とうとう》たる濁流《だくりゅう》となって、この近代百年を押し通ってきているものであった」（『静かな大地――松浦武四郎とアイヌ民族』岩波書店）と見る。歴史学者の海保《かいほ》洋子も、この改称の現実的意味を鋭く指摘する。

1.「異域」から「内国」へ

蝦夷地あるいは蝦夷という呼称方式は、近世においては幕藩制国家の支配の及ばない「異域」あるいは「異族」を指したもので、国家外を意味した。そこが北海道という呼称方式に変化したことは、東山道などと同様、古代国家に淵源《えんげん》をもつ領域理念である。ゆえに北海道の創出は『五畿七道《ごきしちどう》』であった前近代の天皇制国家が、近代的それへの出発点で『一道』を加え、国家領域の拡大を行ったことを意味する。このことはすでに実質的に領域化していたその地の政治理念上での「内国」化を意味しており、伊達《だて》藩が宮城県と改称された如《ごと》き、本州以南の例とはまったく異質である。以後アイヌ民族は蝦夷地の主役の地位を失い、「帝国の版図《はんと》」内の「異族」の一つに位置づけられる。

（『近代北方史――アイヌ民族と女性と』三一書房）

「異域」から「内国植民地」へ――。なるほど「異域」における「異族」である限り、蝦夷地の主役はアイヌだった。その主役の地位からアイヌを引きずりおろしたのが、蝦夷地における明治維新だったのだ。これが開拓使設置と「北海道」改称の意味だろう。では、なぜこのようなドラスティックな変化が国家的に要請されたのか？　六九年（明治二年）五月、明治天皇は次のような蝦夷地開拓に関する諮問《しもん》の「御下問書《ごかもんしょ》」を出している（※カタカナ表記を平仮名にし、返り点等は読み下し文に改めた）。

蝦夷地の義は皇国の北門、直《じか》に山丹《さんたん》満州に接し、経界《けいかい》粗定といへども北部に至ては中外雑居致候処《ところ》、是迄《これまで》官吏《かんり》の土人を使役するに甚苛酷《はなはだかこく》を極め、外国人は頗《すこぶ》る愛恤《あいじゅつ》を施し候より、土人往々我邦人を怨離《えんり》し彼を尊信するに至る。一旦《いったん》民苦を救ふを名とし土人を煽動《せんどう》する者之有《これある》時は、其禍《わざわい》忽《たちま》ち箱館松前へ延及するは必然にて、禍を未然に防ぐは方今《ほうこん》の要務に候間、箱館平定《へいてい》之上は速《すみやか》に開拓教導等の方法を施設し、人民繁殖之域となさしめらるべき儀に付、利害得失各意見忌憚《きたん》無き申し出ずべく候事。

（『開拓使日誌』明治二年第一号、日本近代思想体系22『差別の諸相』岩波書店より）

「土人」というのはアイヌの人たちのことで、「外国人」とあるのは具体的にはロシア人のことである。蝦夷地を「皇国の北門」と称するのは、沖縄が「南門」と称されたのと対をなす。沖縄が「琉球処分《りゅうきゅうしょぶん》」（明治新政府による、一八七二年の琉球《りゅうきゅう》藩設置から七九年の廃藩・沖縄県設置に至る一連の処置）によって内国植民地化されたことも、蝦夷地の運命と一対をなしている。明治維新により近代国家への歩みを始めた大日本帝国は、まずはその版図《はんと》を最北と最南において拡大しようとしたのである。そしてその流れはいずれ、朝鮮半島、台湾から中国大陸等へと及ぶ。

　この諮問の趣旨は、概略次のようなものだ。――蝦夷地は日本防衛の北の最重要地であり、国境を粗《あら》く定めたとは言え、北部（注・樺太《からふと》＝サハリン）では日本人とロシア人が雑居しており（注・一八五五年、日露通交条約で千島のエトロフ島とウルップ島の間に国境を設けたが、樺太については設けず、六七年の「樺太千島ニ関スル仮規則」で両者の雑居地とみなすと定めた）、日本人は官吏《かんり》がアイヌを酷使《こくし》しているのに対してロシア人は丁重に扱っているので、アイヌは日本人よりもロシア人を信頼している。もしロシア人がアイヌを煽動《せんどう》したら、その禍《わざわ》いは箱館・松前にまで及ぶ。だからそれを未然に防ぐために「箱館平定」（榎本軍平定）後はすぐに開拓教導し、人民繁殖の域とするべきだ。そのことで十分に意見を出してほしい。

　これが、その後の北海道開拓の基本方針ともなった。しかし、北海道は本来アイヌの先祖伝来の地であり、そこでアイヌたちが独自の民族性を保って生きてきたのだが、その点にはまったく思いを馳《は》せることなく、すべては大日本帝国のご都合あるのみである。すなわち、帝政ロシアの南下に対する国防がらみの諮問であり、幕末以来、ロシアが極東開発に積極的に乗り出していたことがその背景にある。蝦夷地とは現在の北海道だけでなく、千島、樺太も含んだ地域を指す。その土地とアイヌが日露のどちらに帰属するかは、今日の「北方領土」問題にまで尾を引く。それはともかく、当時のアイヌは江戸幕府、明治新政府の対ロシア政策の目まぐるしい変遷とともに、民族の運命を玩《もてあそ》ばれている。幕末に遡《さかのぼ》って、その流れをたどってみよう。

1.「異域」から「内国」へ

◆南下を進めるロシア

帝政ロシアが極東に目を向け出したのは、一七世紀半ばにヤクーツクに基地を設けてからだ。シベリアが毛皮の宝庫であり、毛皮がヨーロッパへの重要な輸出産品だったためである。彼らはシベリアからさらに東へ進み、ラッコが豊富に捕れる北千島へ日本人よりも早く入っている。そして、実際にアイヌや日本人と接触しだすのは、一八世紀になってからである。

彼らの南下の様子は、羽太《はぶと》庄左衛門正養《まさやす》の『休明光記』（『新北海道史』第五巻所収）に詳しく記録されている。羽太は幕府の役人で、東蝦夷地を幕府が直轄領《ちょっかつりょう》とした一七九九年（寛政一一年）から、西蝦夷地も直轄化した一八〇七年（文化四年）までの「蝦夷地御処置」時に、蝦夷地経営の最高幹部（蝦夷地取締御用掛《がかり》、蝦夷奉行、同改名後の松前奉行を歴任）だった人物だ。その記述から具体的事実を拾ってみる（漢字の旧字体は新字体に改めた）。

一七六五年（明和二閏《うるう》年）ヲロシヤ人イバンレエンチといふもの、蝦夷の内レシヤハ（ラシヨア）島へはじめて渡来し、カムシリ（シムシリ）島に越年し、翌戌《いぬ》年、エトロフ島へ渡来し、島中の様子を見めぐり、ウルップ島に越し、翌亥《い》年帰帆《きはん》の時、ラシヨア島蝦人《えびす》（注・アイヌのこと）共へ対し不法に及びたる事などもあれど、彼島人勢ひ及ばざれば、其儘《そのまま》に帰帆をさせぬるよし。

六八年（明和五年）ウルップ島東浦ワニナウといふ処《ところ》へヲロシヤ人多く乗りたる大船渡来。

六九年（明和六年）ヲロシヤ人イバンホロシヒチニイカノフといふもの又ウルップ島へ渡来し、翌寅年同所夷（注・アイヌ）両人を鉄砲にて打ち殺す。此ウルップ島にはもとより住居の夷人なくて、エトロフ島より出稼の処なりしが右のごとくヲロシヤより大船渡来し、剰人をも殺しければ、夷人共大に恐れみなエトロフ島へ立帰りぬ。其跡にてヲロシヤ人ども思ふ程漁業などし、

七三年（安永二年）帰帆に赴きけるが、同所西浦アタッといふ所にて難風に逢、大船やぶれ、乗組の者

共一同所アタッといふ所へ上り、つひにエトロフ夷人共と和融をなし、互いに交易を以て業とし、安永五申《さる》年（注・七六年）迄四年滞留し、其年本国より迎として大船来り、一同帰帆せしよし。

七八年（安永七年）ヲロシヤ人ケレトプセメテリヤウコへツなどいふ者を始として、大勢渡来し、東蝦夷地キイタップ（注・霧多布《きりたっぷ》）のうちのノッカマプといふ所の松前家運上屋に来り、彼国より通信通商の事を願ふといへ共、彼地詰合の家臣共より挨拶に及びがたきによって、ひとまづヲロシヤの内オホツケといふ所へ帰帆し、其年の秋末、復《また》ウルップ島へ渡来、越年し、翌亥年アッケシ（注・厚岸《あつけし》）の内ツクシコイといふ処へ来り、昨年の挨拶を待、松前の家臣、陣屋へ訴ふる所叶ひがたきよしを演説し、船中粮米等を与え帰帆せしむ。則《すなわち》アッケシを出帆し、其年ウルップ島に越年す。翌子《ね》年、彼もの共の乗船ウルップ島ワニナウといふ所へ繋置《つなぎおき》しに、海浪にて山手へ打上げ、おろす事能《あたわ》ず。丑《うし》年（注・八一年）、小船に乗組帰国し、天明四辰年（注・八四年）、彼者共件《くだん》の打上げられし大船下げ方として又候ウルップ島へ来りたれ共、終《つい》に下げ得ざるよし。

八五年（天明五年）ヲロシヤ人シヨンノスケ、イシユヨハ、タカチ三人の者ウルップ嶋へ渡来、其うちタカチは翌午《うま》年帰帆、残り弐人は同八申《さる》年（注・八八年）迄四年エトロフ島に越年し、此年小船に乗帰国せしよし。

九五年（寛政七年）ヲロシヤ人ケレトブセ、ソシリ、コンネニチを初とし、数十人大船に乗組、ウルップ島ワニナウへ渡来し、其内件《くだん》の二人を始《はじめ》外男女合て三十二人上陸し、乗船は直《ただち》に残の人数と共に帰帆させ、彼二十四人のものは其島の内トウボという処に家居をまうけ、永住の手当をなし、ラッコ其外の漁業を専《もっぱら》として、地方蝦夷地アッケシといふ所の長夷イトコエといふものを初め其外所々の長夷共といひ合せ、交易を始め、互いのすきはひとして年月を送り、更に帰国のけしきは見えざりけり。此者ども是より十一年を経て漸《ようや》くウルップ島を離散しぬ。

九六年、九七年（寛政八年、九年）両年続ひて異国船渡来し、且《かつ》前件のごとくウルップ、エトロフの内へヲロシヤ人しばしば渡来せし時の事にてや有けん。彼国にて信ずる邪宗門に用る十文字の木といふものをエトロフ島に建置たる事あり。

1.「異域」から「内国」へ

間をおかず、実に足繁《あししげ》く姿を見せている。ロシア側のねらいは日本との直接交易だったが、その一方で北千島方面の足固めも行なっている。小坂洋右《ようすけ》『流亡《るぼう》』（北海道新聞社）によれば、野菜の栽培方法をもたらし（一七一一年、千島列島最北のシュムシュ島）、牧畜を伝え（一七五〇年、同）、ロシア政教への洗礼をアイヌに施し（一七三四年、パラムシル島、一七四五年にはアイヌ信者は一七四人）、礼拝堂を建設（一七五六年、シュムシュ島）したりもしている。他方で、アイヌに対して「一人年一枚」の過酷な毛皮税をかけて執拗な取り立てを行ない、両者の間で「摩擦の歴史」を繰り返した。

その象徴的な事例が、一七七〇年（明和七年）の殺人事件だ。ロシア人らは暴虐《ぼうぎゃく》と略奪《りゃくだつ》行為を繰り返し、アイヌの反感、不信感はピークに達していた。そして、アイヌ側も翌年に復讐《ふくしゅう》を図り、この年に一三人、七二年に八人、計二一人のロシア人を殺害している。その上で、七三年には和解をし、交易を拡大している。この背景には、ロシア自体の先住民政策の大きな変更があった。七〇年の一件については通訳がその暴虐をロシア当局に訴え、首謀《しゅぼう》者は死刑判決を受けている。そして、ついには毛皮税も廃止され、「今後の漁業や狩猟で生まれてくる将来の利益を考えて、今はただ彼らをわれわれに心服させることを心がけよ」というソフトな懐柔《かいじゅう》路線に転換されたのだという。

このロシアの政策転換には、松前藩の手が北に伸びてきていたことも与《あずか》っている。一七五四年（宝暦四年）、クナシリに松前藩の交易拠点が設けられ、千島のアイヌは北からのロシア、南からの日本の勢力拡大にはさまれた形になっていた。

そして、『休明光記』に見るとおり、日本とロシアの最初の接触は一七七八年（安永七年）のことである。ロシア側は代表シャバーリンがロシアに帰化したアイヌを通訳として連れてノッカマップ（根室）に現われ、松《まつ》前藩《まえはん》代表の新井田《にいだ》大八、工藤八百右衛門と会って日本との交易を求めた。この案内をしたのがクナシリのアイヌ・ツキノエだった。松前藩は翌年にクナシリ島で回答すると約束し、ロシア側は翌年夏、再び厚岸にやってきた。松前藩は重臣会議を開いたが結論が出ず、会談ではのらりくらりとかわし、結局ロシアとの交易を断っている。この接触を松前藩は幕府に報告していない。対ロシア防備を強化するよう求められ負担が増えるのを恐れたためだという（真鍋重忠『日露関係史』、和田春樹『北方領土問題』朝日選書より）。

しかし、ロシア側は松前藩に交易を断られたものの、何度も大船を出して千島を訪れ、長期滞在するようなことを繰り返している。こうした動きにいち早く目をつけ、『赤蝦夷《あかえぞ》風説考』を著して（一七八三年、天明三年）鎖国下の江戸幕府に警鐘を鳴らしたのが、工藤平助《くどうへいすけ》だった。工藤は武士兼業の仙台藩の医師で、江戸で蘭《らん》学者や儒《じゅ》学者と広く交流し、海外の事情に通じていた。また蝦夷地の情報については江戸表《おもて》にいた松前藩士からも収集していたと見られる。「赤蝦夷」というのは赤ら顔の異人の意で、ロシア人を指す。工藤はまず、千島の現実を次のように紹介する。

> 蝦夷とカムサスカ（注・カムチャッカ）の間に、千島の島々がつらなる。ここをも、オロシャは享保（注・一七一六年〜三五年）ごろから侵しはじめ、城郭《じょうかく》を構えているともいう。オロシャ人たちは、ときどき松前の近辺に漂流《ひょうりゅう》してくるそうだ。オランダに接しながら、そこから奥蝦夷まで手をのばしてきたと聞いている。
>
> 近来、漂流と称しては、蝦夷地ウラヤシベツ（注・網走の東南部）、ノツシャム（注・根室の納沙布《のさっぷ》）に着船している。
>
> あるときは理不尽に陸にあがってきては、攻撃をはじめた。まるで陣取り国取りの侵略で、飛び道具さえ

使って蝦夷人に合戦をいどみ、たがいに死傷者をだし、やむなく退散していったこともある。

前にしるした蝦夷地の小ぜりあいは、カムサスカ地内の島えびすの仕わざだし、オロシャ国の審議にかかるような国家方針ではなかった。ひそかに考えれば、日本に金銀銅が多いと知っているため、どうにかして交易したい心を持つのだ。

（井上隆明訳『赤蝦夷風説考』教育社新書）

工藤はロシアが盛んに交易を求めていることを明らかにし、それが場所請負人らの抜け荷（密貿易）を促進している事実を指摘する。そして、その抜け荷は防げそうもないので、いっそロシアとの交易を認め、蝦夷地の金山などを開発するようにと勧める。それによって長崎経由の中国、オランダとの交易も良い刺激を受け、国を潤《うるお》すというのだ。

1.「異域」から「内国」へ

さて日本の心得はといえば、いずれにせよ一本の通商路はあってしかるべきだ。以前までは通商の相手といえば、島えびすに限られていたし、蝦夷人同様うちすてておいてよかったが、オロシャのごとき大国であってはそうはいかない。どんな国より恐ろしい国だし、どんな問題に発展していくか計りしれない。日本人を撫育《ぶいく》（注・年中行事、儀礼などのときに、酒・タバコ・米などをアイヌに与えること）し、言語をよく知り、そしてハンペンゴロ（注・ポーランド軍大佐ベニョフスキー・モーリツ。ロシア戦争で捕虜となりカムチャッカ流刑となるが、船を奪って脱走し、日本、マカオ経由で帰国。途中四国で、ロシアの日本侵略を警告したが、受け入れられなかった。その冒険談は小説『ほら吹き男爵の冒険』となっている）が海上を乗りまわして地勢調査を企てたとあっては、なにをたくらんでいるかわからぬし、うちすてておくことはできない。ねがわくは、交易の件を細かに吟味することだ。

（同）

この提言は時の老中・田沼意次《おきつぐ》に受けとめられた。というより、田沼が工藤に執筆《しっぴつ》を勧めた節があるともいう。幕府財政の破綻《はたん》を積極的な重商主義と人材登用、新田や鉱山の開発など大胆な政策で乗り切ろうとしていた田沼は、工藤の提言を受け入れて、蝦夷地開発の準備を進めた。

幕府は一七八五年（天明五年）、山口鉄五郎、青島俊蔵ら三隊の調査探検隊を蝦夷地へ送る。青島隊には最上《もがみ》徳内《とくない》が竿取《さおと》りとして従い、現地では乙名《おとな》（首長）サンキチと脇乙名ツキノエが協力した。この調査で、徳内らの東蝦夷地隊はエトロフ島のアイヌとロシア人との交易、西蝦夷地隊は樺太における山丹交易の実態を知り、東蝦夷地では試験的にアイヌとの間に「御試《おためし》交易」が行なわれた。これは、場所請負商人飛騨屋に、東蝦夷地のアッケシ・キイタップ・クナシリ場所の交易を一年間停止させ、幕府の普請《ふしん》役取扱の下に交易を行なうようにしたものである。

また八六年（天明六年）には、最上徳内が漂着者を除く日本人としては初めてウルップ島へ渡っている。この時、エトロフ島やクナシリ島に住んでいるロシア人と接触し、ウルップ島以北の情報も聞き出している。徳内はこの調査の詳細を『蝦夷国風俗人情之沙汰』（『日本庶民生活史料集成』第四巻所収、三一書房）に著した。その中にもロシア人の浸透ぶりが描かれている。

> 此乙名（注・首長）の処に、魯斉亜《ヲロシア》国の人にて赤人と唱ふる者、安永年間（注・一七七二年～八〇年）より数々渡来して滞留し居る処にて、彼人、卒都婆《そとば》の如くなる柱を建て置たり。其体、十文字に貫木《ぬきぎ》をさし、長《ながさ》丈（注・丈＝一〇尺、約三メートル）余、国字にて経文を録し置けり。日本にて禁制なる切支丹の祖師磔《はりつけ》に掛りたる柱を表したるかと思はれたり。此柱を庭前に建置《たておき》、土人等までも甚《はなはだ》信仰し、朝夕と拝礼をすると云り。

アイヌにロシア正教がかなり浸透していることが、わかる。こうして北方の情報が幕府にもたらされたのだが、田沼意次が失脚したため、現実の政策に生かされることはなかった。しかし、蝦夷地調査はその後も続けられ、九二年（寛政四年）には徳内らがサハリン島に入っている。一方、ロシア使節アダム・ラックスマンもこの年、根室に来航している。ラックスマンはロシア陸軍中尉で、イルクーツクで漂流日本人の大黒屋《だいこくや》光太夫とも親しく交わっており、日本とアイヌとの関係を探るのがねらいだった。さらに九六年（寛政八年）には、ブロートンが率いる英国船がアブタ（虻田）沖に来て沿岸を測量している。

こんな慌ただしい動きに幕府も安閑《あんかん》としておられなくなり、九八年（寛政一〇年）には大規模な巡察隊を派遣した。これに参加した最上徳内、近藤重蔵《じゅうぞう》は、エトロフ島で例の十字架を倒して「大日本恵登呂府《エトロフ》」との標柱を立てている。日本の支配下にあることを改めて宣言したのである。

幕府の姿勢の変化は、蝦夷地経営にも大きく影響した。翌九九年（寛政一一年）、知内《しりうち》川以東の和人地と東蝦夷地を幕府直轄《ちょっかつ》にし、一八〇七年（文化四年）には松前藩を陸奥《むつ》国伊達《だて》郡梁川《やながわ》（注・福島県梁川町）に移封《いふう》、西蝦夷地を含む全域（クナシリ、エトロフ、南サハリンも含む）を直轄の幕領《ばくりょう》にした。この詳しい内容は後述するが、ロシアの南下に備えて北辺の防備を固めるのに松前藩の防衛力では貧しすぎるのと、蝦夷地でのアイヌ酷使が見過ごせないという二つの具体的な理由があった。そして、もう一つ、一七八九年（寛政元年）のクナシリ・メナシのアイヌ蜂起《ほうき》も見逃せない。この事件が暗く濃い影を落とし、幕府に政策の一大転換に踏み切らせたといえる。

1.「異域」から「内国」へ

◆アイヌ最後の集団蜂起

クナシリ・メナシの蜂起は、コシャマインの蜂起（一四五六年）、シャクシャインの蜂起（一六六九年）とともに、アイヌ三大蜂起の一つとして知られる。アイヌが和人勢力に対抗できる民族の力を示し得た最後の戦いと言われ、これが鎮圧されてからはアイヌの窮状はいっそう厳しいものになってゆく。民族最後の力をふりしぼった武力闘争だったと言えるかもしれない。

この蜂起の中身に入る前に、当時の松前藩とアイヌとの交易の様子を見ておこう。太閤《たいこう》検地以降、大名の領地は公儀《こうぎ》（幕府）から一定の土地支配権を知行地《ちぎょうち》として与えられた。その土地の価値は玄米収穫量で表わされ、石高と称された。ところが、米がとれない松前藩には石高《こくだか》制を適用できなかったので、幕府は知行としてアイヌとの交易独占権を与えた。この権利の一部を藩が上級家臣に俸禄《ほうろく》として地域割りして分け与えたのが、松前藩独自の「商場知行制《あきないばちぎょうせい》」である。これは藩士が商人を兼ねる独特の制度で、「蝦夷地の儀は蝦夷次第」という藩の基本方針により、アイヌの人々の生産活動はある程度自由が保証されていた。

ところが一八世紀に入ると、蝦夷地の漁業生産や本州と松前との商品流通の発展などによりこれが大きく変質する。次第に力をつけてきた商人が一定の運上金《うんじょうきん》を藩に納め、各場所を全面的に請け負う「場所請負制《ばしょうけおいせい》」に変わったのである。いわば本州資本が蝦夷地の奥にまで入り込んで、漁業資源や木材資源を大規模に収奪するのであり、これによりアイヌは主体性を失わされ、場所で働く労働者へと化してゆく。アイヌは一気に坂道をかけ下りるように窮乏化へ向かわされるのだが、上村英明《うえむらひであき》は『北の海の交易者たち』（同文舘出版）の中で、その根本原因を和人商人の大規模な自然破壊にあると見る。

上村は、「アイヌ民族の漁業が自然環境との共存型のシステムをもっていたのに対し、請負商人のそれは自然に対してまったく略奪的であった。この対立は生産力対生産力、階級対階級の対決ではなく、民族対民族そして生活者対非生活者の対決であったといってよい」と分析している。アイヌたちは川上のコタン（集落）で、自分たちの生活に必要な範囲の資源をつつましく狩猟し、漁撈《ぎょろう》し、けっしてそれ以上は望まなかった。つまり、自然環境を大事にする循環型の生活を営んでいたのである。ところが、和人商人たちにはこの生活者の視点が欠けており、サケ・マス・シシャモなどの遡上魚《そじょう》を川下に大網を三重にも張って根こそぎ捕ってしまったため、アイヌたちはやむなく川下に移動する。その「川下に下りたアイヌたちを待っていたものは、奴隷《どれい》制にも近い〆粕《しめかす》製造、俵《たわら》もの（注・イリコ、白干鮑《あわび》、昆布の三品をいい、対中国交易の重要商品だった）、塩蔵品加工の労働力としての過酷な使役であった」というのだ。この労働者化は一七八一年ごろから一八〇〇年ころにかけて一般化したという。

上村によれば、和人のアイヌに対する場所請負制における経済的不正は従来、次の五つの論点で語られてきたという。すなわち、①強制労働、②交換上の問題（交易品の交換比率の一方的切り下げなど）、③品質上の問題、④数量上の問題、⑤勘定上の問題（いわゆる「アイヌ勘定」などのごまかし）である。しかし、この見方は皮相《ひそう》に過ぎると見る上村は、同書の中で次のように指摘する。

> 請負商人によるアイヌ人の強制労働によって生じた経済現象を、多くの経済学者は和人による「不正」として追及しているが、その多くは木を見て森を見ず、本末転倒の感がある。個々の『不正』はたしかにあったが、そうした「不正」がなぜ行われたのかについて本質的で全体的な把握が行われておらず、「不正」に対する視点も、和人の、しかも農耕社会のそれでみている場合が少なくない。
>
> 強制労働はもちろん最大の「不正」ではあるが、それが請負商人の河川の生態系破壊に起因することはすでに述べた。自然環境の破壊によるコタンの崩壊を語らずして強制労働だけを論じても、それは本末転倒だろう。

傾聴に値する意見だ。生活基盤を根底から崩壊させられたアイヌが窮乏化させられるのは、火を見るより明らかだろう。他方でそれに拍車《はくしゃ》をかけたのが、場所の設置をどんどん許可する松前藩の姿勢だった。場所が増えればそれだけ運上金が入り、藩の財政が潤うからだ。「江差《えさし》の五月は江戸にもない」と言われ、松前、江差、箱館という松前藩膝元《ひざもと》の三湊《みなと》の賑わいぶりは「元日節句などのさま京、江戸におとらず」（平秩東作《へずつのとうさく》『東遊記』、『日本庶民史料集成』第四巻所収、三一書房）と書き残されている。

松前藩の収入は、以前には年間二〇〇〇両ほどだったのが、場所請負制になってからは七六〇〇両へとはねあがり（板倉源次郎『北海随筆』一七三九年、同）、もう少し時代が下った『蝦夷地一件』（一七八四年。工藤平助の『赤蝦夷風説考』に刺激を受けた勘定奉行・松本伊豆守が配下に密《ひそ》かに蝦夷地を探《さぐ》らせ、老中田沼意次《おきつぐ》に提出したもの。『赤蝦夷風説考』教育社新書所収）の記述では、松前藩主に直接上がってくる運上金が一万二六〇両、藩士の取り立てる運上金が五〇〇〇両に上るまでになっている。藩収入のなんと九五％弱までが場所請負制度による収入だったという。

といって、幕府に秘密主義を貫いて半ば治外法権的に勝手放題をしてきた松前藩が、いつまでも我が世の春を謳歌《おうか》できたわけではない。クナシリ・メナシの蜂起が起きた一七八九年（寛政元年）頃は、藩財政がかなり窮乏化している。直前の天明年間（一七八一年〜八八年）には、数年に及ぶ有名な「天明《てんめい》の大飢饉《ききん》」が起こった。八三年（天明三年）の浅間山大噴火もこの一因となり、とりわけ米の単作地帯で収量が少ない東北地方の惨状は目を覆わんばかりで、餓死《がし》・病死者を数十万人も出したという。

このため米価が暴騰《ぼうとう》し、江戸・大阪・京都などでは打ち壊しが横行した。和人とアイヌとの交易の和人側基幹商品の米はほとんどが東北産だったため、交換比率は大幅に引き下げられ、それまで一俵が八升（ふつうは二斗）だった蝦夷俵の中身が三升にまで落ちている。それだけアイヌからの収奪が激しくなったのだ。藩の財政は苦しくなる一方で、場所商人らの横暴は募るばかりだったようだ。

しかし近年になって、松前藩の勝手向きが不如意《ふにょい》になってきたため、取り締まりの手がゆるんでいる。町人たちが藩財政を支えている関係で、肝要の島々を押えて、適当に私腹を肥やしているのだ。荷の売買については、松前の湊口で改めていたものの、右の次第で今では取引の島々から販路へと直送する始末である。海路でただちに上方筋《かみがたすじ》に着船するわけだ。

（『蝦夷地一件』）

藩の取り締まりがゆるんだのをこれ幸いと、請負商人たちはますます私腹を肥やし、抜け荷《ぬに》（密貿易）も露骨になってくる。そうした悪徳商人の中でも、とりわけ腹黒かったのが飛騨屋《ひだや》だった。松前藩は木材業者の飛騨屋に八一八三両もの莫大な借金を背負い、その借金の一部と相殺《そうさい》する形で、一七七四年（安永三年）、奥蝦夷のアッケシ（厚岸）、キリタップ（霧多布）、クナシリ（国後）の三場所を二〇年間もの長期にわたる約束で請け負わせている。せいぜい八年程度がふつうだから異例の長さであり、『蝦夷地一件』ではこの飛騨屋が役人に賄賂《わいろ》を贈ったり抜け荷を行なっているようだと指摘している。

この飛騨屋の場所請負にクナシリでツキノエが抵抗し、すぐには場所が開けなかった。これに対して、松前藩は報復として蝦夷本島のアイヌたちにツキノエとの交易を一切禁止した。一七七八年（安永七年）にロシアが松前藩に通商を求めてきたときに案内をしたのがツキノエだった。よりによって、本島への出入り禁止となっていたアイヌ指導者に案内を乞うたわけだが、ロシア側はここらの事情を把握していなかったようだ。

クナシリ島は大きな川に恵まれなかったので、アイヌたちは近海の漁や交易に頼って生活を維持していた。その分、交易範囲も広かったが、奸智《かんち》にたけた飛騨屋が場所開設のために大船を繰り出してやってきた時には、ただならぬ警戒心を募らせて抵抗した。その挙げ句の本島出入り禁止となり、これは交易に頼るクナシリのアイヌたちにとっては大きな打撃だったことだろう。結局、八年後にはツキノエが折れて飛騨屋はクナシリ場所を開き、交易を再開させる。これ以後、飛騨屋の収奪は過酷さを増してゆくのである。

当初、飛騨屋は交易を中心に活動していたが、八八年（天明八年）に突然、鮭《さけ》の〆粕《しめかす》を作るためにクナシリ・メナシのアイヌを強制的に使役し始める。七八年、七九年のロシア人の応接にお金がかかったこと、八五年に幕府が行なった蝦夷地調査に伴い「御試交易」があり、この間に場所の経営が中止されていたことが、その理由という。〆粕は大きな釜で魚を煮て油を絞《しぼ》り取った残り粕《かす》で、上方《かみがた》方面に花の栽培肥料として送られていた。

この〆粕作りにおけるアイヌ酷使と虐待が、クナシリ・メナシの蜂起の直接的な引き金となった。この蜂起の顚末《てんまつ》は、松前藩から急派された鎮圧《ちんあつ》隊長・新井田《にいだ》孫三郎の報告日記『寛政蝦夷乱《かんせいえぞらん》取調日記』（『日本庶民生活史

1.「異域」から「内国」へ

料集成』第四巻所収、三一書房）に詳しく残されている。アイヌを鎮圧した松前藩士の取り調べ報告書という性格の文書であるが、それでも、飛騨屋の目に余る収奪《しゅうだつ》ぶりが否応なく浮き彫りにされる。

取り調べはまずメナシのアイヌから始まり、「めなし徒党の内、シャモを殺し候者廿四人呼び出し、予《かね》て調べ直し置《おき》候書付《かきつけ》を以《もって》相尋ね候処、答の趣口書左に記す」との断りの後に、蜂起に参加して捕まったアイヌの証言が個条書きに並べられている。内容を要約して列記しよう。

一、メナシ領シベツ（標津）では、粕作りが始まってから〆粕割合の手当てというものはまったく無く、〆粕の雇い代は首長が米一俵にたばこ一把、一般アイヌはたばこ半把にマキリ（小刀）一丁なので、自分の荷物も何もなく、土産がもらえるわけでない。去年から〆粕作りが始まっているので冬中食べ物が不足し、妻子を養うにも難渋している。ことにシトノエというアイヌ女性は、働きが悪いということで薪《たきぎ》で強く打たれて病気になり、亡くなった。

一、同所のシリウというアイヌは、妻と妾の二人がともに稼ぎ方の和人たちに密夫《みっぷ》（姦淫《かんいん》・凌辱《りょうじょく》）されたが、抗議したら逆に道理に合わない文句を言われるので、言えないでいる。

一、働かないと、男女を問わず残らず粕とともに殺すぞ、と稼《かせ》ぎ方に言われた。

一、稼ぎ方は、当年よりアイヌを残らず殺すと言って、犬を縄《なわ》に縛《しば》って川へ沈めて殺した。シャモ（和人）が多数のアイヌを殺すのだな、とアイヌは推量した。

一、メナシ領チュウルイ（忠類）では、稼ぎ方たちが昨夏より大きな釜《かま》を三つ用意し、男と女と子供のアイヌに分けて粕とともに煮て殺すと脅《おど》し、実際に子供を背負った女性を釜に入れたが、大勢のアイヌがやってきてこの時はなんとか助かった。

一、ケウトモヒシケは、妻と妾《めかけ》に稼ぎ方が密夫《みっぷ》したので、アイヌ式のツグナイを求めたら理不尽《りふじん》にもぶっ叩かれた。

一、サンヒルというアイヌが、妻が密夫されたので抗議したら、稼ぎ方は激しく腹を立ててサンヒルの髭《ひげ》をマキリで切ろうとして脅した。

ひどい話ばかりである。続いて、クナシリのアイヌ一四人の証言が綴《つづ》られている。クナシリの惨状《さんじょう》もメナシとよく似ている。

一、クナシリのセセキという所の支配人左兵衛は、ウテクンテというアイヌ女性を居所へ引き連れて夫婦同様にして子供を生ませた。その他に密夫している例は多く、悔しい思いでいるが、抗議すれば逆にツグナイを求められるので黙っている。

一、支配人の左兵衛の言うには、当年のお目付け役の勘平は難しい人物で、アイヌが〆粕作りでしっかり働かないと当島に下さる米、酒、味噌に至るまで毒を入れ、アイヌを残らず殺して、これまでアイヌが住んでいた所へ町屋《まちや》をこしらえて江戸より和人を多数取り寄せて商売をすると言ったそうだ。

けた外れに安い報酬で酷使した上に、女たちを辱《はずかし》める。抗議をすれば、逆に償《つぐな》いを要求したり、皆殺しにするぞとか、アイヌの男たちが大事にしている髭を剃《そ》るぞと脅《おど》す。さらには〆粕を煮立てた大釜に入れようとまでする。こんな極悪非道《ごくあくひどう》をメナシでもクナシリでも日常茶飯事《にちじょうさはんじ》として繰り返した挙げ句、いよいよ死者が出る事態となる。

メナシ領のウエンベツという所の支配人の勘兵衛がクナシリ島へやって来て、「暇乞《いとまご》いの酒だ」と言って長老のサンキチに使いの者をよこして贈った酒を、サンキチが飲んだところ、死んでしまった。また、マメキリというアイヌの妻は運上屋でご飯を食べると、即死してしまった。これで、アイヌはいよいよ皆殺しにされるのかと憤激し、蜂起を思い立ったのである。

1.「異域」から「内国」へ

一七八九年（寛政元年）五月五日、クナシリ島フルカマップの首長マメキリ、セツハヤフ（ツキノエの息子）らをリーダーとする若手アイヌが武装し、同島トマリの運上屋を襲い、松前藩の役人、飛騨屋の支配人、通詞《つうじ》、番人らを殺した。その足で、近くの番屋を次々と襲い、合わせて二二人の和人を殺害。それから船で対岸の根室のメナシに渡り、これに呼応したメナシのアイヌとともに、停泊中の商船を襲い、さらにはシベツ、チュウルイ、コタヌカ（小多糠）などで合わせて四九人を殺した。和人被害者は合わせて七一人だった。蜂起したアイヌは、クナシリで四一人、メナシで八九人の合わせて一三〇人に上った。

この蜂起の報はすぐに松前と幕府に伝えられ、松前藩では藩士・新井田孫三郎以下二六〇人余りの鎮圧隊をノッカマップへ急派した。新井田は、クナシリの首長ツキノエ、メナシの首長ションコらに、蜂起に関係した者を集めるよう要請する。アイヌの側では徹底抗戦も辞さずという空気が強かったが、ツキノエの説得に応じて、蜂起参加者たちは武器を捨ててノッカマップに集まった。

だが、松前藩の処分は殊《こと》の外《ほか》、厳しいものだった。首謀者八人、和人を殺害した二九人の合わせて三七人に死刑を言い渡し、ノッカマップの浜辺で次々と処刑し始めた。ところが、「五人まで首をはね、六人目を引き出しにやり候ところ、牢内騒ぎたち、大勢にてペウタンゲ致し候につき」（『寛政蝦夷乱《らん》取調日記』）という事態となった。

ペウタンゲというのは危急のときに悪魔払いをする叫び声で、牢内のアイヌたちが一斉に叫び出したのだ。飛騨《ひだ》屋《や》の理不尽な酷使と虐待《ぎゃくたい》にやむにやまれず立ち上がり、しかも自ら武器を捨てて降伏したというのに、この処分は到底《とうてい》納得ができなかったのである。自分たちの正しさを神（カムイ）に訴えようと全身全霊の叫び声を絞り出したのだ。

牢外にいたアイヌたちも騒然とし、牢の錠も外されそうになった。鉄砲隊がかけつけたが、なかなか収まらない。そこでいよいよ鉄砲隊が実力行使に踏み切った。「鐘《かね》・銅羅《どら》・貝・太鼓等打ち鳴らし入れ替わり入れ替わり鉄砲にて打ちとめ、逃げ出し候者は鑓《やり》にて突き留め、大半打ち鎮《しず》め候て牢《ろう》内を引き崩し、あい残り候者は鑓・刀等にて残らず打ち取り、首をはね、洗い候て残らず箱へ納め塩詰めに致す」（同）と皆殺しにかかった。胴体はムシロにつつんで浜に埋め、塩詰めにされた首が松前にまで運ばれさらし首にされたという。この松前藩の処置はいかにもむごい。新谷行は『増補アイヌ民族抵抗史』（三一新書）の中で、次のような見方をしている。

ツキノエら長老が蜂起した者を説得して自分たちのほうから松前軍に降ったのは、あるいは降伏すれば助命するという、あらかじめなんらかの約定《やくじょう》があったのかもしれない。「殊に諸方の長人共を始めもし心替りも出来いたし候わば此上の大事にも及ぶ」（注・『寛政蝦夷亂《らん》取調日記』の記述）という字句は、そのように読める。牢を打ち破ろうとする蜂起者たちの怒りと、欺《あざむ》かれたと悟ったツキノエらが呼応して奪還に出るのとを恐れ、牢に閉じこめたまま鉄砲を撃《う》ち込み、息のある者を槍で突き、蒼惶《そうこう》（注・あわてふためくさまの意）の裡《うち》に惨殺したのである。凄惨《せいさん》な光景が目に浮かぶようである。

『寛政蝦夷亂取調日記』で新井田はアイヌの言い分を詳しく聞き取っており、その記述には公平な姿勢が読み取れる。しかし、浜辺でのこの処刑はその姿勢からは想像できない残忍なものである。そこから浮かび上がるのは、飛騨屋を徹底的に悪役とし、その一方でアイヌの実力行動にも厳しい制裁を課し、松前藩自らだけを正義とする姿勢だ。同書を収めた『日本庶民生活史料集成』第四巻の解題ではそのあたりの背景に触れている。

まことにこの乱は、松前藩の蝦夷地経営、殊に場所請負制度の弊害を如実に物語った事件であって、幕府をして御救《おたすけ》交易を行わせ、更に寛政一一年には幕府蝦夷地直轄《ちょっかつ》に踏み切らせたのも当然だったのである。

ただここで注意しなければならないのは、松前藩はこの責任を悉く《ことごとく》飛騨屋になすりつけて、藩への貸金の回収にきびしく、藩がきかなければ直領の百姓として幕府に訴訟を辞さない飛騨屋との関係を断ち切ろうとするという意図があったのではないかということである。

この蜂起も松前藩にかかれば、うまく利用されたのかもしれない。松前藩は蜂起の後、飛騨屋の請負場所のうち五か所を領主直交易とし、その差配《さはい》方を阿部屋村山伝兵衛に命じている。それはともかく、この蜂起がアイヌ民族の最後の武力闘争となった。しかも、これは以前の、コシャマイン、シャクシャインの蜂起とは性格を異にする面がある。アイヌの民族的エネルギー結集という側面から見て以前のものとは違うのである。その点について、歴史学者の榎森《えもり》進は『アイヌの歴史　北海道の人びと〔2〕』（三省堂）の中で次のように整理する。

クナシリ・メナシ地方のアイヌの闘いは、松前藩によるアイヌ民族にたいする政治的・経済的支配がいちだんと強化され、かつ場所請負制が成立・展開し、アイヌ社会の共同体間の分断が進行するのみならず、本来的な共同体そのものが破壊されつつある時期の闘いであった。このため、もはや全民族的エネルギーを結集して、松前藩の支配に真っ向から立ち向かうような組織的闘争を組むことは不可能となっただけでなく、共同体首長層のいちじるしい動揺と裏切り行為によって、松前藩と戦闘を交えることがないまま、わずか二か月足らずのうちに一方的に鎮圧され、しかも多くの処刑者を出したのであった。したがって、アイヌの社会状況からして、表面的な闘いとしては、これが近世における最後の闘いとなった。

松前藩にとっては、これでアイヌを完膚《かんぷ》なきまで押さえつけられたし、多額の借金で何かと目障《めざわ》りだった飛騨屋も処分できたと言えるが、いいことばかりではない。この蜂起によって、江戸幕府に蝦夷地における松前藩のいい加減な経営ぶりが筒抜けになってしまった。幕府が何より心配したのは対ロシアをにらんでの北方防衛であり、クナシリ・メナシ蜂起の背後にロシアの影がちらついていたという見方もある。極東経営に乗り出した帝政ロシアがぐいぐいと南下してくる様子は、すでに見た通りである。松前藩の貧弱な実力を見て取った幕府は、蝦夷地の直轄に乗り出す。

1.「異域」から「内国」へ

◆幕府、蝦夷地の直轄へ

これは二段階で行なわれ、まず一七九九年（寛政一一年）、知内川《しりうち》以東の和人地《わじんち》と東蝦夷地を直轄とした。ロシアが軟化路線でアイヌに近づいているのに対抗するため、「蝦夷地は介抱撫育《かいほうぶいく》第一の御趣旨にて交易は其次」（『休明光記』巻之四）として、アイヌの懐柔《かいじゅう》が第一であり、それが国防につながると考えた。そのため、アイヌ搾取《さくしゅ》の元凶《げんきょう》であった場所請負制を廃止し、交易の拠点となった運上屋を会所《かいしょ》と改め、箱館奉行が直接立ち会う直捌《じかさばき》を行なうように改めた。さらに、アイヌ教化のために三官寺（有珠善光寺《うすぜんこうじ》・浄土宗《じょうどしゅう》、様似等澍院《さまにとうじゅいん》・天台宗《てんだいしゅう》、厚岸《あつけし》国泰寺・臨済宗《りんざいしゅう》）を建立《こんりゅう》し、エトロフではアイヌ風習の和風化などを試みている。当初はかなり積極的に東蝦夷地の開拓にも意欲を見せていたが、幕府の財政難から構想は縮小化されている。場所の直営も一八一二年（文化九年）にはとりやめて請負制に戻しており、アイヌ搾取の根本的改善には結びつかなかった。

次が一八〇七年（文化四年）の蝦夷地全域の幕領化である。この前年と同年、ロシア船がサハリンとエトロフにある和人施設を攻撃する事件が起きたのが直接のきっかけで、事態がいっそう緊迫した中でのことだった。幕府は東北諸藩に蝦夷地出兵を命じ、箱館を根拠地にクナシリ・エトロフまでの警備に当たらせている。幕府の負担を肩代わりさせられた諸藩側では天明の大飢饉《だいききん》の後だけに苦しく、結局は農民への酷税に跳《は》ね返ったという。また、甲州口警備の八王子千人同心の子弟に、開拓と警備を兼ねる、後の屯田兵のようなこともさせている。松前藩には、蝦夷地の警備を怠ったとの理由で陸奥《むつ》国伊達郡梁川《やながわ》（現・福島県梁川町）に移封する厳しい措置がとられた。この後、一八一一年（文化八年）に日本はエトロフ、クナシリに現われたロシア船「ディアナ号」の艦長・ゴロヴニンを捕まえて報復している。このころのロシアに対する日本側の感情は、かなり悪化していた。

この全蝦夷地（本島、クナシリ、エトロフ、南サハリン）の幕領化は、アイヌが幕藩体制の中に直接的に組み込まれることを意味し、アイヌの歴史にとっても大きな転換点と言える。幕府の対アイヌ政策は、それまで松前藩がアイヌの和人化を厳しく咎《とが》めていたのから一転、日本語の使用、仮名文字の使用、風俗の和風化という同化政策《どうかせいさく》を積極的に進めた。榎森進は前掲書の中でそれをこう意味づける。

本質的にはそのすべてが対外関係（具体的には対露関係）を強く意識したうえでの蝦夷地の「内国」化を装飾するための政策以外の何ものでもなかった。アイヌに対する風俗改めや和風化が和人地に近い地域よりも、むしろロシアに接したエトロフでもっとも積極的に行なわれたという事実は、そのことを端的に物語っている。
（『アイヌの歴史　北海道の人びと〔2〕』）

幕府の頭にある最大課題はロシアの南下にどう備えるかであり、アイヌはそのための道具でしかなかった。アイヌが同化すれば、アイヌが先住してきた土地もわが領土として主張できるという理屈なのだ。こうしてアイヌ・モシリは対外的には「内国」化されながら、蝦夷地の中では和人地との純然たる区別が残され、アイヌは異族として扱われ続けた。この〈同化と排除〉の問題は、やがて明治以降に大日本帝国が植民地を拡大してゆく中でさまざまな形をとって現われるのだが、その先駆けとなったのがこのアイヌ直接支配であろう。

だが、これも永続的なものではなかった。なにしろロシアの動向次第なので、幕府の蝦夷地支配も二転三転することになる。一八二一年（文政四年）には、松前藩が復領する。ロシアが極東に配備していた兵力がナポレオン戦争によりヨーロッパに向けられ、また、ゴロヴニン事件が解決したこともあり、北方地域と日露間の緊張がゆるんだという背景があった。幕府直轄時の東蝦夷地で一時廃止された場所請負制も結局は復活しており、復領した松前藩のアイヌ支配は、前にも増して過酷なものとなった。

しかし、再びロシアが南下し始めると、一八五四年（安政元年）、幕府は一四〇人余りの大規模な調査隊を東西の蝦夷地とサハリンに派遣し、翌一八五五年（安政二年）、松前とその周辺を除く蝦夷地全域が再び幕府直轄とされ、箱館奉行の管轄となった。つまり、蝦夷地はロシアの動向に応じて、前・後期の二度にわたって直轄化がなされたのである。後期直轄ではアイヌの同化がいっそう進められ、和人の移住による屯田《とんでん》政策もとられた。内陸部で道路が開削され、農業、鉱業を中心とした開発が促進される。この同化と蝦夷地開拓の積極的促進は、もちろんロシア南下の圧力への対抗策だったのである。この時期の対アイヌ政策の特徴を、歴史学者・高倉新一郎は『アイヌ政策史』（日本評論社）の中で次のようにまとめている。

一、徳川幕府の蝦夷地直轄の最大の動機は前期直轄時代と同じく北方領土権の確保にあり、殊に樺太の領土権の確保にあった。
二、蝦夷地唯一の労働の提供者たる蝦夷人を撫育《ぶいく》し、同化し、啻《ただ》に経済的にそれを利用し続けるのではなく、進んでは国防のために利用するのがその目的の急務の一であったこと。
三、そのために採られた蝦夷の保護政策及び同化政策は大体に於て前幕府直轄時代を踏襲し、唯後松前藩治時代に怠られたものの励行に努めた事。
四、前時代と異なる点は
（一）地域的に言えば前時代は千島方面に主力を集中せられたに反し、今度は樺太に主力を注いだこと。
（二）内容から言えば、前時代には蝦夷の交易矯正《きょうせい》策に重点を置いたに対し、今回は蝦夷人の労働保全政策に力を入れた傾があること。

つまり、北方領土の確保が最大動機であったこと、アイヌは唯一の労働力であること（すでに交易の相手ではなく、場所商人に雇われる労働力になっていた）、国防にも利用したこと、松前藩ではアイヌの保護と同化政策を怠っていたが直轄期は前・後期とも励行したこと、前期は千島、後期は樺太に力点が置かれていること——などがわかる。

後期に樺太（サハリン）に主力を注いだのには、ロシアがサハリンへの関心を強めてきたからだ。ロシアが日本と正式に通商を確立しようと、全権使節のロシア海軍中将プチャーチンが率いる船を突然長崎に送ったのが、一八五三年（嘉永六年）のことである。これと並行してロシアはサハリンへの進出も図っている。このころ、ロシアはアムール河の河口とオホーツク海、日本海とを結ぶ水路を発見しており、何よりもサハリン島の確保がロシアの軍事、経済両面の戦略上重要となってきていた。さらに、アメリカの日本進出の動きも察知しており、アメリカがサハリンを占領することも恐れていたという（小坂洋右『流亡』北海道新聞社）。

プチャーチンは幕府の応接掛・川路聖謨《かわじとしあきら》と交渉を重ね、一八五五年（安政二年）両国はついに合意に達し、九条からなる「日露通交条約」（下田条約）を結んだ。この条約で、両国の親善関係の促進や、下田・箱館・長崎の開港と薪水《しんすい》・食料などの補給の便宜供与などのほか、領土についても定められた。千島列島はエトロフ島以南（ハボマイ、シコタン、クナシリ、エトロフ）が日本領、ウルップ以北がロシア領と決められたが、サハリンについては境界を定めず、両国民の雑居地とされた。これが後の「樺太千島交換条約」（一八七五年）へと尾を引き、維新後もアイヌは日露間の頭越し取引によって民族の運命を翻弄《ほんろう》されることになる。

ちなみに後期の幕府直轄は、正味わずか四年に過ぎなかった。この時も前期同様、東北諸藩に蝦夷地の警衛《けいえい》を命じており、一八五九年（安政六年）には仙台、会津、秋田、庄内、南部、津軽の六藩に全体の半分の土地を領地として与えている。これらの藩領地の措置は各藩に一任されたものの、各藩は財政が窮迫していてアイヌの「撫育」などに力を注ぐことはできなかった。場所請負人のやり放題の状態は依然《いぜん》として続き、アイヌはますます窮乏化させられていった。高倉新一郎の『アイヌ政策史』に、釧路の請負人米屋の番頭の象徴的な談話が載《の》っている（漢字、仮名使いを読みやすく直した）。

「相手が土人のみであるから、専制抑圧《よくあつ》の限りをつくし、なんら不平の声などは出させるものでない。当時土人の使用振りの一端を挙げれば、土人一名に対し飯米四合ないし五合を給し、その他一ケ年の給料が白米二十俵と言えば大袈裟だが、その実八升入り一俵の計算で、それすら年末精算期には足袋《たび》や、草鞋《わらじ》や、木綿《もめん》や、彼の分と高価に差し引かれ、むしろ残る者は下がりのみという風で、年中こき使われるのである」

幕府の直轄になったと思えば、再び松前藩に復領したり、東北諸藩に分領されたりと、「お上」の都合で目まぐるしく支配の形態は変わったが、悪徳《あくとく》商人にこき使われる実態に大きな変化はなかったのだ。いや、その虐待《ぎゃくたい》ぶりはいっそうひどくなるばかりだった。当時のアイヌの窮状《きゅうじょう》はさまざまな史料に残されているが、松浦武四郎の『近世蝦夷人物誌』にもさまざまな実態が記されている。オホーツク沿岸斜里《しゃり》領網走《あばしり》番屋のノッカという土地の「孝子ウケナシ」の項を紹介しよう。

1.「異域」から「内国」へ

文政五年（注・一八二二年）の松前藩へのお引渡し（注・復領）当時は、戸数参百六拾五軒、人口千三百二十六人もあったというが、今（注・武四郎は弘化元年・一八四四年から安政四年・一八五七年まで蝦夷地を回り、同書をまとめた）はわずかに百七十三軒、人口三百五十人になったという。その理由を聞いたところ、こうであった。

同地では、アイヌが十六、七歳になると男女の差別もなく国後《くなしり》島、利尻《りしり》島などに連行して働かせ、娘は番人や和人漁夫の妾とし、夫があれば夫を遠くの漁場にやって思うままにする。男のアイヌは昼となく夜となくこき使って、堪《た》えられず病気にかかれば雇倉というところに放置して、一さじの薬、一杯の飯も与えずにおき、身寄りの者が食物を運んでやるだけである。このため、いったん病気になれば、その日から餓鬼《がき》道の責め苦を受けて、たいていは飢《う》えのために命を落としてしまう。アイヌ死亡の旨を斜里に報告するときも、何人のうち何人病死といってくるだけで、変死か、病死か、溺死《できし》か、何月何日に死んだかもはっきりしないというありさまである。

また、アイヌの娘たちが、恥ずかしいことをされるのを嫌って、いうことをきかぬときは、縄で縛《しば》って打ちたたき、また柱にくくりつけて食物も与えぬなど、絵本にみる山椒太夫《さんしょうだゆう》の屋敷をみるような残虐《ざんぎゃく》を働いて従わせる。そして梅毒に感染すれば雇倉に入れて放置し、また妊娠すればトウガラシやイボタを煎じて飲ませ堕胎させるため、二度と子供を産めぬ体となってしまう。このためアイヌたちは、国後、利尻へやられるのはアオコタン（地獄）行きと同じだといっている。

病気にでもなれば、三年、五年、六年ほどで返されることもあるが、元気で働いている限りは、歳が三十になろうが四十になろうがそこで使役され、女は番人の妾《めかけ》とされて一生涯、嫁にいくことも、嫁をとることもできず、二度と親の顔をみることもできず、親も子の顔をみることもできず、ただ、届書の病死何人のうちの一人に数えられるだけで一生を終わるのである。

（更科源蔵《さらしなげんぞう》・吉田豊共訳『アイヌ人物誌』＝『近世蝦夷人物誌』現代語訳、農文協）

アイヌ虐待のありようが、この文章に集約されている。労働が可能な年頃になれば男女を問わずはるかな遠隔地に連行し、ろくな報酬《ほうしゅう》も与えずに酷使《こくし》する。病気になれば薬も飯も与えずに放置し、当人は飢えのために命を落とす。女性の凌辱《りょうじょく》もここに極まれりという状態だ。悪い病気も元をたどれば、和人からうつされたものである。この結果、故郷の集落（コタン）には年寄りや幼児、病人、障害者たちだけとなり、アイヌ共同体はその根底から破壊されてしまう。それがアイヌ人口を急速に減らすことになるのだが、このことについては章を改めて詳述したい。

ともあれ、全蝦夷地各地のアイヌはこんな惨状《さんじょう》に追い込まれたまま、明治維新を迎えたのである。

2.「皇国の臣民」へ

◆場所請負制を廃止

明治新政府は一八六九年（明治二年）、蝦夷地で具体策を矢継ぎ早に実施する。七月、開拓使を箱館に設置し、蝦夷地（現在の北海道・樺太・千島）を管轄させた。これは藩籍奉還《はんせきほうかん》による官制改革で誕生した太政官の各省に匹敵し、長官は各省の卿《きょう》と同格という要職である。九月には「蝦夷地」を「北海道」と改称し、一一か国（エトロフ、後志《しりべし》、石狩、手塩、北見、胆振、日高、十勝、釧路、根室、千島）八六郡に分けた。また、「唐太」「柯太」などと書かれていた北蝦夷地（サハリン）の表記を「樺太」と統一した。だが、新政府は北海道を直轄で開拓するには財力が乏しかったので、全国の諸藩、士族に土地を割り渡す方針をとり、一府、二六藩、二華族、八士族、二寺院の合わせて三九領地に分けている。本州以南の藩籍奉還と矛盾するが、各領地を統括するために開拓使が必要だったのだ。

開拓使庁は当初、東京・芝の増上寺《ぞうじょうじ》に置かれ、長官も在京した。初代長官・鍋島直正《なべしまなおまさ》は一か月ほどで大納言《だいなごん》へ転出してしまい、第二代長官・東久世通禧《ひがしくぜみちとみ》は箱館出張所に赴任した後、島義勇《しまよしたけ》を派遣して札幌に本府を開き、根室・宗谷に出張所を設けた。対ロシアの防備に函館では地理的に遠かったのである。東久世は七一年（同四年）に転出し、長官は空位のまま初代次官の黒田清隆《くろだきよたか》が代行して采配《さいはい》を振るった。黒田は七四年（同七年）に陸軍中将となり開拓使長官に昇格している。

開拓使が現実に機能し始めるのは、七三年（明治六年）に諸藩・氏族らの分割支配をやめてすべてを開拓使が一手に握ってからである。薩摩藩《さつまはん》出身の黒田は部下を鹿児島県出身者で固めて「薩摩王国」をつくり、開拓使一〇年計画を立てる。彼はまた、アメリカ合衆国から第二代農務省長官ホレス・ケプロンを責任者とする大顧問団（ケプロンのほか、地質・鉱学のライマン、農業・牧畜のダンら）を招き、北海道開拓のマスタープランを作らせ、一〇〇〇万円もの巨費を注ぎ込んで大々的な開拓をしようとした。ケプロンは、近代技術を導入して北海道の自立と資源開発を図るべきという報告書を提出した。黒田とケプロンは今、札幌・大通り公園に銅像が並んで立てられているが、この両者の考え方の特徴を上村英明は次のように対比している。

ケプロンの北海道を「富国」にしようとする発想は、黒田のそれと一致していた。しかし、両者には微妙な違いがあることも指摘しておこう。ケプロンのそれは、「自給立国」といえば聞こえはいいが、インディアンの土地を再分割しながら進んだ白人の西部開拓であった。それに対して、黒田のそれは国内の農業開発を進めながら「奄美」に侵略し、「琉球王国」を植民地下に置きながらやはり「自給立国」を行なった薩摩藩の伝統的な発想であった。北海道開拓使は、黒田をはじめその重要な地位のほとんどを薩摩官僚がにぎっていた。ケプロンの農業開発政策の具体化に、薩摩独自の開拓制度、「屯田兵」を利用したのもこの薩摩官僚である。また、沖縄に砂糖黍《きび》の耕作を強制し、有名なソテツ地獄（注・第一次世界大戦後に沖縄を襲った大不況で、沖縄の人々は食糧不足から毒性のソテツまで食べたといわれたことから、こう通称された）を出現させた薩摩の政策も、その土地に代々住む人々を無視するという点でアメリカの「適地耕作主義」とけっして矛盾しなかった。「自給自足立国」「農業開発」という基本政策で、インディアン侵略と沖縄侵略の手法が、アイヌ民族の土地で奇《く》しくも手を結んだのである。

（上村英明『北の海の交易者たち』同文舘出版）

非常に興味深い分析だ。この後に黒田が実行した施策の数々を見ると、うなずける点が大いにある。開拓使は、欧米農法の導入のために官園を札幌と東京に設け、官設牧場を新冠《にいかっぷ》、登別、根室につくった。さらに醤油やビールなどさまざまな官営工場を札幌に設置し、政府の殖産興業政策の一翼を担う体制づくりに邁進《まいしん》した。

他方、アイヌ向けに打ち出した施策は、場所請負制の廃止だった。これは、アイヌの生活にきわめて大きな影響を与えるものとなった。

2.「皇国の臣民」へ

この制度の下でアイヌがどれほど酷使《こくし》され悲惨な目にあってきたかは、前章で見た通りだ。廃止は、幕府雇《やと》いとして全道を歩いて場所請負制の弊害《へいがい》を痛感した松浦武四郎が強く主張し、実現したものである。また、開拓大判官・松本十郎は廃止に賛成しながらも、慣れない官吏が商人に替わって直捌《じかさば》きすることについては幕末の庄内藩（浜益《はまます》）、会津藩（根室・野付《のつけ》・標津《しべつ》・メナシ）の失敗例を挙げて反対し、事情に応じて対処する方針が出され、廃止も漸進《ぜんしん》的に行なうことになった。

だが、こうした経緯《いきさつ》はあっても、新政府の真のねらいはアイヌの救済にはなかった。近代的な水産業を発展させるのに、各場所ごとの請負人による排他的・独占的な漁場の占有が障害になると見たのだ。つまり、北海道開拓に場所請負制が支障になるから廃止したというのが、その真相だった。これに限らず、この後も、表面的には四民平等思想に基づくアイヌ解放策、自由主義の採用に見える施策が次々と打ち出されるが、それらは結局は「むしろ為政《いせい》者の都合」（高倉新一郎『アイヌ政策史』）ゆえのものだった。

この場所請負制の廃止もよいことばかりではなく、アイヌをいっそう窮乏化させるもとにもなった。請負制の下では、請負商人らのあこぎな酷使・虐待が日常化していたが、その一方で請負人らに対してアイヌの撫育・保護が義務づけられてもいた。

江戸時代後期からこれまでの流れをおさらいすると、請負商人の河口における自然収奪《しゅうだつ》漁法によりアイヌは川上のコタンから川下への移動を余儀《よぎ》無くされ、自分で稼いだ漁獲物を和人と対等な立場で交易していた身分から、漁場での雇い労働者に変質させられ、さらに遠隔地へ強制的に連行され、生活基盤を根こそぎ破壊されてきた。これを裏返せば、アイヌの生活はすでに、請負人の存在抜きには成り立たないところまで追い込まれていたことになる。その一方で、請負人は最低限の「保護」だけはしていたのである。それがある日突然、軛《くびき》を外され、自由にやりなさいと言われても、結局は「失業労働者」として路頭《ろとう》に迷わざるをえないはずだ。

廃止までの間、場所請負人は当分「漁場持《ぎょばもち》」と改称され、従来の権利の多くが認められた。その一方で、本州方面から移住してきた漁民らに漁場の割り渡しを続け、制度が完全に廃止されたのは七六年（明治九年）に「漁場持」の名称が廃止されてからである。つまりは、アイヌに代わる労働力の獲得とひきかえに、場所請負制が廃止されていったのである。しかし、アイヌの生活不安は消えないので、開拓使は地方の事情に応じたアイヌ救済策を部分的に実施している。

たとえば十勝《とかち》では、一五〇〇人ほどのアイヌの大半が山に住み、漁利は乏しかった。「漁場持」がいる間は雇われて辛うじて生活を維持していたが、廃止後には独立して生活してゆくのが困難と見られた。そのため、開拓使は漁場持廃止の前年、アイヌの税金を半減している。さらに十勝七郡から一人ずつのアイヌを集め、これに和人を加えて一三人で十勝漁業組合を組織し、組合で漁場を借りて経営に当たるようにした。当初の五年間で五万円を積み立て、その後の自活に役立ったという（高倉新一郎『アイヌ政策史』）。

また、七八年（明治一一年）四月には、北見国斜里外三郡と千島国国後郡で、旧漁場持の藤野喜兵衛外一名に請負経営を許可している。アイヌが生活手段を失ったためという理由からで、その命令書には「旧慣を改め将来授産の道を奨励するは雇主《やといぬし》の義務」と書かれてあった。アイヌが自立できるように指導しなさいという趣旨なのだが、これについて海保《かいほ》洋子は「しかし旧漁場持の場所請負人以来の基本的性格（封建制に寄生し、アイヌ民族を使役して漁場生産を行なう）からして、彼等がアイヌ民族自立の指導者となるには大きな限界があった」（『北方近代史　アイヌ民族と女性』三一書房）と見ている。

2.「皇国の臣民」へ

◆平民籍へ編入、「旧土人」となる

アイヌは封建的桎梏《しっこく》から解放されてゆくが、それはまた北海道がいよいよ内国化し、アイヌが「皇国の臣民」と化してゆくことでもあった。一八七一年（明治四年）、戸籍法が公布された。「其保護すべき人民を詳《つまびらか》にせず何を以て其保護すべきことを施すを得んや是れ政府戸籍を詳にせざるべからざる儀《ぎ》なり」（太政官布告第一七〇号）との趣旨の法律であり、それまで宗門人別帳《しゅうもんにんべつちょう》により多元《たげん》的に編成されていたものを居住地編成主義に一元化した。これは個別人身を掌握《しょうあく》し、徴兵制《ちょうへいせい》、税制、教育制度、警察制度など行政一般の基礎とするものであり、ま

さに近代的国家体制の確立に不可欠のものだった。

また、アイヌに関する戸籍は、積極的に作成されるのが幕末期になってからで、しかも一部地域に限定されていたので、画一的方法で和人地・蝦夷地総体の戸籍調査がなされたのは七二年の「戸籍」が最初のことという（海保洋子『近代北方史』）。

では、この戸籍でアイヌはどう扱われたのか？　アイヌの戸籍は早いと七二年に、遅くとも一、二年後に全道の戸籍区ごとに編成されたという。そして身分は平民籍に編入され、苗字が使用されたことで他の一般平民と同様の扱いになった。これに伴い、和人式の姓名を強制されたが、その付け方は管轄《かんかつ》の役所で原則が異なった。函館支庁では戸主名を漢字化して姓とし、家族名も単純化して日本風に近づけ、札幌本庁では集落全体を同一姓として名前に旧名を用いたという（高倉新一郎『アイヌ政策史』）。この後者の具体例を、萱野《かやの》茂は『アイヌの碑』（朝日文庫）で次のように紹介している。

この地方に名字をつけにやってきた役人は大酒飲みで、仕事をせず宿で酒ばかりを飲んでいました。そのうち期日がやってきて、役人はいそいで名をつけなければならなくなりました。〈ふふん、そうか。ここはピラウトゥル（平取）村か。それならばここのアイヌの名字は「平村」とつける。その次がニブタニ（二風谷）、それでは「二谷」だ。その向こうの村はピパウシというのだな。ピパとは何だ。そうか、貝という意味か。ウシというのは？　そうか有るという意味なんだな。それでは貝沢とつける〉

だから、今でもアイヌの人は姓を聞くと、どの地方出身の人かわかる場合が多い。しかし、同じ姓だからといっても血縁とは必ずしも関係がない。また、名については、アイヌの旧名のままでは男女の区別がつかないので、男は片仮名、女は平仮名で便宜的に書き分けるようにしたという。それにしても、和人官吏がいかに無原則かつ気まぐれに姓をつけ、戸籍を作成していったかが、わかる。

2.「皇国の臣民」へ

戸籍で平民扱いされたというのは、法律上の扱いも一般国民と同等ということであり、刑法上も平民一般と同じ扱いとなった。ところが、では完全に同じなのかと言えば、そうではなかった。七八年（明治一〇年）、開拓使はある布達《ふたつ》（第二二号）を出す（片仮名を平仮名にし、返り点の部分は読み下し文にした）。

旧蝦夷人の儀《ぎ》は、戸籍上其他取扱向《むき》一般の平民同一たる勿論に候得共《ども》、諸取調者等区別相立候節の称呼一定致さず候より、古民、或は土人、旧土人等区々《それぞれ》名称を付し不都合候条、自今区別候時は旧土人と相称《とな》う可《べ》し。但旧土人の増減等後来の調査にさしつかわざる様に取調置べし。

（河野本道《こうのもとみち》選『アイヌ史資料集』第二巻所収、北海道出版企画センター）

従来はアイヌを「古民《こみん》」「土人《どじん》」「旧土人」と一定せずに呼んでおり不都合なので、これからは「旧土人」と統一するというのである。この侮蔑《ぶべつ》的扱いにも、調査に支障がないようにするためだとの言い訳がついている。これが最近まで存在した「旧土人保護法」の名称の根拠となったほか、あらゆる公文書、官庁の記録や統計などで使われるもととなって差別を助長してきたのだから、この布達の罪は重い。

「土人」というのは、『広辞苑』（第四版、岩波書店）に二番目の意味として「未開の土着人。軽侮《けいぶ》の意味を含んで使われた」とある。間違いなく差別語である。アイヌを土人と称するとき、セットになって出てくるのが「酋長《しゅうちょう》」であり「反乱」だった。中央政権にまつろわぬアイヌは幕末まで蛮族《ばんぞく》として扱われ続けた。維新で晴れて戸籍上は一般平民と同一に扱われるようになっても、現実には差別し続けると公式文書で宣言したのである。これは、「えた」「非人」として身分差別されてきた人たちが一八七一年（明治四年）の解放令で「新平民」とされたことに通じるが、それ以上にたちが悪いかもしれない。

ただし、この「土人」表現は本来、アイヌに限られて使われてきたものではない。例えば、沖縄の宮古島の農民が帝国議会に島政の改革を訴えた「宮古島島費軽減及び島政改革請願書」（一八九三年。日本近代思想体系22

『差別の諸相』所収、岩波書店）の中に「土人の役所其他の経費」「土人を以て組織せる役所員の俸給《ほうきゅう》総額」といった表現がある。あるいは、山県有朋が沖縄・五島・対馬などを視察後に出した復命書の中で展開した沖縄統治論にも「（その土地を）守るに土人を以てするは兵の原則」などという表現が出てくる（小熊英二『〈日本人〉の境界』新曜社）。これらを見つけたとき、蝦夷と沖縄の類似性がこんなところにも見られるのか、と私はまたまた驚いてしまった。中央から見た辺境に住む原住者はみな、「土人」なのだ。

　実は「土人」の淵源《えんげん》は、現存する日本最古の歴史書『古事記』に遡《さかのぼ》ることができる。「神武《じんむ》天皇東征」の項に、「故《かれ》、豊国の宇沙《うさ》に到りました時、その土人《くにびと》、名は宇沙都比古《うさつひこ》、宇沙都比賣《うさつひめ》の二人、足一騰宮《あしひとつあがりのみや》を作りて、大御饗《おほみあへ》献《たてまつ》りき」（岩波文庫）とある。ここでは「くにびと」と読み、土着人の意味である。ちなみに、同書の「景行天皇小碓命《をうすのみこと》の東伐」には、「悉《ことごと》に荒《あら》ぶる蝦夷共《えみしども》を言向《ことむ》け、また山河の荒ぶる神等《ども》を平和《やは》して」（同）というように「蝦夷」が出て来る。草薙《くさなぎ》の剣で有名な倭建命《やまとたけるのみこと》東征《とうせい》のくだりだ。ただし、これが現在のアイヌ民族に直接つながるかどうかは議論があるが、「蝦夷」表現が書物に出てくる嚆矢《こうし》である。こちらが中華思想の影響を受けて明らかに侮蔑《ぶべつ》的なのに対し、「土人」の方はそのニュアンスがやや薄そうではある。

◆アイヌの風俗習慣を禁止する

　とにかくアイヌは発展の遅れた民族であるとの思い込みが、和人の側に根強かった。これを「開明《かいめい》の民《たみ》」たらしめるために、新政府はアイヌ伝来の風俗習慣を「陋習《ろうしゅう》」と見て次々と禁止していった。一八七一年（明治四年）、亡くなった人の居家を焼いて転住すること・女子の入れ墨《ずみ》・男子の耳輪を禁止する一方で、日本語を使うよう求め、開墾《かいこん》に従事するアイヌには農具を与えて一定の土地に定住すべきとし、違反者には厳罰で臨むとの布達を出した。この時すでにアイヌの農耕民化の方向が出ているのも、注目される。次の布達（七六年九月）は改めてその徹底厳守を呼びかけたものだ（片仮名を平仮名にし、返り点を読み下し文にした）。

北海道旧土人従来の風習を洗除し教化を興《おこ》し、漸次《ぜんじ》人たるの道に入しめんが為、辛未《しんび》（注・七一年）十月中告諭の趣も之有り、既に誘導を加え候処、未だ其風習を固守候者之有る哉《や》に相聞《あいきき》、旨趣貫徹致さず不都合の次第候。元来誘導教化は開明日新の根軸に候処、今に右様陋習《ろうしゅう》之有り候ては、往々智識を開き物理（注・物事の道理）に通じ事務を知らしめ均《ひとし》く開明の民たらしむるの気力を振作するの妨害と相成、忽《たちまち》にす可《べか》らざる儀候条、就中《なかんずく》男子の耳環《わ》を着け出生の女子入墨致等、堅《かたく》相成らぬ旨、父母たる者は勿論《もちろん》、夫々篤《あつ》く教諭を尽し、自今出生の者は尚更厳密検査を遂げ、此風俗を改候予防方法相立取締致すべし。而《しか》して自今万一違犯の者之有り候ば、已《やむ》を得ず厳重の処分及ぶべき筈《はず》に付時々詳細具状致す可きは勿論、予《かね》て能此《よくこの》懲罰あるを戒置《いましめお》くべし。

（河野本道選『アイヌ史資料集』第二巻所収、北海道出版企画センター）

2.「皇国の臣民」へ

また、場所請負制下で恩恵《おんけい》的慣習として実施されていたオムシャ（場所の支配人や役人が幕府の法令や規約を読み聞かせるときに、酒やタバコの贈与も行なわれていた）も、七〇年（明治三年）から七五年（同八年）ごろまでに全道的に廃止され、これと並行してすべての前時代的な「保護」も廃止された。開拓使布達では「役人の手数を省くため」という理由がつけられていた。こうして「保護」的措置を一切失ったアイヌを事実上、唯一救済するものは、アイヌだけを対象としたのではない「賑恤《しんじゅつ》規則」だった。この規則は、「独身廃疾《はいしつ》」で働けない人や七〇歳以上の人には年に米一石八斗を給与したり、「非常の災変」にあって「牛馬斃《たお》れ」耕作に差し支えがある場合には代価を貸し渡したりする、というものである。

さらに七六年（明治九年）には、伝統的狩猟法の仕掛け弓や毒矢（アマッポ）を動物保護と人畜に危険との理由で、テス（注・魚をとるやな）網を魚苗減耗と永住人の営業妨害との理由で、それぞれ全面的に禁止した。さらに、免許鑑札を受けた者以外の鹿猟も禁止している。こうした措置は狩猟民族であるアイヌの生命線を絶つことであり、浦河《うらかわ》・静内《しずない》・沙流《さる》・勇払《ゆうふつ》・千歳《ちとせ》・十勝地方のアイヌはすぐ、堀開拓中判官に施行延期の嘆願書を出している。しかし、その願いはいとも簡単に拒否されている。

こうした措置を当時のアイヌがどんな気持で受けとめたのかを、リアルに書き残した文献がある。イギリス人女性のイザベラ・バードの『日本奥地紀行』（高梨健吉訳、東洋文庫、平凡社）だ。バードは七八年（明治一一年）、四七歳の時にサンフランシスコから船で太平洋を横断し、日本を訪れている。健康回復を目的とした旅で、六月から九月までの三か月間にわたって日本人男性通訳と二人で東北・北海道を精力的に回り、異国人の目から見た開国まもない北日本各地の様子を克明《こくめい》に記録している。内容は旅先から本国の妹や友人へ手紙で書き送る体裁をとっており、八〇年（明治一三年）に英国で出版されると大変な評判を呼んで版を重ねた。

彼女は、北海道では函館から出発して森、長万部《おしゃまんべ》、室蘭、白老《しらおい》、平取《びらとり》などを、内浦《うちうら》湾と太平洋沿岸地帯沿いに馬に乗って訪ねた。各地のコタンで多くのアイヌと交流し、その厚い人情にうたれたり、移動時に眺めた雄大な景色に感動したり、と好奇心いっぱいの筆で当時の様子を活写《かっしゃ》している。中でも平取のコタン滞在は特別に印象深かったらしく、「私の旅行体験の中でもっとも興味あったのは、アイヌの小屋に三日二晩泊って、まったくの未開人の日常生活を見たり、一緒に暮らしたことであると思う」と綴《つづ》っている。自筆のスケッチを交えて詳細に書いたその体験の中に、風俗習慣の禁止に触れた部分もある。

> 彼ら（注・アイヌ）は日本政府に対して奇妙な恐怖——私にはばかばかしい恐怖と思われるのだが——を抱いている。役人たちが彼らを脅迫《きょうはく》し酷《ひど》い目にあわせているからだ、とシーボルト氏（注・東京在住のオーストリア公使館員）は考えている。それはありうることであろう。しかし、開拓使庁が彼らに好意を持っており、アイヌ人を被征服民族としての圧迫的な束縛《そくばく》から解放し、さらに彼らを人道的に正当に取り扱っていることは、例えばアメリカ政府が北米インディアンを取り扱っているよりもはるかにまさる、と私は心から思っている。しかしながら彼らは無知である。彼らの一人は、私がヘボン先生に頼んで彼の子どものために薬を送ってもらってやる、と言ったので、私にとても感謝していたのであるが、今朝私のところにやって来て、ど

2.「皇国の臣民」へ

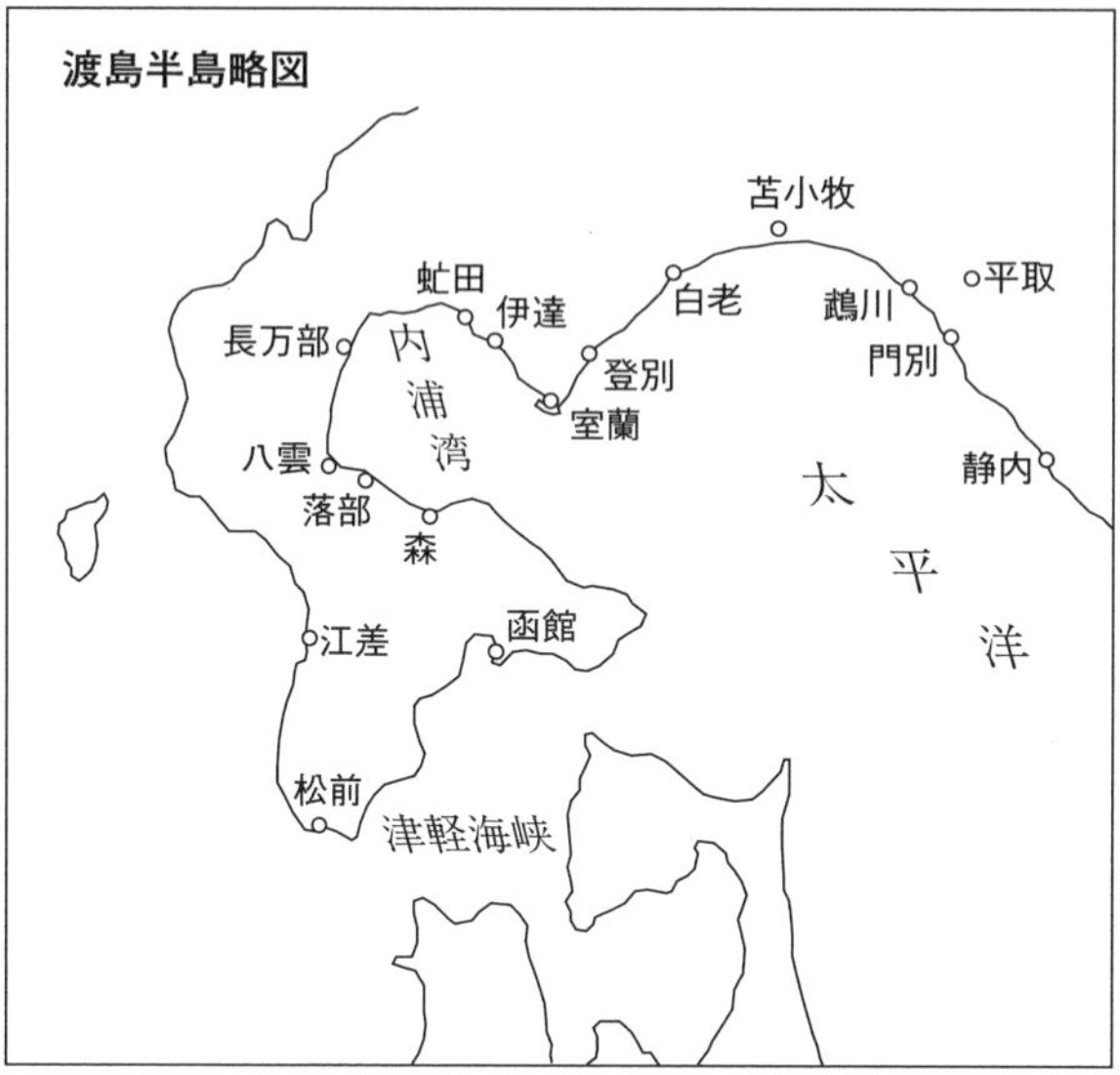

うかそんなことはしてくれるな、と頼んだ。「日本政府はきっと怒るだろう」からだという。これから後にも彼らはまた私に、自分たちの風俗習慣の話をしたということをどうか日本政府に知らさないでくれ、と頼むのであった。

（『日本奥地紀行』三六信）

自分たちの風俗習慣を外国人に語ったことが開拓使に知れることを、アイヌの人たちは相当に恐れていたことがわかる。日頃ひどい目にあっているからだ、との推測もあながち的外れではなさそうだが、やはり、直前に出された禁止令との関わりで解釈すればわかりやすいのではなかろうか。禁止令について、より具体的な記述もある。

彼らは最近日本政府が入れ墨《ずみ》を禁止したのをたいそう悲しみ、また困惑《こんわく》している。神々は怒るだろうし、入れ墨をしなければ女は結婚できないのだ、という。彼らはシーボルト氏や私に、どうかこの点に関して日本政府との仲裁《ちゅうさい》をしてもらえないか、と嘆願した。彼らは、他の点ならいざしらず、この点については無関心でいられない。「これは私たちの宗教の一部分なのです」と、何度も繰り返して言うのである。

（同、三七信）

入れ墨がアイヌ民族の宗教に関わるものであり、民族にとってとても大事なものであることを、素直な心で聞き取っている。「陋習《ろうしゅう》」と一刀両断してしまった日本政府の見方よりずっと相対的な視点が感じられる。現代では一般化してきた、文化相対主義的なまなざしだ。もう一か所、今度は毒矢についての記述がある。

男たちは鹿や熊の狩猟で秋、冬、春を過す。彼らの貢《みつ》ぎ物や税金の一部は毛皮で支払われ、彼らはその乾《ほし》肉を食べて生きている。最近までアイヌ人は、これらの獣《けもの》を獲るときには、毒矢、仕掛け矢、落とし穴を使って来たが、日本政府は毒矢や仕掛け矢の使用を禁止した。野性の動物たちは銃声を聞くと山の奥深く逃げてしまうので狩猟《しゅうりょう》はきわめて難しくなってきた、とこれらの人びとは言っている。しかし彼らは意味ありげに次の言葉をつけ加えている。「日本政府の眼はどこまでも光っているわけではありませんからね！」。

（同、三七信・続き）

異国からの一人の中年女性旅行者が初めて訪れた土地で、しかも通訳を介《かい》してなのに、ここまで深い取材をしている。その徹底した、ジャーナリスト精神と呼んでもいい姿勢に、自称ジャーナリストの私は脱帽《だつぼう》する。銃ではなく、矢でアイヌたちが狩猟をしていたのには、それなりの理由があったのだ。最後の「意味ありげ」な言葉に救われる思いがするが、現実のアイヌがその後たどった軌跡《きせき》はやはり厳しいものだった。そして、彼らが獣の乾肉を食べていたという点に関しては、上村英明が『北の海の交易者たち』の中で、歴史学者・河野常吉の鋭い見方（一九一一年）を紹介している。

開拓ノ業進歩スルニ従ヒ魚獣ヲ獲ルコト漸《ようや》ク難ク終《つい》ニ淡白ナル穀菽馬鈴薯《こくしゅくばれいしょ》等ヲ以テ主食物トナシ旧慣ニヨリテ一日二食スルノミ其苦痛想フベキモノアリ、酒モ亦《また》身体ヲ害スルコト少ナカラス。

2.「皇国の臣民」へ

開拓使が強力に進めるアイヌの生活、風俗習慣の和風化が、アイヌの肉体そのものまでも危機に追い込んでいたのである。これは飢《き》餓《が》や病気につながり、やがて人口減少という顕著な現象となって現われる。河野説を、上村は次のように補足する。

民族学調査とも一致するが、本来アイヌ民族の食事回数は「一日二食」であった。魚や獣の肉を中心とする食事は高カロリーであるため、一日の食事回数は二回で充分であった。北方の狩猟民族はこの高カロリー、高脂肪食で、冬の寒さをしのいでいたのである。しかし、この高カロリーの元となる動物がいなくなり、彼らアイヌ民族は米やイモなどの「淡白な」デンプン質の食事へと転換を余儀なくされた。そして、これを従来の一日二食では、エネルギー源としても、カロリーの点からいっても、体力が維持できるわけがない。もちろん、慣れないデンプン質の食事を毎日三度欠かさずとることは、言葉にあらわせない苦しみだったにちがいない。河野は「其苦痛思フベキモノアリ」と記しているが、まさにその苦痛はたいへんな

出典）『日本奥地紀行』東洋文庫　平凡社

ものであったことだろう。
食物改造によってもたらされたものは、基礎体力の低下とストレスの増加である。これによってアイヌ民族の罹病率は和人に比べて高くなり、死亡率もそれに比例して上昇した。また、やり場のないこの問題や差別を酒によってまぎらわせるものも多く、アルコール中毒患者が続出した。
（『北の海の交易者たち』）

食事が変わることを、私たちは異なった地方や国への旅行などで体験することがある。しかし旅行であれば、むしろ自分から一時的に非日常的体験を楽しむのだから、苦痛ではない。アイヌが強要されたことは、それとはまったく質の異なるものである。これが、民族としてのアイヌ総体の力を弱める大きな原因となったのだ。アイヌがアルコール好きだという俗説に対しても、上村はやさしい配慮をしている。

いささか暗い側面ばかりに触れてきた感がする。バードの『日本奥地紀行』には、当時のアイヌの生き生きとした暮らしぶりを描いた個所も多い。まだ和人の開拓の波が内陸深くにまでは及ばない頃のアイヌコタンは、どんな様子だったのか？　全道で最も活気があり、今でも中心地の一つである平取の、明治初期の様子を見てみよう。

平取はこの地方のアイヌ部落の中で最大のものであり、非常に美しい場所にあって、森や山に囲まれている。村は高い台地に立っており、非常に曲りくねった川がその麓《ふもと》を流れ、上方には森の繁った山があり、これほど淋しい所はないであろう。私たちが部落の中を通って行くと、黄色い犬は吠え、女たちは恥ずかしそうに微笑した。男たちは上品な挨拶をした。
（同、三六信）

男女のアイヌのつましい表情が目に浮かぶ。バードはとりわけ、アイヌの整った風貌《ふうぼう》に心を引かれたようで、随所でそれに触れている。次のくだりは、家族一同が囲炉裏《いろり》を囲んで晩餐《ばんさん》をとるシーンだ。長老が火の神と、削り花をつけた木柱の神に酒を捧《ささ》げる。老婆が樹皮を裂《さ》き、若い女がそれを結ぶ。その後にこう続く。

薪《たきぎ》の火は神々《こうごう》しい人びとの集りを赤々と照しだす。そのすばらしい顔は、画家や彫刻家がきっと見たいと思うであろう。しかし、彼らの顔には何がいっぱい入っているのだろうか。（略）彼らは文明化できない人たちであり、まったくどうにもできない未開人である。それにもかかわらず、彼らは魅力的で、私の心を強く惹《ひ》きつけるものがある。彼らの低くて美しい声の音楽を、彼らの穏やかな茶色の眼の柔らかな光を、彼らの微笑のすばらしい美しさを、私はけっして忘れることはあるまいと思う。

日本人の黄色い皮膚、馬のような固い髪、弱々しい瞼《まぶた》、細長い眼、尻下がりの眉毛《まゆげ》、平べったい鼻、凹《へこ》んだ胸、蒙古系の頬が出た顔形、ちっぽけな体格、男たちのよろよろした歩きつき、女たちのよちよちした歩きぶりなど、一般に日本人の姿を見て感じるのは堕落《だらく》しているという印象である。このような日本人を見慣れた後でアイヌ人を見ると非常に奇異な印象を受ける。私が今まで見たアイヌ人の中で、二人か三人を除いて、すべてが未開人の中で最も獰猛《どうもう》そうに見える。その体格はいかに残忍なことでもやりかねないほどの力強さに満ちている。ところが彼らと話を交わしてみると、その顔つきは明るい微笑に輝き、女のように優しいほほえみとなる。その顔つきは決して忘れることはできない。（同、三七信）

2.「皇国の臣民」へ

外剛内柔《がいごうないじゅう》でナイーブな、と言ってよい、アイヌの人々の姿が浮かび上がる。いささかの誇張を含む、西欧人的なフィルターを通した見方ではあるが、和人との辛辣《しんらつ》な対比は際立《きわだ》っており、しかも、その指摘は決して外れているとは思えない。バードはすっかりアイヌに魅了《みりょう》されてしまったようだ。アイヌがいかに親切に道案内をしたり遇《ぐう》してくれたかを強調する文章も、同書にはふんだんに見られる。また、アイヌのごくありふれた日常生活を教えてくれるくだりもある。

身体の丈夫な男たちは狩りに出かけた。狩猟と魚とりが彼らの仕事である。「室内のレクリエーション」として彼らは煙草《たばこ》入れや小刀の鞘《さや》、酒箸《さかばし》や機《はた》の梭《ひ》を彫って作る。彼ら男たちはなにも仕事をする必要がない。彼らは囲炉裏端《いろりばた》に腰を下し、ときどき煙草を吸い、食べたり眠ったりすることですっかり満足している。しかしこのようにのんびりした生活も、倉に乾魚がなくなり、酒を買うために毛皮を佐瑠太《さるふと》に持って行かなければならなくなると、急激に活動を開始する。女たちには、隙《ひま》な時が少しもないようである。彼女たちは朝早く起きて、縫《ぬ》い物や織り物をやり、樹皮《じゆひ》を裂《さ》く。彼女たちは、自分たちや亭主にとても破れそうもないような衣服を着せてやるためばかりではなく、物々交換のためにも織らなければならない。アイヌ人が丹精《たんせい》こめて作った衣服を日本人の下層階級が着ているのを、いつも見かけるのである。彼女たちは、あらゆる激しい労働をする。アイヌ流に水を汲み、薪《たきぎ》を割り、黍《きび》をひき、畑を耕す。

（同、三六信・続き）

男は山と川で狩猟と漁撈《ぎよろう》に明け暮れ、女たちは身の回りのことに忙しく立ち働く。どこでも女たちの方が働き者のようだ。必要に応じて狩猟をする男たちの姿は、自然と共存しながら生きる民族の特性をよく物語っている。さて、アイヌの風俗習慣をバードの文章を通じて検証してきたわけだが、もう一か所、私の目にとまった個所がある。墓《はか》に関するくだりだ。アイヌが蛇《へび》を怖がることを指摘した後に、次のような文章が続く。

彼らは死者に対しても同じような恐怖をもっている。彼らにとって、特に「人の怖れる影」のように思われている。（略）どんなことがあってもアイヌ人は、一人のときは墓《はか》に近づこうとはしない。たとえ貴重な鳥や動物がその近くに倒れても、決して拾いに行こうとはしない。死者に対しては常に漠然《ばくぜん》とした恐怖が連想される。アイヌ人にとっては、いかなる天国の夢も「地獄《じごく》の暗闇《くらやみ》」を明るく照らすことはない。

（同、三七信・続き）

アイヌはあまり墓には近寄らないようだ。それは独自の宗教観に基づくものだ。アイヌの世界では「あの世」と「この世」があり、アイヌはそのどちらも全く同じものと捉えている。人間が死ぬと霊魂《れいこん》が体から離れ、その霊魂だけが「あの世」に行く。そして、「あの世」である程度の年月を過ごすと、「この世」に子供として生まれ変わってくる。そんなことをずっと繰り返すのだという。そして墓についてはこんなとらえ方をする。

普通の場合だと、死んだ人を墓に埋めるだけで、あとは関知しません。お墓にあるのは魂のぬけ殻《がら》ですから、墓参りなんかしないいんです。ただ家にいて、「あの世」に向かってお参りするだけです。年に何回となく「あの世」という世界に向かってそれを行なうんです。

（岡田路明「アイヌ――生活・文化・世界観」、『北海道と少数民族』札幌学院大学）

だからといって、彼らが決して墓を粗末《そまつ》に扱っているわけではない。アイヌが祖先を崇拝《すうはい》する気持は他民族以上に強い。ここであえて墓に関する記述に触れたのは、バードが道内を旅したわずか一二年前の一八六五年（慶応元年）、バードも通った森村（現・森町）と隣村の落部《おとしべ》村（現・八雲《やくも》町落部地区）で、バードと同じ英国人（函館の英国領事館員）らがアイヌの墳墓《ふんぼ》から人骨を盗掘《とうくつ》し、本国の博物館に送り出すというとんでもない事件があったからだ。せめて犯人たちにバード程度の認識があれば、こんな不祥事《ふしょうじ》が起こらなかった気がする。そしてこの事件は、幕末の不平等条約下における日本とイギリス、幕府とアイヌの関係を図らずも浮き彫りにしている。そんな関心から、一般にはあまり知られていないこの事件の概要《がいよう》を紹介しよう。

2.「皇国の臣民」へ

◆英国人アイヌ墳墓盗掘事件

この事件については、国立公文書館内閣文庫に『箱館森村並落部《おとしべ》ニ於テ英国人土人之骸骨《がいこつ》ヲ堀取候一件』

（外務省記廿七）が記録として残されており、阿部正己《まさみ》編『アイヌ史資料集』第四巻（北海道出版企画センター）にも『英国人アイヌ墳墓発掘事件』として収められている。これら資料をもとに、在野の研究者・小井田武が事件の顚末《てんまつ》をわかりやすく『アイヌ墳墓盗掘事件』（みやま書房）にまとめている。ここでは後者を参考にさせていただいた。

事件の概要はこうだ。一八六五年（慶応元年）九月一三日、箱館の英国領事館員三人と日本人使用人一人が森村でキツネ獲りを装ってアイヌ墓地を荒らし、人骨四体を盗掘して英国に送り出した。さらに一〇月一八日には、落部村でも鴨《かも》打ちと称して墓地を荒らし、人骨一三体を盗んで箱館に運んだ。目撃者の訴えで事件が発覚し、箱館奉行と英国領事館の談判に及んだ。当初、英国側は追及をのらりくらりとかわしていたが、やがて逃げきれなくなり、全面的に非を認める。人骨は落部村の分はほどなく返されたが、森村の分については返還を渋り、一年七か月後にやっと返還された。さらに、慰謝料《いしやりよう》も払われて全面解決したが、森村の人骨ははたして本物かどうか疑問視されている。阿部正己は一九一八年（大正七年）の『人類学雑誌』に次のような推論を載せている。

領事ワイス等のアイヌ墳墓発掘の動機は、之より先き英国公使パークスが箱館に来遊せし時に既に企《くわだ》てられたるものの如《ごと》くにして、其目的はアイヌ墳墓より骸骨《がいこつ》を発掘して之を英国倫敦《ロンドン》博物館に送り以て人類学の研究に資せんとしたるものなることは、事件の推移に由りて略々知ることを得。故に此の事件は単に公使並に領事のみの計画にあらずして、本国の人類学者の発意より英国政府を経て日本国駐在公使に命を下し、公使は箱館領事をして遂行《すいこう》せしむるに至れるものなることは、稍々《やや》確実に推定せらる。（『アイヌ墳墓盗掘事件』）

どうやら実行犯らの単なる気まぐれによるものではなく、本国の人類学者が英国政府を動かして盗掘させたのではないか、と推測しているのだ。近代人が高みから〝未開〟の人たちを見下して研究対象にするという、人類学の根本的な姿勢に対しては、最近、厳しい批判が加えられており、本書でも項を改めて触れるつもりだ。当時のことだから、極東の外れにある後進国の、さらに辺境の地に住む少数民族の人骨を、大英帝国の人類学者たちが珍しがって欲しがっただろうことは、容易に想像がつく。

しかも、この時期は欧米諸国との間には不平等条約が結ばれている。一八五八年（安政五年）に結ばれた日米修交通商条約の第六条は「日本人に対し、法を犯せるアメリカ人は、アメリカコンシュル（注・領事）裁判所にて吟味《ぎんみ》の上、アメリカの法度《はっと》を以て罰すべし」との治外法権が規定されている。これに準じて、オランダ・ロシア・イギリス・フランスの諸国とも同様な不平等条約を結んでおり、英国領事館側の対応はまさにこの条約そのままに日本側を見下したものであり、犯人の処罰《しょばつ》も極めて甘いものだった。

ただ救われるのは、箱館奉行小出大和守《こいでやまとのかみ》の奮闘ぶりである。開港後初めて、外国人が日本人に恥辱《ちじょく》を与えた国際的な事件だったので、相当な重責を感じていたはずだ。老中に書き付けを送り、場合によっては江戸に出向いて詳しく説明をしたいとまで申し出ている。一方、談判《だんぱん》におけるその追及ぶりは極めて冷静沈着《ちんちゃく》であり、英国領事らを理詰めで追いつめてゆくさまは小気味がいい。談判の流れを少したどってみよう。

談判が始まってしばらくは、英国領事側は「知らぬ、存ぜぬ」と突っぱねていたが、盗掘現場へ案内をした日本人使用人を英国領事館員が談判中に逃がしたことから、欺瞞《ぎまん》の糸がほころび始める。奉行所は八方手を尽くし、使用人が箱館のロシア病院に匿《かくま》われていることを突き止め、犯人宅に一三体の骨が隠されていると本人に自白させた。これにより英国側は落部村の件を認めざるを得なくなり、渋々遺骨《しぶしぶいこつ》を返した。

次いで、噂をもとに現場検証を念入りにしておいた森村の件について、小出大和守は食い下がる。これについても英国側は言い逃れようとしたが、次第に追い込まれてゆき、盗掘はしたが臭気《しゅうき》が強いので海へ捨てたと言い張る。その一方で、さらに紛糾《ふんきゅう》することを恐れ、犯人三人を一二か月から一三か月間入牢《にゅうろう》させるとの処分を手早く決め、領事を更迭《こうてつ》した。以下は、新領事（ガウル）と大和守のやりとりだ（すべて『アイヌ墳墓盗掘事件』による）。

大和守　しかし、疑わしい事は第一に領事館に臭気のある骨を箱に入れ、毎朝縁側から外に出して夕方には取り入れている。その様に手数をかけているのを、ワイス（注・前領事）をはじめ書記官まで知らないということは無い。

殊に全体骨二ツ、それに頭骨と全体骨一ツは臭気がないので海へ投げ捨てたというが、先年の戌《いぬ》年の春に死去葬《ほうむ》ったもので、四カ年を経過しているので臭気など有るはずが無い。この様な納得のいかない申し立てをしているが、其許《それもと》はどう思われるか。

ガウル　唯今お尋ねのことは一々理に適《かな》っております。疑わしい点については私からも囚人《しゅうじん》に尋《たず》ねましたら、最初は海中に投げ捨てる積もりは無く、箱に入れて他所《よそ》へ送る予定だったがあまりに臭気がするので、箱を開いて見たらその内の一つは臭気が甚《はなは》だ強く、他の骨にもその臭気が移りそうなので、その儘《まま》海中へ投げ捨てたというのです。

なお、体骨はさほどではないが、頭骨の脳が乾いていない為に臭気が甚《はなは》だしいと申し立てています。

大和守　トロン、ケミスは素人だが、ホワイトリー（注・いずれも犯人）は鳥獣虫類まで剥製《はくせい》にする商売人で、この臭気を止める方法が出来るはずである。その手数を煩《わずら》わせないで海に捨てるはずが無い。

ガウル　御尤《ごもっと》もです。臭気止めの方法は必ずするものと思いましたが、当地にはその為の道具等が無いので行き届かなくなり捨てたのです。

こんな調子で新領事はだんだん窮地《きゅうち》に追い込まれ、ついには嘘《うそ》を認め始める。

ガウル　もし、万一自国か他国へ輸出したことが分かりましたら取り戻します。

大和守　世界中を糺《ただ》して、いよいよ無いと決まった上でなければ、罪は定まらないと思う。

ガウル　たとえば、一本の樹からリンゴを六ツ盗み取り二ツを食ったとき露顕《ろけん》し、残り四ツを戻せば二ツは食べてしまったので、それまでのことだと思います。

大和守　リンゴ二ツを食べたのに相違無いのであれば仕方無いと思うが、食べた積りで他へ売っていたのでは、それ相応の罰がなくてはと思われる。

ガウル　それと同様のお疑いの骸骨《がいこつ》のこと、終《つい》に詮索《せんさく》が行き届かず不承知のときは、英国人の骨で補って宜敷《よろし》いでしょうか。

大和守　トロン、ケミス、ホワイトリーの骸骨なら、償《つぐな》いには十分に足りる。

鋭い追いつめ方だ。結局、領事は、犯人らが森村の遺骨を本国へ密《ひそ》かに送ったことを認める。そして、遠方なので時間がかかるが必ず返還すると約束し、事件発生から一年七か月後に返還された。同書中の杉浦兵庫頭の「箱館奉行御用日記」によれば、「全骸骨一骨、三外体骨とも都合三箱となっており、この箱は当地より送ったものをそのまま戻したと申し立てたのでそのまま受け取り、それを一覧したところこの箱類はすべてお国の製作品で、柳行李《こうり》に入った分もあって聊《いささか》の心障《ママ》も無い」という。だが、箱類が日本のものであっても、中身の遺骨が盗掘されたものかどうかは疑わしい。

著者の小井田武も「遺骨の返還にあたって、英国側は白昼の返還を忌避《きひ》し、夜陰《やいん》に乗《じょう》じて森村の海岸近くにあった法栄山一妙寺に運ばれ埋葬《まいそう》された。しかし、埋葬された遺骨は箱に納められていたのにもかかわらず、それはひどい悪臭であったといわれている」と書き、今もロンドン博物館にアイヌの人骨四体があると仄聞《そくぶん》しており、割り切れない気持だと述べている。

2.「皇国の臣民」へ

この記録の中で、さらに印象的な部分がある。小出大和守から老中水野和泉守忠誠宛てに提出した書き付けに、次のような文章があるのだ。

一体彼らは当地のアイヌを異国人同様に思っている様だが、この土地はわが国の領土であり風俗もどの様にしてもわが国民であることに相違無い。特に森村のアイヌなどは悉《ことごと》く帰属しアイヌ風俗の者は一人もいない程で、御領地依頼の厚い趣意によって帰属したアイヌは和人と差別なく取り扱っており、アイヌといって軽く取り扱っては御国に帰属した趣意に背《そむ》くことになるのである。

松前や函館の和人地に近い土地だけに、帰属が進んでいたことがうかがえる。アイヌを一般日本人と同等に扱って英国に抗議したわけだが、事件の最終結末をつける段になって妙なことが起きる。英国側は犯人三人を処分するとともに、森村と落部村で遺骨を盗掘されたアイヌの遺族に慰謝料《いしやりよう》として二五〇両、日本に訴訟（談判）費用として一〇五両を支払った。治外法権《ちがいほうけん》下、大国・イギリスを相手にした異例の決着といえるだろう。ところが同書によると、落部村ではこの慰謝料を手にした遺族は一人もおらず、村役人が適当に処分したのだろうとの噂があるという。イギリス人もイギリス人なら、日本人も日本人だと言わざるをえない。とんでもないごまかしであり、差別である。

ちなみに、両村のアイヌ墓地の遺骨はすべて（森村八四体、落部村三十数体）、一九三五年（昭和一〇年）、北海道帝国大学医学部の児玉作左衛門《さくざえもん》教授によって掘り起こされて同大に運ばれ、いわゆる「児玉コレクション」に加えられた。これはこれで後に問題となるのだが、後述することにしよう。

3.

樺太・北千島アイヌの悲劇

◆樺太千島交換条約を締結

北海道をはじめ、樺太、千島のアイヌたちにとって、日本とロシアとの関係がとても重要な意味を持っていたことは、第一章で見た。それは明治維新後も変わらず、一八七五年（明治八年）締結《ていけつ》のペテルブルグ条約（通称「樺太千島交換条約《からふとちしまこうかんじょうやく》」）によってアイヌは再び、運命をもてあそばれる。

幕末期の一八五八年（安政五年）、クリミア戦争に敗れて地中海進出の野望を断たれたロシアは、極東に目を向け直す。清との間に愛琿《ぐん》条約を結び、アムール川（黒龍江）を両国の国境と定め、ロシア人の航行権を認めさせた。さらに六〇年（同七年）には、北京条約を結んでウスリー河以東を清から得た。これにより、サハリン（樺太）の戦略的重要性はいっそう高まり、ロシア人を積極的に移住させた。この動きを警戒した日本側は、箱館奉行の小出《こいで》大和守を特使としてロシアへ派遣し、交渉に当たらせた。これにより六七年（慶応三年）、「樺太及千島ニ関スル仮規則」が作られ、樺太が日本人とロシア人雑居《ざっきょ》の地とされた。

維新後も、樺太をめぐる両国の思惑《おもわく》は激しくぶつかり合う。日本側は外務省担当参議の副島種臣《そえじまたねおみ》が交渉に当たったが、副島は国内の征韓論争で敗れて西郷隆盛《さいごうたかもり》らとともに野に下った（「明治六年の政変」）ため、榎本武揚《たけあき》が特命全権大使としてペテルブルグへ派遣《はけん》された。榎本は旧

樺太千島交換条約の風刺画　（ワーグマン画「ジャパン・パンチ」1875年8月号より）

3. 樺太・北千島アイヌの悲劇

幕臣最後の残党として箱館戦争を率《ひき》いた人物だ。にもかかわらず、戦った相手の黒田清隆に逆にその能力を買われ、政府高官に引き立てられていた。この榎本がロシア外務大臣ゴルチャコフとの交渉でまとめたのが、「樺太千島交換条約」だった。

この条約は、日本は北千島のウルップ島以北一八島を領土とし（つまりは南千島の四島を含めて全千島が日本領土となる）、これまで雑居地だった全樺太をロシアに譲るというものである。この内容に、日本とロシア両国で不満が噴出《ふんしゅつ》した。和田春樹『北方領土』（岩波書店）によれば、「とにかくこの条約は評判がわるく、またロシアが強引であり、危険だという反露感情が煽《あお》られる契機《けいき》となった。（略）日本人にとってと同様に、ロシア人にとってもこの条約は不満を残した。日本領のクリル（注・千島）諸島によってロシア人はオホーツク海に閉じこめられたという印象が生まれたのである」というのだ。

さて、問題はアイヌの処遇である。同条約の附録第四条は、樺太と千島のアイヌについて次のように規定している（片仮名を平仮名にし、句点と濁点を入れた）。

樺太島及「クリル」島に在る土人は現に住する所の地に永住し且其儘《まま》現領主の臣民《しんみん》たるの権なし故に若《も》し其自己の政府の臣民たらんことを欲すれば其居住の地を去り其領主に属する土地に赴くべし。又其儘《まま》在来し地に永住を願はば其の籍《せき》を改むべし。各政府は土人

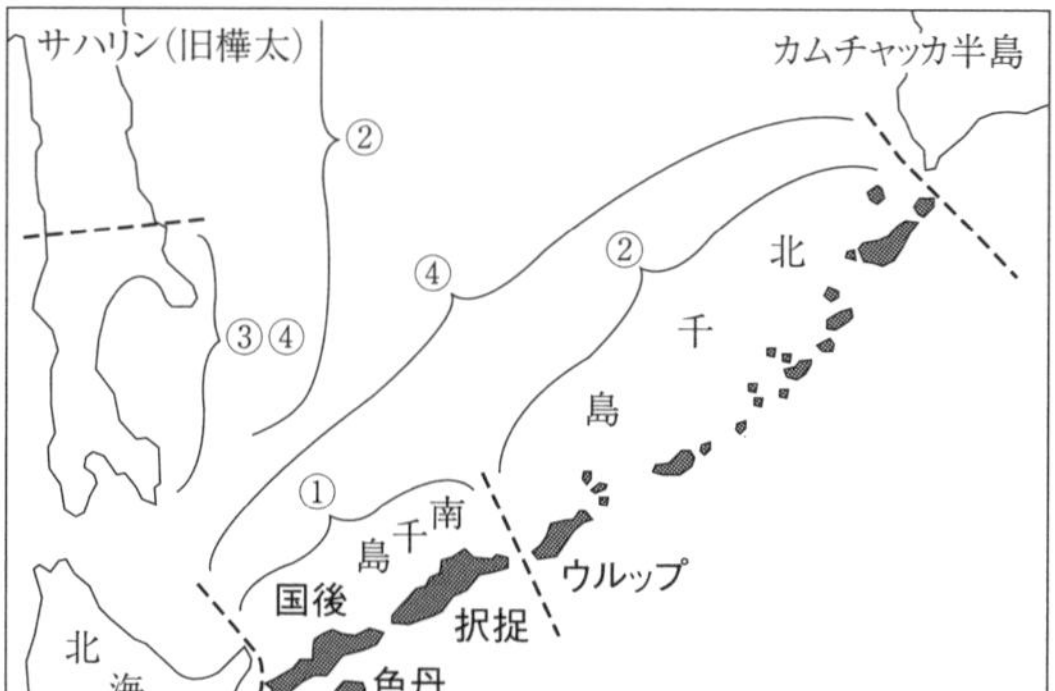

①「日露通交条約」（1855年）で、南千島が日本領となる。

②「樺太・千島交換条約」（1875年）で、日本はウルップ島以北の18島を領土とし、「雑居地」だった樺太をロシアに譲る。

③「日露講和条約」（1905年）で、北緯50度以南の南樺太が再び日本領になる。

④「サンフランシスコ講和条約」（1951年）で、日本は千島列島を放棄し、南樺太も失う。

> 去就《きよしゆう》決心の為め此条約附録を右土人に達する日より三ケ年の猶予《ゆうよ》を与へ置くべし。此三ケ年中は是《これ》迄の通《とおり》樺太島及び「クリル」島にて得たる特許及義務を変せずして漁猟及鳥獣猟其他百般の職業を営むことを妨げなしと言えども総《すべ》て地方の規則及法令を遵奉《じゅんぽう》すべし。前に述ぶる三ケ年の期限過ぎて猶《なお》双方交換済の他に居住せんことを欲する土人は総て其地新領主の臣民となるべし。
>
> （河野本道選『アイヌ史資料集』第二巻『対アイヌ政策法規類集』所収、北海道出版企画センター）

要するに、日本とロシアどちらの「臣民」になるかを、条約附録を出してから三年以内に自分で決めるよう強制しているのだ。日露両国民には国籍はそのままで定住することが認められたのに、先住民にはそれが認められなかったのである。北千島（クリル）アイヌはロシア国籍を選べば千島から、樺太アイヌは日本国籍を選べば樺太から、それぞれ去らなければならない。国籍をあいまいなまま現住地にとどまることは、できない。いずれにせよ生活基盤そのものの変更を迫られ、民族分断にもつながる一大事であり、アイヌにとってはまさに晴天の霹靂《へきれき》だった。そして、附録条文ではアイヌの自主的な意向を尊重する文面になっていたが、結局、日本政府は日本国籍を望むアイヌを、樺太組は北海道・石狩へ、北千島組は南千島の色丹島《しこたんとう》へ、どちらも強制的に移住させ、悲劇的な結末を招いている。

◆樺太アイヌの強制移住

より規模の大きな樺太のケースから、先に見てみたい。

樺太では、一七五二年（宝暦二年）松前藩がクシュンコタン（久春古丹）ほか二か所に漁場を設け、南樺太を中心に請負《うけおい》商人がアイヌを働かせるようになった。一方、ロシアは樺太を流刑地《るけいち》と位置づけて囚人《しゅうじん》を送り込み、やがて戦略上の重要地として見るようになると植民も大量に入れるようになった。

3. 樺太・北千島アイヌの悲劇

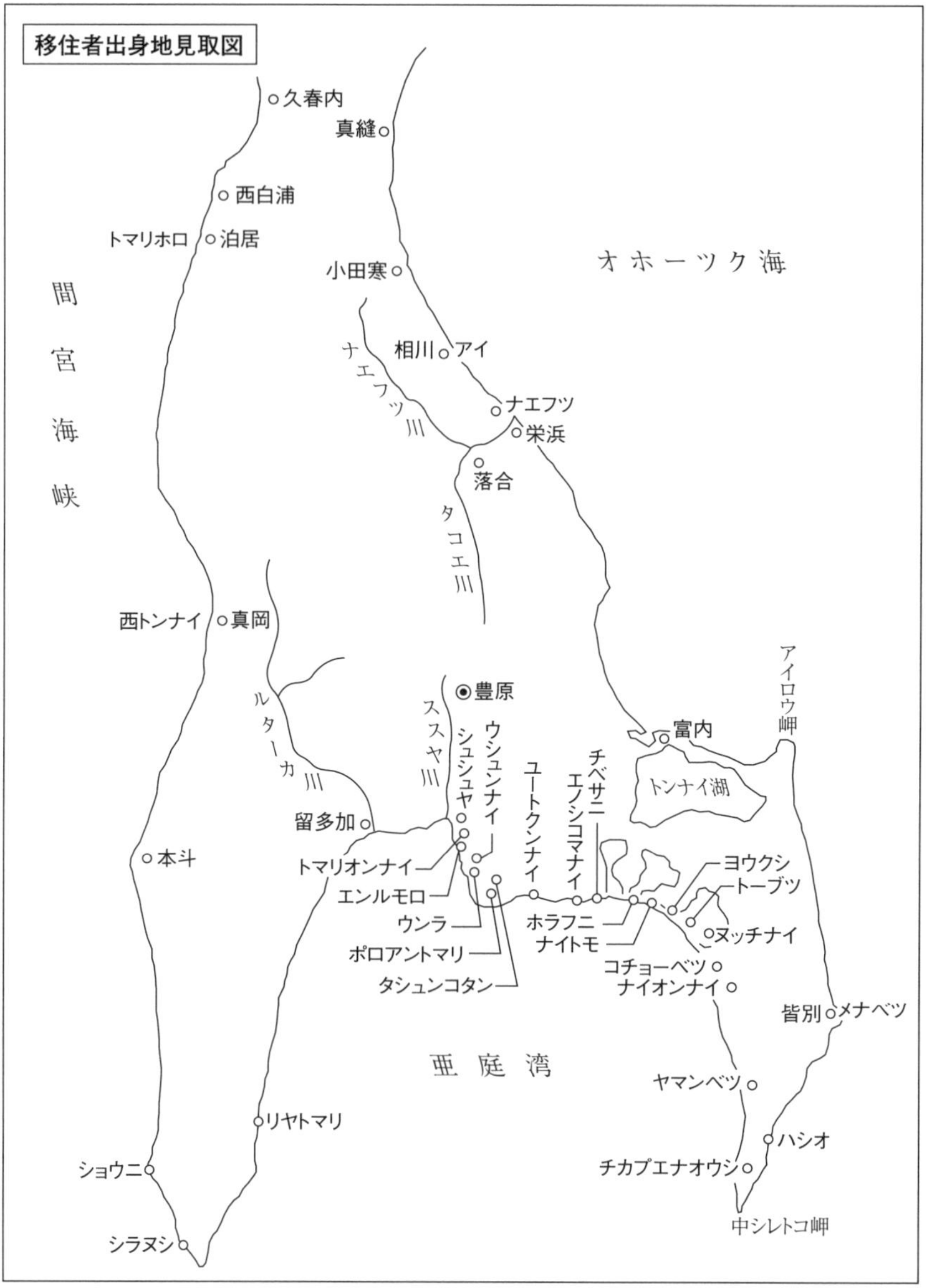

移住者出身地見取図

出所） 樺太アイヌ史研究会編『対雁の碑』（北海道企画出版センター）

条約締結時に南樺太に住んでいた人は、和人が永住者と出稼《でかせ》ぎ者を合わせて五五七人、ロシア人が士官兵卒七八九人とその家族八二人、農民一一〇人、罪人と家族一一五人などの計一一一〇人で、日本人の倍に上った。これに対し、先住民族（アイヌ、ウィルタ、ニブヒら）は二三七二人で過半数を占めていた（樺太アイヌ史研究会編『対雁《ついしかり》の碑』北海道出版企画センター）。和人に対しては、条約調印前年の七四年（明治七年）に布達《ふたつ》が出され、同年限りで樺太のシラウラ、鵜城の官設漁場を廃止すること、北海道への転住営業には手当てを与えて官船で護送《ごそう》することなどを告げている。つまり、和人には早々と引き揚げの手配をしていたのである。一方、国籍選択を迫られたアイヌは結局、アニワ（亜庭）湾内一帯の一〇八戸、八四一人が北海道に移住することになった。これは樺太全島アイヌ約二四〇〇人の三分の一強に当たる。樺太に生まれて九歳の時にこの移住を経験した山辺安之助《やまべやすのすけ》は、その様子を次のように語っている。

其時土人の中には何と云っても樺太は、吾々の生国であり、祖先の翁《おきな》だちも此《この》国土の底へ葬《ほうむ》ってある。であるから、此国から余所《よそ》の郷へ行く事は、イヤであると云ふ者もあった。

又、其通りではあるければ、此郷へ住居をして、露西亜《ロシア》人の家来となり、露西亜人の仕事をする、そんな事はイヤだ。日本の人には、先祖以来衣食住の厄介《やっかい》になったんだから、どうあっても、日本の国へ渡り、そして、日本の国に一所《いっしょ》に住居するが善かろうと云ふ人々もあった。

私共の村人始め、樺太中日本に向った（亜庭湾内《あにわ》）知床より能登呂《のとろ》・白主《しらぬし》に至る一帯の土人は、これ迄、日本人と一所に暮らして居て、今日本人が内地へ帰って了《しま》ふんだから土人達も一同日本人と一所に北海道へ往《ゆ》きたいと云った。

そこで黒田長官の言葉はかうであった。

「然らば来ようと思うものは連れて来よう。イヤだといふものは其儘《まま》に置かう」

（山辺安之助著、金田一京助編『あいぬ物語』、河野本道選『アイヌ史資料集』第六巻所収、北海道出版企画センター）

アイヌが自主的な選択をしたように見えるが、移住について日本政府の執拗《しつよう》な働きかけがあったようだ。高倉新一郎は、『対雁《ついしかり》村史』から「当時我が当局は、縦令《たとえ》土人でも、代を重ぬれば内地人と智識に於て異る所がない。故に今国土を失っても、土人だけは永く帝国の臣民として置く必要がある、との見地を以《もっ》て」との記述を引用し、「蓋《けだ》し当時、開拓使は、富国強兵を標語とする明治政府の経済政策の一環として北海道の開拓に全力を尽《つく》し、是に対して最も必要なる労力を獲得せんとし、八方手段を講じて移民を募集していた際であるから、永い間撫育《ぶいく》し我国民の一員なりと主張してきた二千余人の樺太アイヌをみすみす捨て去るに忍びなかったのであろう」（『アイヌ政策史』）と見ている。

　せっかく撫育して一人前の労働力として育てたのだから、人手が極端に不足している北海道開拓に使わない手はない、というのだ。千人単位もの労働力は極めて貴重だったはずだ。「みすみす捨て去るに忍びない」どころではなかろう。アイヌが「今日本人が内地へ帰って了《しま》ふんだから土人達も一同日本人と一所に北海道へ往きたい」と言ったのも、和人の漁場主たちを頼らずには生活が立ち行かなかったからである。しかし、移住が亜庭湾内一帯のアイヌに限られ、しかも三年間の猶予があったのに慌《あわ》ただしく移住が決行されたのはなぜだろう？

3. 樺太・北千島アイヌの悲劇

　移住第一船が出航したのが、七五年（明治八年）九月九日である。条約調印がその年の五月七日、三か年の猶予を定めた条約附録が調印されたのは八月二二日。それからわずか三週間足らずで、樺太経営の日本側拠点だったクシュンコタンを後にしているのである。これは「樺太の受け渡しが急遽《きゆうきよ》、即ち八月に行なわれるに至ったため、止むなく樺太支庁所在地に居住せるものに限らざるを得ず」（高倉新一郎『アイヌ政策史』）という理由からだった。とはいえ、なぜ「急遽」決まったのかは不明だ。このため、西富内《とんない》のアイヌ一〇人は家族八八人を郷里に残したまま移住してきた、といった例も出ている。他の人たちもおそらく、着のみ着のままの状態だったことだろう。

アイヌたちが希望した移住地は、北見《きたみ》国の宗谷《そうや》だった。ここなら朝夕に故郷を望むことができるからだ。「旧樺太土人蓄積《ちくせき》御本県ヨリ御下渡可相成分御繰替エ渡ノ義ニ付願上」（一八八三年、対雁《ついしかり》村共救組合長上野正が札幌県令代理佐藤秀顕宛に出した文書）の中に「特ニ樺太、千島国御交換ノ折移封ノ地ハ宗谷方面各自ノ望地に永住セラレシ趣《オモムキ》ナレバ、年一度ハ墓参《ぼさん》ノ為故里ニ渡航ノ義ハ許可可成御説諭《せつゆ》ノ所、豈謀《あにはか》ラン強イテ対雁へ移住セシメラレ（以下略）」（阿部正己編『対雁移住旧樺太土人沿革』所収、北海道出版企画センター）とあり、年に一度の墓参許可を開拓使が約束していた節もうかがえる。また、樺太で長年、漁場請負人だった伊達、栖原《すはら》の両家が、宗谷に近い手塩、北見郡で漁場持《ぎょばもち》を命じられていたことも、漁で生きてきた樺太アイヌたちの決断に影響していたようだ。

ところが黒田清隆開拓使長官は、石狩平野の中央にある対雁《ついしかり》（現・江別市対雁）へアイヌを強引に移して農業につかせようとする。農業立国を目指す黒田にとって、アイヌも例外ではなかったのだ。だが、開拓使の中にもアイヌの立場に共感する人物がいた。松本十郎開拓大判官である。彼はアイヌの衣服アツシを好んで着て「厚司判官《あつしはんがん》」と呼ばれたほどの男であり、黒田長官に「今や先祖代々海浜に於いて生産を立てるの民を直襲《ちょくしゅう》して山河の間に転移せしむる、果たしてその民その所で安堵《あんど》するや否や」（『石狩十勝両河紀行』、『日本庶民生活史料集成』第四巻所収、三一書房）と進言している。

宗谷に着いたアイヌたちは、一年ほどそこに滞在した。山辺安之助は「さて、それからは吾々は最早《もはや》今迄の様な土人ではなくなって、本当の皇民《こうみん》となったのであるから、黒田長官の計《はか》らひで、米から肴《さかな》から各月官から供給され、俄《にわか》に、優遇《ゆうぐう》された。そして、先《ま》づ一箇年ばかりそうして宗谷に暮らした」（『あいぬ物語』）と記している。現地を訪ねた松本十郎大判官も、「明治九年二月二日、再び移民の所に行き、移民の情況《じょうきょう》を視察し、そして慰め励げました。移民たちは、それぞれ草屋をつくり、この地に喜んでいる様子だった」（松浦義信編、松本十郎書簡『根室も志保《しほ》草』現代文、みやま書房）と書いている。アイヌたちは、ここに安住できると胸をなでおろしていたようだ。

3. 樺太・北千島アイヌの悲劇

しかし黒田長官は、アイヌを宗谷に置いておくと、望郷の念にかられて船で帰る者が出て国際紛争の原因になりかねないなどと心配した。そして一八七六年（明治九年）早春、アイヌ代表一〇人を選び、小樽・札幌を経て移転予定地の対雁を視察させている。現地を見たアイヌ一行は、長官の意に反し、ますます移転反対の気持を強めた。その気持を上申書にして開拓使に提出している（片仮名を平仮名にし、返り点を読み下し文にした）。

> 実地拝見の為両判官様御同道石狩川上（エベツフト）近方其外共委細《いさい》見聞仕候処《つかまつりそうろうところ》、同処の義は海岸より既に十里程も川上に之《これ》有り、元来私共海岸住馴候土人に御座候へば、都て海業之無き候ては兎角《とにかく》身成行相立たず、（中略）尚《なお》御聞届《ききとどけ》之無には一切御世話に成らず候共致し方之無、一旦《いったん》手離されたる義に御座候へば柯太《からふと》へ帰るより外御座無、仮令《たとえ》旧郷へ帰るにも御世話を受けず、私共手造船へ乗組、波浪《はろう》の為海死致候共《とも》決て厭《いと》い申さず此上如何様御諭《さとし》相成候共別に申上奉《たてまつ》る様御座無き候。
>
> （松本十郎『石狩十勝両河紀行』）

決死の覚悟といってよい。対雁は海岸から一〇里（約三九キロ）も離れている。海岸に住み馴れた身としてはとうてい生活が成り立たない。もし希望を聞いてもらえないなら、一切の御世話になりたくない。関係が切れた以上は、御世話になることなく自分たちで船を手作りし、故郷の樺太へ帰る。途中の海で死ぬようなことがあっても構わない、というのだ。あくまで漁民として生きようという、決然たる覚悟にあふれた文面である。

だが開拓使は、では移住先を、同じ石狩で海に面し漁に適している厚田《あつた》に代えてはどうかと言葉巧《たく》みに持ちかけ、同年六月、アイヌ全員を船で宗谷から小樽へ無理やり運んでしまう。開拓使はこの時すでに対雁へ強制移住させる腹を固めており、厚田の話は口先だけの方便《ほうべん》だった。船には警察官を二五人も乗せ、海に出てから真相を明らかにした。これには船中が騒然《そうぜん》となり、一時、収拾《しゅうしゅう》がつかなくなるほどだった。この恫喝《どうかつ》まじりの詐欺的やり方に、松本十郎大判官はさすがに我慢《がまん》がならなかった。黒田長官に辞表を出し、故郷の庄内《しょうない》へさっさと帰ってしまった。この反骨の役人が、事の顛末《てんまつ》を黒田宛の抗議書に詳しく書き残している。アイヌの宗谷での様子、石狩移転の問題点、松本がアイヌに寄せた心情などがよくわかる。それと同時に、驚愕《きょうがく》すべき事実も出てくる。少し長いが引用する。

明治八年八月上旬に樺太判官の公文書によりますと、樺太の土人およそ千人あまりがわが日本の多年の皇恩を慕って北見に移りたいと願っていました。それは彼らの言うことには、北見は海をへだてて白主《しらぬし》の崎を朝夕に眺望《ちょうぼう》できるというのです。

それで私は、明治八年の夏に、この樺太移民の住む所を北見国、宗谷《そうや》、枝幸《えさし》、紋別《もんべつ》の三郡に予定し、移住をさせました。その地は今でも漁民は少なく、海はニシン、サケ、マスの漁が豊富で、山は山林の材が多くありましたから、移民たちは〝樺太よりいい〟と喜んでいました。

ところが、どうしてなのか、更に石狩川の上流に移し、空知の夕張鉱の仕事に従事させようとしています。石炭鉱は終身刑者を働かせる所ではありませんか。それを樺太の移民を使って開発させています。これを聞いた私は、非常な驚きでした。樺太の移民には何の罪がありましょうか。それなのに流刑人と一緒にして働かせるということは、どう言うことでしょうか。

閣下の命令では〝樺太土人は即ち蛮民《ばんみん》である。たとえ両皇帝の条約があるといっても蛮民の望み通りにその移住地を決めるということは当使長官の清隆が断じてゆるさない〟と言ったそうですが、閣下が移民を蛮民と呼んだということは私が最も納得できないところです。彼らは既にわが皇国に移った良民です。これを蛮民と呼ぶのは、聖天子のいわれた平等にいつくしむという義にさからっていないでしょうか。

私は、ことし二月に北見、紋別、枝幸の移民の現況を巡視しましたが、彼らは常に水草を使って簡単に草の小屋を作るので、筵《むしろ》や縄《なわ》を与えますと、たちまち小屋を設けます。婦女子は流木を海岸で拾い、壮者は山に行ったり海で漁をし、子どもらは喜々とその側で遊んでいたので安堵《あんど》しました。彼らは村の名を私に付けてくれと言いましたので、仮にこの安堵している状況を字にして〝安堵村〟と呼ぶことにしたのです。

3. 樺太・北千島アイヌの悲劇

それなのに、閣下は両皇帝の条約があるからといっても、一使長官の特権をもってこの移民を石狩川の上流に移しました。樺太の移民は祖先から海岸で生長し、漁を常識にしていましたから、漁のうちニシンは四時の儲《もう》けたものでした。石狩川はサケ、マスの漁があると言っても、開拓使を置いて以来、石狩川下流の移民が川上に遡《さかのぼ》る魚をさえぎり、漁業の上手な上流の土人でも充分に食べれる程の漁がないそうです。海岸の地は温暖で、山間地は寒冷でありますから、樺太の移民を北見海岸の温暖な所から急に寒冷な石狩川上流に移したのは、大きな損害になるのではないでしょうか。樺太の移民は決して普通の移民ではなく、祖先からの住地を離れ、父母の墳墓《ふんぼ》を棄《す》てて皇国を親慕《しんぼ》して北見に移りたいとの希望を持ってきたのです。愛すべき民ではないでしょうか。

閣下は、特権で石狩川上流に移しました。移す時には、閣下は六等出仕の鈴木大亮に命じて玄武丸《げんぶまる》に乗せ小樽港に行かせ、札幌の巡査二十人を率い皆に銃砲を持たせて小樽港から宗谷湾に航海、枝幸沖に迂回《うかい》して艀《はしけ》船などを海岸につけた。これに樺太の移民が皆愕然《がくぜん》としてあわてだし、山林に逃げようとすると二十人の巡査が銃を向けて土人を恐迫、また玄武丸の大砲に空砲を撃たせ砲音を山や海に響かせた。樺太移民たちは地にひれふし、手を合わせるなど震いあがらない者がなかったということです。

この後、羊か豚を狩るように全部を玄武丸に乗せ、直ちに小樽港に向って上陸させ、弘明丸に移乗させて石狩川上流の江別太《ぶと》（現・江別）に移した。樺太の移民は、はじめの約束に反したので憤怒《ふんぬ》して、酋長の伝兵衛（旧名アツヤエーク）に迫ったので、伝兵衛は非常に憂《うれ》い、困りはてて気が狂ったようになり、遂に血を吐いて死んだという。これを聞いた者は、酋長《しゅうちょう》を知る知らないに関係なく、非常に嘆き悲しんで泣かない者はなかったそうです。

このように事ここに至ってはこれ以上の惨さはないと思います。不肖《ふしょう》私は、閣下が常に東京に勤務していますので、北海道の処置を委任されたままでは、聖天子陛下の条約を履行《りこう》することもできないのでは、樺太移民の約束に背《そむ》きます。

そして、移民八百四十二人をこのような艱難《かんなん》な状態にしていることは、ますます不肖十郎などの面目がなく、人に合わせる顔がありません。たとえ、人がこの事を言わなくても、正常な者なら心に恥じますので、ここに私は辞表を太政官に届けます。

（松本十郎『根室も志保草《しほぐさ》』）

なんと強制移住どころか、強制連行までしたのだ。逃げまどうアイヌに銃を向け、大砲に空砲まで撃たせている。挙げ句に死者まで出している。幕末に場所請負人による強制連行もあったが、今度は官が率先してのことであり、第二次大戦時の朝鮮人・中国人の強制連行を思い起こさせるような事態だ。さらにはアイヌを「蛮民」扱いし、当時は終身刑の囚人を働かせていた炭鉱で働かそうとまでしている。樺太から移住させることは「皇民」となることを意味し、もはや「蛮民」ではなく「良民」であるという松本の主張は、理に適《かな》ったものである。この抗議文で明らかにされた事実の一つ一つに、黒田の権力者としての剥《む》き出しの本性と北海道開拓に向かう姿勢がよく表われている。と同時に、〝安堵村〟の命名などに、松本の優しい心情も汲《く》み取れる。松本はまた、石狩の対雁《ついしかり》（江別太《ぶと》）では漁民のアイヌたちが生きていけそうにない、との的確な見通しも立てている。そして不幸なことに、この予言は的中してしまうのである。

◆対雁移住後の暮らし

対雁に上陸したアイヌらは約束を破られた怒りが収まらず、住む家の建設を拒んで十数日間は仮小屋住まいをした。開拓使側は懸命の説得を続け、堀中判官が出張してきて石狩・厚田の漁場を給付することを約束し、やっと事態が鎮静《ちんせい》化に向かった。そして、対雁に開拓使勧業課の詰所《つめしょ》が開設され、勧業課員と移民取締官が配置された。また、アイヌの自治組織がそのまま利用され、総乙名《おとな》（首長）、脇乙名が伍長に任命されるなど幹部が役職につき、月給も支給された。さらに、「樺太移住土人ニ対スル救護並ニ授産計画」（八五年）が立てられ

3. 樺太・北千島アイヌの悲劇

た。その内容は一三項目にわたっており、要約して列挙すると次のようになる。

①樺太から対雁への移送経費は官費で支出すること

②八六年（明治九年）から三年間はすべてのアイヌに米塩を給付すること

③住宅を建設して給付すること

④石狩川尻にサケの漁場を三か所買い上げて漁業を営ませること

⑤厚田に建網《たてあみ》場を三か所買い上げて漁業に就《つ》かすこと

⑥対雁に官設教育所を設け児童の教育を施すこと

⑦対雁に開拓吏員《りいん》の詰所を設けてアイヌの指導監督をすること

⑧詰所には、試作畑七七五二坪を設置し、農耕の実地教育をすること

⑨未開地四万九一七九坪をアイヌ各戸に割り与えて開墾《かいこん》させること

⑩耕した畑地に順次、麻芋《あさいも》の栽培を奨励し、

対雁へ移住後6年目のアイヌたち

北海道大学付属図書館北方資料室所蔵『アイヌ民族写真・絵画集成6』日本図書センター刊より

収穫した麻芋は製網《せいもう》所を創設して製麻・製網の方法を教師が婦女子に教えること
⑪婦女子に養蚕《ようさん》の方法を授けること
⑫農具・種子は官給すること
⑬漁業資金は開拓使より貸し付けること

（『対アイヌ政策法規類集』、阿部正己編『アイヌ史資料集』第二巻所収）

非常に多岐《たき》にわたる綿密な内容で、アイヌの自立へ入念《にゅうねん》な配慮をしているように見えるが、いざ実施に移すと多くは裏目に出た。その実績は、高倉新一郎『アイヌ政策史』によると次の通りである。

まず、④⑤の漁業。七六年（明治九年）に石狩川沿岸の知狩、来札《らいさつ》、シビシビウス、対雁の四か所にサケ漁場を設け、翌七七年に厚田《あつた》村内三か所にニシン漁場を設けた。これらの漁の収支は、わずかに八〇年だけが黒字で、他は一貫して赤字だった。七九年には新規に始めたマス漁が大洪水にあって漁獲がほとんどないという不運もあり、七六年（明治九年）から八一年（同一四年）までの総計は二万七七七円の負債となった。⑩の製網については、従事する婦女子が一〇〇人を数えるまでになり、技術も進歩して内国勧業博覧会で褒賞《ほうしょう》を受けるまでになった。

⑧⑨の農業も惨憺《さんたん》たるものだった。七七年（明治一〇年）、選んだアイヌ三人に既耕地三五〇〇坪を耕作させるところから始め、翌年、耕地拡大を目指した。八五〇円の予算でアイヌ二〇人が農地を経営し、延べ三一〇人の出面《でめん》（雇い）アイヌを使って新たに三町歩余りを開墾する計画だったが、結果はわずか五畝《せ》の作付増に終わった。七九年（同一二年）の実績では、かけた費用二二五円に対して収穫売上げは一二四円足らずで、差し引き一〇一円の赤字となっている。結局、約四〇戸を農業につけることはできたが、その作付面積は総計で一町八段九畝《たんせ》余りに過ぎず、多くは一戸で一段以下しか耕作しなかった。この原因は、アイヌが農業に不慣れであったこともあるが、健康な者がみんな漁場に働きに出てしまい、能率の低い老幼の者を使ったためだろうと

見られている。

⑥の教育もほとんど成果が上がらなかった。教育所は製網所内に設けられ、七七年（同一〇年）一一月、七歳以上一四歳以下の生徒三〇人余でスタートした。これが、後に全道各地に設置される「土人学校」の先駆けとなった。とにかく学校を知らない者ばかりだったので、当初はいろは習字、綴《つづ》り字、単語、和言葉などを主として教え、教師は最初は医者が、後に駐在官吏《ちゅうざいかんり》や副戸長が兼務した。学校へ通う習慣をつけさせるのにも苦心しており、学用品から昼飯、菓子類、衣服も給与して誘導した。山辺安之助もこの学校に通った一人であり、その様子を次のように回顧《かいこ》している。

併《しか》し、学校も其頃はまだ創《はじ》まったばかりの時であったから、可笑《おか》しいこともあった。先生が医者であるから、病人が出来ると授業が休みになる。一箇月の中本当に授業のある日は、十日位か、或は十五日位しか無かった。少し長い病人がある時は十日位の休みもあって、前に教はったことが、スッカリ忘れて了《しま》ふので、又元へ帰って前に教はったことを又習ふ。又新たに教はって行く中に、又休みがある。斯《こ》ういふ風であるから、私達は四年許《ばか》りも居たけれども正味習ったのは、二年位しかゐない様に思はれる。

（『あいぬ物語』）

そして、この学校の消息を、高倉新一郎は次のようにまとめている。

是が奨励のため官が学用品を始め生徒一人に付一日米九升、塩五合を扶助《ふじょ》してゐた内は登校者も多かったが、明治十五年六月官の保護廃止さらるゝや、一人一ケ月二円にも及ぶ扶助は到底是《とうていこれ》を継続する能《あた》はず、将来見込あるもののみに一ケ月一人一円五十銭の扶助を与えることとし、一般の扶助を廃《はい》するや、忽《たちま》ち学校を廃する者相継《あいつ》ぎ、漁業が始まるや、小児と雖《いえど》も拾ひ鰊《にしん》等にて相当の働きをなし得る故《ゆえ》に、父兄は是を伴って濱《はま》に出是を機として学業を廃するもの多く、殊《こと》に父兄が漁業のために石狩に移転するや皆共に移り、十八年にはアイヌの子弟にして級を進み得た者三名、悉《ことごと》く混血児であり、十九年の報告に依れば、此学校には最早《もはや》一人のアイヌ児童出席者も見なかった。

（『アイヌ政策史』）

学用品や米、塩の給付があるうちは登校していたが、給付と一般の扶助が廃止されると学校をやめる者が続出している。漁の手伝いに駆《か》り出され、やがて一家ごと石狩の浜に移転してしまうケースも出てきたのだ。漁は、春は厚田の漁場でニシン、春から夏にかけては来札《らいさつ》などでマス、秋は石狩川筋の漁場でサケを捕り、その出稼ぎが終わる冬に対雁に戻るというサイクルで生活していた。しかし、毎年繰り返すうちに、遠くから出稼ぎに出るのは不便ということで、漁場に作った小屋で暮らす者も出てきた。中でも来札地区への移転が多かった。

一八八二年（明治一五年）二月、開拓使が廃止され、北海道は函館、札幌、根室の三県を置く「三県時代」に入った。対雁のアイヌに関する業務は札幌県が受け継いだが、六月には保護年限が尽きてしまった。県は、相互扶助の「対雁《ついしかり》旧樺太移民共救《きょうきゅう》組合」を作らせて業務を託し、アイヌの自立を図ることにした。組合には一三九戸、七五〇人余りのアイヌが参加し、これに道外から来た和人一〇人も加わった。組合長（総長）には勧業課員として派出所に常駐していた上野正がなり、和人で幹部を固め、それをアイヌの役員が手助けする体制とした。表向きはアイヌの自由意思を尊重する趣旨《しゅし》だったが、ほとんど上野の「独裁」といえる体制だ。アイヌ代表一〇人と上野正の間に次のような「約定書《やくじょうしょ》」（八二年七月）が交わされている（片仮名を平仮名にし、返り点を読み下し文にした）。

第一条　拙者《せつしゃ》共今般官衛の保護を解かれ独立営業の場合に付、貴殿官途退職を決し、総長を委托《いたく》するに付左の通り約定候事

第二条　拙者共一統貴殿を永世の親家と認むるに付、貴殿は拙者共一統を子弟と認め、組合永続或は独立

窮民《きゅうみん》救助の方法を一切委任すること

第三条　共有貯金及び共有物品類は、総て貴殿の意見に処分相成べき事

第四条　貴殿の懇諭《こんゆ》を聞入れず、自儘《まま》に自立するものは追而《おって》窮する事あるも共有金及財産は分与せざること

第五条　前条の外公私に係る一切の事を判決処分すること

右の通の約定にて退職之上総長を相頼候義相違無之一札如件

（『対アイヌ政策法規類集』）

総長の上野と組合員のアイヌとは「永世の親家」と「子弟」の関係であり、組合の「永続」「独立窮民救助」の方法を一切お任せするというのである。具体的には、共有貯金や共有物品の処分から「公私に係る一切」の決定が上野の意見次第であり、勝手に自立して生活に困っても共有金や共有財産は分けないというのだ。決して上野が独裁者然として君臨しようとしたわけではなく、アイヌ側にまだ自治《じち》能力が備わっていなかった側面もあったことだろう。いつまでもこのままでは自立できなくなるので、次第に和人の役員を減らしてアイヌの責任を重くするなど、定款《ていかん》の改正を試みたりもしている。

ところが、こんな努力も虚《むな》しく水泡《すいほう》に帰《き》した。このころは既に、移住アイヌの大半は対雁を捨てて石狩の厚田や来札へ移っており、八六年（明治一九年）の上野の決算説明書によれば対雁に残っているのは約三〇戸、一〇〇人ほどにすぎなかった。対雁の諸施設は無駄になり、アイヌ用の学校は道外から来た和人用の小学校に変わった。分割《ぶんかつ》された耕地も和人が小作するようになり、農業に従事するアイヌはもういない。さらに出稼ぎで樺太に帰還する者も続々と出て来た。こうして共救組合の事業は軌道《きどう》に乗らず、アイヌは次第に離散してゆくのだが、これに超弩《ど》級の追い打ちが突如《とつじょ》、襲《おそ》った。悪疫《あくえき》の大流行だ。

七九年（明治一二年）春、九州や関西方面でコレラが大流行した。これが道内にも広がり、秋には対雁でも七四人の患者が出て、死者が三〇人に上った。また、八六、八七年（同一九、二〇年）にはコレラと天然痘が全国

で流行し、道内でも猛威《もうい》をふるった。八六年の道内では、コレラが患者二九二九人、死者二一五五人、天然痘が患者三〇三四人、死者九二九人を数えた。天然痘は八七年まで尾を引き、患者三三三〇人、死者一三二七人に上った。この両年の全道における患者死亡率は四七・五%に達し、悲惨を極《きわ》めた。だが、対雁の惨状はそれをもはるかに上回っている。八六年二六七人、八七年九一人の計三五八人が死に、その戸別内訳も一家で死者五人が九戸、六人・八戸、七人・六戸、一〇人・二戸、一一人・一戸と、一家全滅も珍しくなかった（数字は『対雁の碑』による）。

結局、七九年、八六年、八七年と相次ぐコレラと天然痘の大流行により、対雁では合計三八八人もの命が奪われたことになる。ただし、資料によって死者数には若干のばらつきがあり確定はできないが、いずれにせよ八〇〇人余の移住アイヌ全体の三分の一から半数近くが亡くなったわけで、まさに壊滅《かいめつ》的な打撃だ。これは全道や全国の死亡率とは桁《けた》が大きく違う。対雁並みに死者が出れば、日本の全人口が半減することになるのだから。

この点についても上村英明は、「生活習慣の違いに加えてここでも食物改造が行なわれた。開拓使は農耕に従事させられた彼らに、『救済』と称して家屋および三ケ年の米とミソを支給した。さきにも指摘したとおり、この食料は彼らの健康を増進するどころか基礎体力を低下させ、ストレスを生み、無気力を倍加させたにちがいない」（『北の海の交易者たち』）と見ている。確かに数字を見れば、アイヌの抵抗力が極端に落ちていたことが十分に推測される。決して穿《うが》った見方ではないだろう。こう見ると、不可抗力《ふかこうりょく》ととられかねない伝染病の罹患《りかん》も、実は人災的色彩が極めて濃いのだ。

この病気による人口の大幅減少に、これまで見てきたような、勧農《かんのう》の挫折《ざせつ》、石狩の海浜地区や樺太への出稼ぎ増加などが加わり、移住事業自体は完全な失敗に終わる。そのとどめを刺したのが、一九〇五年（明治三八年）の「日露講和条約」（ポーツマス条約）締結だった。この条約は日露戦争後に結ばれ、北緯五〇度以南の樺太を日本領とする内容である。日露戦争に勝った日本の、最大の戦利品だった。墓参や出稼ぎの名目で故郷へ戻っていた移住アイヌたちは、再び、誰はばかることなく父祖の地へ帰れるようになった。これで大半のアイヌは帰還し、対雁にとどまる者は一人もいなくなった。

かくして樺太アイヌ移住問題は、一八七五年の樺太千島交換条約に始まり、一九〇五年の日露講和条約で終ったかに見える。政府は多額の国費を投入し、アイヌは日本とロシア両国の政治的かけひきの狭間《はざま》で三〇年間も翻弄《ほんろう》され続けた。無理に故郷を捨てさせられた彼らは、移住先で同胞《どうほう》の半数近くを失い、離散《りさん》し、やがて三三五五帰郷していった。得るものは何もなく、失ったものはとてつもなく大きかった。明らかに開拓使、つまりは日本政府の失策《しっさく》が強く責められるべきだろう。自身がコレラにかかり、一八九三年（明治二六年）に墓参で帰郷した山辺安之助は、故郷の様子を次のように記録している。

石狩の漁場には、魚がまだ沢山捕れるし、私達は、何ひとつ不足な事もなく暮らしていた。けれども、国から一所《いっしょ》に出て来た親しい人達が皆世を去ってしまってから何の楽しい事もなくなって、小さい時に振棄《ふりす》てて来た故郷が懐かしくなった。その上、お祖父さんお祖母さんも、みな、一所に眠っていられる故郷の地、其東海岸には遠いけれども縁つづきの人達も尚《なお》残っているそうに聞いている。どうして居られるのであろうか、其さえわからないのであるけれど、私などは国の事は、夢のようにしか知らないが、年寄り達から聞けば、河には魚が溢《あふ》れて居、海にも同様魚が溢《あふ》れているそうな。一度、自分の故郷にどんな人達が居るか見て見たいような気がする。

そこで、石狩から遙々《はるばる》、函館にあった役所へ行って私共一同、郷里の先祖の墓参りに行きたいから、旅行免状を下附して戴《いただ》きたい、と願って見たら、案外容易に免状が下りた。

（『あいぬ物語』）

伝染病で肉親や仲間の多くを失い、望郷の念を募らせたことがわかる。まだ南樺太が返還される前だったが、渡航はわりと簡単にできたようだ。しかし、帰り着いた故郷の姿は昔とは大きく変わっていた。

3. 樺太・北千島アイヌの悲劇

それから私達は、また漁船へ諸道具を積込んで太泊の港を出て、愈々《いよいよ》故郷の村の方へと漕《こ》いで行った。十八年前の昔、このあたりを舟で渡した時分には、まだほんの児供《こども》であったから何と云う事もなく夢中で過ぎたのであった。今日三十近い男盛りになって若い妻を携《たずさ》えて、こんな風にして、帰って来て見ると、故郷の山河見違える程、様《さま》を替えて了《しま》って何処《どこ》へ往《い》ってもことごとく、露西亜《ロシア》の里になっている。（同）

二、三年後には対雁の仲間が続々と引き揚《あ》げて来た、との記述もある。山辺はこの後もずっと樺太に居続け、日露戦争では他のアイヌたちと一緒に日本軍に協力している。戦争勝利後には和人漁業家たちがまた大挙して乗り込んで来たので、アイヌの漁場確保のために役人とかけ合ったこと、アイヌ学校を建てたことなども書かれてある。アイヌのかつての生活が少しずつ取り戻されて行ったようだ。

樺太アイヌのその後に触れておきたい。一九四〇年（昭和一五年）には、対雁から戻ったアイヌと樺太に残っていたアイヌの合わせて一二七四人が、南樺太にいた。ところが、一九四五年（同二〇年）の第二次世界大戦敗北で再び日本が南樺太を失うと、この人たちはほぼ全員がまた日本へ引き揚げ、全国各地へ散って行った。

北海道ウタリ協会の調べでは、日本国内にいる樺太アイヌは二三五世帯、一〇〇〇人以上に上る（『朝日新聞』九二年九月二日付朝刊）。そして、旧ソ連領の樺太に残ったアイヌは八九年（同六四年）現在、わずか数人しか公式確認されていないという（『朝日新聞』八九年一一月八日付夕刊）。今度は、ようやく帰れた父祖の地からも、ほとんど姿を消してしまったのだ。ここまで追うと、樺太アイヌ移住問題は決して一九〇五年で終わったのではなかった、といわざるを得ない。

◆北千島アイヌの強制移住

北千島とロシアの関わりは長い。一七一一年（正徳元年）にコサックが千島に進入してから一世紀以上、ア

3. 樺太・北千島アイヌの悲劇

シュムシュ島の住民と官吏

北海道大学付属図書館北方資料室所蔵『アイヌ民族写真・絵画集成6』日本図書センター刊より

イヌはロシアとの関係を深めて来た。ロシアは豊富な毛皮を目当てに交易所を設け、ロシア正教の教会を建てて宣教師を巡回させたり、学校を設立して教化に努めるなどした。やがてアイヌ自身もロシア語を話し、ロシア風の名前をつけるまでになった。また、最北のシュムシュ（占守）島には露米会社の支店が置かれ、経済面でもロシアとの縁は切っても切れないまでになっていた。

日本とロシアの領土区分は、一八五五年（安政二年）の「日露通交条約」で南千島は日本、北千島はロシアと決められていた。だから、七五年（明治八年）の「樺太千島交換条約」で国籍選択を迫られ苦しんだのは、北千島の住人たちである。当時、北千島にはアイヌとアリュート（アリューシャン列島の先住民。ただし、この頃はアラスカ半島カジャーク島にいたイヌイットも含めての総称だった）、ロシア人が住んでいた。彼らは樺太と同様、三年間の猶予期間付きで国籍の選択を迫られた。

このうち、ロシア人は当然ながらロシアに戻り、約九〇人のアリュートも全員がロシア領に移ることを選んだ。彼らはラッコ猟のために連れて来られていたのにラッコが不猟になっており、島にとどまる理由がなくなっていた。選択に悩んだのはアイヌたちだった。風俗や宗教の面ではロシア化していたし、ロシア商人に多額の借金をしている者もいた。しかし、出漁したアイヌがなかなか戻らず、みんなで話し合うこともできずに態度を決めかねていた。

日本政府は条約調印の七五年に早くも、黒田開拓使長官、八等出仕佐藤秀顕らを千島視察に派遣している。一行はまず、カムチャツカ半島東岸のペトロパブロフスクに入り、千島領土引継ぎ理事官の時任《ときとう》為基と合流し、ロシア側係官と接触して現地事情を調べた。この町には商家が全部で五二軒、商店が一一軒あり、人口は二四三人おり、教会や小学校、病院、官庁もあった（小坂洋右『流亡』北海道新聞社）。ロシアとアイヌの交易《こうえき》拠点となっており、国境確定後も取り引きは続いていた。こんな関係から、北千島ではこの町に一番近いシュムシュ島がアイヌの中心地となっていた。

七八年（同一一年）、三年間の猶予期間が切れた。これに伴い、北千島アイヌがどちらの国籍を選ぶのかをはっきりさせるため、開拓使は担当官を函館・根室の両支庁からシュムシュ島へ派遣した。これに対して現地首長は、ロシアに移っても生活のめどが立たないから島在住一二一人のアイヌ全員が日本への帰属を望んでいる、と明らかにした。担当官からアイヌに、米、塩、焼酎《しょうちゅう》、弾薬などが与えられた。翌七九年（同一二年）にも開拓使は係官を派遣し、日本帰属を決めたアイヌに今度は千島統治の方法を告げた。その際、担当官はアイヌに他島に移住する意思がないかと尋ね、アイヌは即座に否定したという。

開拓使は七五年の視察以降三年に一度、アイヌの「救育費」として政府から五〇〇〇円の特別交付金を受け、これで食料や日用品を提供して「撫育《ぶいく》」に努めてきた。但し、一方的な撫育だけではなく、アイヌが捕《と》った毛皮を集めて利益を上げようとも考えていたが、毛皮は年々捕れなくなっていた。さらに、根室から千数百キロも離れた遠方に担当官を派遣するため、支出が多い半面、監督は不十分だった。アイヌが外国の密猟船に便宜を与えている節もあった。アイヌが本心ではむしろロシアを本国と考えている、とも思えた。そこで開拓使は、国境近くにロシア化したアイヌを置いておくのは、同化を難しくし国防上も危険と考え、南千島の色丹《しこたん》島へ移住させる計画を立てた。

これが北千島アイヌの悲劇の始まりだった。アイヌたちが望んだのは、ただ父祖の地でこれまで通りの生活を続けることだった。だが、樺太アイヌのケースと同様、故郷を棄《す》てるよう日本政府に執拗《しつよう》に説得される。八四年（同一七年）、政府は千島へ大規模な巡回視察団を送った。参事院議官安場保和《やすばやすかず》を筆頭に、政府主要官省の幹部、さらに湯地定基《ゆちさだもと》県令（注・現代の県知事に該当）ら根室県の役人も同行する、ものものしい顔ぶれだった。

一行がシュムシュ島に着くと、たまたまラショワ島のアイヌも来ており、北千島アイヌのほぼ全員がそろった形になっていた。北海道新聞記者で千島アイヌのその後を追っている小坂洋右《ようすけ》によれば、移住話は根室県主導で進められ、「ちょうど政府の要人も居合わせている。移住そのものを政府に承認させ、同時に将来かかる費用や政策に対しての支持も受けやすい。湯地はそんな状況の中で、北千島アイヌ説得へ意を強くしたと思われる」（『流亡』）という。

湯地の説得に反発するアイヌもいたが、結局は押し切られてしまった。驚くのは、移住計画の説明・説得から実行までがわずか数日間しかないことだ。これまた樺太同様、いやそれ以上に、何とも慌ただしい推移だ。視察団を乗せた「函館丸」がシュムシュ島に着いたのが八四年六月三〇日。翌七月一日に説明を始め、途中でアイヌから異議申し立てがあったものの、四日には説得に成功。すぐに移住準備にかかり、五日には北千島アイヌ九七人を船に乗せ、一一日には色丹島に着いている。狩猟主体の生活をしていた北千島アイヌは、犬を飼って猟にも連れていたが、出発前には百頭にも上る犬をことごとく殺してしまった。安場保和の『保和日記』にはこうある。


犬は従来から持っていたものと見え、六十頭も持っている。これは一番大切なもので厳冬中はそりを引かせ馬の代わりを務める。それ故に、内地で馬を愛養するように先住民は犬を愛育している。内地の犬とまず同様で、やや丈が高くて気性は豪気である。

3. 樺太・北千島アイヌの悲劇

必ず連れて行くだろうと予想したが、すべて打ち殺してしまった。わずか二頭を残しただけである。思うに移住するのに手がかかるので、意を決して英断したようである。この二頭は最も老犬なので殺すのが忍びなく、放って残す意思でほとんど放とうとするのを見て、県令をはじめとしてこれを止め、連れて行くことを説得した。

（中略）この島の先住民は非常に果断《かだん》の気性《きしょう》に富むようである。

（『流亡』より）

住居も焼かれ、アイヌ手作りの船も打ち捨てられたという。だが、「果断の気性」、つまりは思い切りがいい、と感心ばかりしているわけにはいかない。〈色丹島は樹林に富み、農業にも適し、キツネがおり、海獣や魚にも恵まれている。根室とも近いので生活に不自由しない。保護もしっかりやろう〉と、いいところばかりを並べ立てた湯地の甘言にすっかり乗せられたから、泣く泣くこのような決断をしたのではなかったか。だが、着いた先の色丹島は決してそのような極楽島ではなかった。

当時、色丹島には人が住んでいなかった。一八二〇年前後の文政年間までは九〇人余りのアイヌがいたが、やがて対岸の根室場所に移った。その後も島へ出稼ぎに出ることはあったが、海が荒れがちで犠牲になる者が多く、嘉永年間（一八四七年～一八五三年）には出稼ぎが禁止されている。その後は、漁場を開いても収支が合わないので、場所請負人からも捨て去られていた。そんな無人島であった。しかも、周囲は険しい崖《がけ》で、網を施す好漁場に乏しかった（高倉新一郎『アイヌ政策史』）。

だが、県は早速、アイヌの定着と自立を進める一〇年計画を立て、実行に移した。その内容は、樺太組と同様に「勧農」と「教育」を柱とし、これに漁業と、彼らが生業《せいぎょう》としてきた牧畜や海獣猟を加えたものである。これらの事業それぞれの結果を見る前に、触れておかざるをえないことがある。ここでも、アイヌたちが次々と亡くなっていったのだ。

九七人のうち、移住した八四年（明治一七年）に八人、八五年一二人、八六年二人、八七年一六人、八八年七人、八九年四人の計四九人が帰らぬ人となっている。わずか五年半ほどで半減しているのだ。これは対雁の例とは異なり、伝染病によるものではない。この原因を北海道庁の『北海道旧土人保護沿革史』（一九三四年）は、次のように推測している。

死亡の原因については、曰《いわ》く環境の激変、曰く栄養の不足、曰く暴飲の結果等、種々唱えられているが、重《おも》なる原因は環境の激変によるところが多いようであった。即ち放縦の生活より、急に規則正しい文化生活に入ったため、運動の不足をきたし、身体衰弱したところへあいにく本島特有の風土病たる、脚気《かっけ》病にかかって死亡したもののごとくである。

（『流亡』より）

なんと無責任な、他人事のような捉《とら》え方なのだろう。役所がでっち上げる「正史」の類には、このような責任逃れが往々にして見られる。「暴飲の結果」とは論外だし、「放縦の生活より、急に規則正しい文化生活に入ったため」「風土病たる脚気」云々とは、身勝手な推測だ。このような、「未開」のアイヌ自身に原因をおっかぶせる見方は、これに限らない。この時期の官庁や学者、医者らの各種報告書に共通するものだ。本書で再三引用してきた高倉新一郎の『アイヌ政策史』は、これとは違う見方も紹介している。樺太アイヌのくだりで触れた、上村の食物改造説に重なるものだ。

是生活環境の急激なる変化、殊に束縛された生活、肉食より穀食を主とした食物の急変等に因《よ》るものであらうが、小金井博士（注・小金井良精《よしきよ》）は、移島当時植物質食物を貯蔵すること少なく、冬季青物が切れて壊《かい》血病《けつびょう》にかかって死亡したものであると言ひ、鳥居博士（注・鳥居龍蔵《とりいりゅうぞう》）が「千島アイヌ」に引かれた戸長役場日誌の一節がそれを証明してゐるごとくである。果たして然らば、不用意なる移住がこの結果を齎《もたら》したと言ひ得るであろう。

（『アイヌ政策史』）

3. 樺太・北千島アイヌの悲劇

樺太の例と同じく、強制的な移住政策そのものがすべての根本原因といわざるを得ないだろう。これが食物をはじめとした生活環境を激変させ、体力を弱め、精神的ストレスを溜めさせ、生命の破壊へと結びついたのだ。ちなみに高倉新一郎も小金井良精も、それぞれの専門分野で権威として名声をほしいままにした学者だが、その根本的研究姿勢には後年、厳しい批判が加えられている。学問的業績は業績として、その批判点について後章でふれようと思う。それはともかく、移住者の半数も五年余りでばたばたと亡くなってしまったのだから、県が計画した事業もうまく行くはずがない。『アイヌ政策史』によると、結果は次の通りだ。

事業の第一の柱とした「勧農」は、専門家の熱心な指導で当初は順調に耕作地を増やしていったかに見えたが、九五年（明治二八年）に大洪水にあい、五町歩余りを流失させてからは不振に陥《おちい》り、自家用のそ菜を細々と作る程度のものになってしまった。漁業は、網の引き方から漁具の扱い、〆粕《しめかす》の作り方、昆布の製法などを教えられ、漁場の拡大などもしたが、もともと漁場に恵まれていなかったこともあり、これも結局はアイヌ自身の食料をとる位の規模で終わってしまった。狩猟は北千島アイヌの得意とするものだったが、色丹島の海獣は北千島よりずっと少なく、猟は先細りとなった。

牧畜も、移住と同時に一〇頭の牛を飼育し、一八九〇年（同二三年）には二八頭にまで増やしたが、飼育法のまずさもあって一九〇〇年（同三三年）には七頭に減り、いずれも結核にかかっていることがわかって没収されてしまった。さらに綿羊の飼育も計画され、七飯《ななえ》試験場（渡島《おしま》・七飯町）から五三頭の貸付をうけたが、移送途中で四頭が死んだのをはじめ到着後も次々と死んだ。四一頭残ったうち三分の一は弱っていて、次の年にも四〇頭ほどを購入したものの、うまくいかなかったという。

教育については、移住後すぐにアイヌ子弟二人を根室に送って普通教育を受けさせたが、環境の激変で病気になって帰島している。島では県の駐在員が三人の児童に国語を教えることから始め、やがて出張所の一隅を教室にし、九二年（同二五年）には校舎を建てて二〇人の通学生を収容、九四年には「色丹教育所」として小学簡易科の授業を行なった。ただし、子供たちの方は勉学にあまり熱心でなく、働けるようになったら学校をやめる者が多く、在校生も次第に減っていった。一九〇三年（明治三六年）には東京女子神学校に女子二人を「留学」させているが、病気にかかって途中で島に帰っている。

いずれの事業もこんな状況であり、色丹島への移住は結果的に破産したといえる。この惨状に、アイヌの中では北千島への復帰を求める声が高まり、政府内部でもいったんはパラムシル島への復帰を決定したが、実行はされなかった。その日暮らしの彼らに勤勉を身につけさせない限りどこへ行っても自立できない、という反対論が根強かったようだ。これは幻に終わったが、二〇世紀半ばになってアイヌたちが色丹島を追われる事態が突如として起こった。第二次大戦の日本敗戦である。

日本は、一九五一年（昭和二六年）に締結した「サンフランシスコ講和条約」で千島列島を放棄し、南樺太も失ったが、アイヌたちが色丹島を去ったのはそれ以前のことだ。ソ連は日ソ中立条約があったのにもかかわらず、四五年（同二〇年）八月八日、敗戦直前の日本に宣戦布告し、「満州」や樺太で日本軍と砲火を交えた。さらに千島のシュムシュ島に上陸して占領、日本軍の武装を解除して次々と南下し、北千島から南千島の各島を占領していった。八月一五日、日本が無条件降伏をした後もソ連の占領地域拡大は続き、九月三日に全千島の占領を終えている。

色丹島のアイヌたちも多くの和人とともに、ソ連の南下に脅え、北海道への引き揚げを急いだ。戦後、そこから全国各地へと散っていったが、その消息はほとんど知られていない。『流亡』の著者・小坂洋右はこの人たちを追い、一人のアイヌ女性が根室に近い中標津《なかしべつ》町で七二年（同四七年）に亡くなったことを明らかにしている。今のところ、この他の手がかりはないという。また、一八七五年（明治八年）の「樺太千島交換条約」締結後にロシア領に移った北千島アイヌも少数いたのではないかと探り、その子孫と思われる人たちがポーランドに在住し、今もアイヌの子孫という認識を持ちながら暮らしていることを突き止めている。小坂の言葉でこの項を締め括りたい。

3. 樺太・北千島アイヌの悲劇

いつの時点かはっきりしないにしても、ロシア側に移って（注・カムチャッカの）北半島に戻ることがなかった北千島アイヌがいた――このことだけは確かに言える。だから、樺太千島交換条約は、結果的に民族集団を分断し、離散させ、その人たちをついに会うことのできない境遇に追い込んだことは明白である。日本側のさらなるシコタン移住は、北千島アイヌ全員を故郷から遠くへ追いやることにつながった。

また、交換条約締結後の北千島アイヌの暮らしは、日本でも、ロシアでも、ほとんどの人にとって悲劇的であったことが知れた。日本についてみれば、政府や当局は北千島アイヌに対して、当時としてはできるだけの処遇をしたとは思う。しかも、移住の時点では「追いやった」という言葉が使えるほどの強硬な対応はなかった。

しかし、その後の強力な同化政策と環境の変化、多数の死者を出しながらも最後まで「北千島に帰してほしい」との嘆願を拒み続けたことは、「故郷から遠くへ追いやった」という表現を使って決して間違いではないように思える。このような歴史は二度と繰り返してはいけない。

（『流亡』）

4.

開拓の嵐、吹き荒れる

明治維新後、アイヌは戸籍上「平民」とされ、法的には一般和人とまったく同じ扱いを受けるようになった。他方、伝統的なアイヌの文化や生活習慣は禁止され、勧農と教育を柱とした同化を強制される。こうしてアイヌは「皇国《こうこく》の臣民《しんみん》」として天皇制国家体制に組み込まれていった。それはまた、アイヌが北海道の主役の座から引きずり下ろされることであり、とりわけ生活基盤の根底からの破壊、強制的な食物改造などにより、アイヌは民族総体としての力も著しく弱められていった。この窮状をさらに決定的にしたのが、一連の土地政策であった。

◆アイヌの土地を合法的に強奪する

かつて、広大なアイヌ・モシリ（アイヌが住む大地）はすべてアイヌのものだった。というより、もともとアイヌ民族には近代的な意味での土地所有概念はなかった。新政府による北海道開拓は、そこへ近代的土地所有権を持ち込むものだった。平たくいえば、アイヌの土地を断りもなく取り上げ、和人に分割して私有させてしまったのである。

一八七二年（明治五年）、開拓使は「北海道土地売貸規則」と「地所規則」を作り、北海道全域を「無主《むしゅ》の地」と勝手に決めこみ、「深山幽谷《しんざんゆうこく》・人跡隔絶《じんせきかくぜつ》の地」を除くあらゆる土地の私有権を確定した。他人様の土地を「持ち主のいない土地」と一方的に宣言し、そこに近代的な所有権を設定しようとしたのである。しかも、「従来土人等漁猟伐木《ぎょりょうばつぼく》仕来し土地」、つまりアイヌが漁撈《ぎょろう》、狩猟や木を伐《き》り出すためのイオル（漁猟場）として共同使用してきた土地も、その対象にした。さらに問題なのは、両規則を「永住寄留《きりゅう》人」、すなわち移住してきた和人に限って適用し、アイヌが除外されたことだ。先住民のアイヌを無視し、内地（北海道から見た本州・四国・九州。今でも道産子《どさんこ》は「内地」と表現する）からの移住を奨励《しょうれい》したのである。

この売貸規則（一人一〇万坪＝約三三・三町歩＝約三三ヘクタール以内、一〇年間租税を免除）で和人に売り下げられた土地は二万九二三九町歩、無償《むしょう》付与された土地（主として鉱工業用）は七七六八町歩、合わせて三万七〇〇七町歩に上った（七二年～八五年。榎森《えもり》進『アイヌの歴史　北海道の人びと〔2〕』三省堂）。これは札幌を中心に道央と道南地域に限られていたものの、和人による合法的なアイヌ・モシリ奪取は確実に進行していった。

　さらに七七年（同一〇年）には「北海道地券発行条例」を制定した。これは所有者が明らかな土地には地券を発行し、そうでない土地を国有地にするものだ。アイヌの土地については、第一六条で「旧土人の住居の地所は其種類を問《と》わず当分総《すべ》て官有地第三種に編入すべし」と規定した。アイヌが生活本拠とする「住居地所」は国が管理し、「旧土人の情態《じょうたい》に因《よ》り」、つまりは事情によってはアイヌにも私有権を認めようというのだ。だが、この基本にある発想も、アイヌには土地を管理する能力がないから国が代わりにやってやるという蔑視《べっし》観の強いものである。しかも、その目的さえ十分に達成せずに終わっている。

　これで土地を確保できたアイヌは七二四戸で、一戸平均三一〇坪に過ぎなかった（一八八一年末現在。ちなみに一八八三年現在、アイヌの戸数は三七六八戸）。札幌本庁管内の石狩《いしかり》・手塩《てしお》・北見・後志《しりべし》・胆振《いぶり》・十勝の六国一六郡に限られ、六か国のうちでも比重が高かったのは手塩（八七戸、地域内アイヌの九七％）と石狩（二一六戸、同八二％）の二つしかなく、他は二三～三〇％、全道平均では一九％でしかなかった（榎森進『アイヌの歴史』）。アイヌの土地確保が札幌管内六か国だけにとどまった点について、この地域では移住和人との接触が多くアイヌ勢力が弱まっていたため権利確定する必要があり、開拓の波が及ばない他地域ではその必要がなかったから、との見方がある（高倉新一郎『アイヌ政策史』）。

　だが、この条例で国有地とされたアイヌの土地から広大な御料地《ごりょうち》が作り出され、皇室財産とされている。これは天皇制支配の経済的基盤づくりであり、この皇室財産づくりは一八九〇年（明治二三年）の帝国議会開設に向けて急ピッチに進められた。九〇年には全国各地で約三六五万ヘクタール（四国全面積の二倍弱）に達し、その半分以上の二〇〇万ヘクタール（北海道全面積の二割強）を北海道が占めた。代表的なものには、上川《かみかわ》の神楽《かぐら》村（約一万ヘクタール）、日高《ひだか》の新冠《にいかっぷ》牧場などがある（『北海道の歴史60話』三省堂）。なんとも驚く数字だが、北海道が「御一新《ごいっしん》」の新体制づくりにいいように利用されたことが、こんなところからもわかる。

◆三県時代の救済策

一八八一年（明治一四年）、開拓使一〇年計画が終了した。黒田長官は存続を主張したが、閣議で廃止が決められた。開拓事業費がかさんだ上に、味噌《みそ》・醤油《しょうゆ》・ビール・生糸などの官営工場の多くが赤字だったせいだが、黒田は開拓事業の継続のために開拓使官有物を払い下げようとして大事件となる。黒田は薩摩出身の政商・五代友厚《ごだいともあつ》らに、設置以来一四〇〇万円も投じた汽船・官舎・工場などをわずか三九万円の無利息、三〇年年賦で払い下げようとし、民権派から厳しい批判を浴びた。あわてた政府は払い下げを中止し、払い下げ派と関係があったと見られる大隈重信《おおくましげのぶ》参議を罷免《ひめん》し、一〇年後に国会を開設するという勅諭《ちょくゆ》を出して矛先《ほこさき》をかわした。「明治一四年の政変」である。ちなみに、黒田はこれで一時失脚するが、後に首相、枢密院《すうみついん》議長を歴任している。

翌八二年（同一五年）、開拓使が廃止されて札幌・函館・根室の三県が置かれた。八三年、農商省に北海道事業管理局が設けられ、「三県一局時代」に入る。この時代になるとアイヌの窮乏化はいよいよ無視できなくなり、札幌と根室の二県ではそれぞれ独自の救済策を講じている。この年、根室県令《けんれい》の湯地定基《ゆちさだもと》は管内視察後、次のような「旧土人救済の義に付伺《つきうかがう》」という陳情書を政府に提出した（片仮名を平仮名にし、返り点を読み下し文にした）。

　当県管内土人の戸数別紙調書の通《とおり》八百二十五戸之有、之《こ》れを累年《るいねん》に遡《さかのぼ》り比較するに漸々《ようよう》戸数減耗未《いま》だ其原因を詳《つまびら》かにせず候処《ところ》、過般《かはん》定基管内巡回彼等の生計の如何《いかん》を親敷《したしく》視察するに、従前魚類と獣類を獲て之れを食料となし、穀類は海辺居住のものにして漁業等に雇はるる者のみ即ち其人員を挙ぐるときは十中の二三を出でず。然るに両三年より移民増殖、随《したがっ》て漁業、銃猟も繁劇《はんげき》なるより自ら土人の取獲する魚獣逐年《ちくねん》其高を減ぜしは勢ひ止得不義に之有、之加《これにくわえ》去る明治十一年天候不順、降雪甚敷《はなはだしく》、為めに大ひに鹿種を相減ぜし所、爾来《じらい》前述の通収穫烈敷《はげしき》ため山中の土人等は食料に窮《きゅう》し殆《ほとん》ど飢餓《きが》せんとするもの之有。既に食料だも猶且《なおか》つ此如《このごとし》、況《いわ》んや衣類に至ては壮成以上の者は僅《わずか》に獣皮を被《おお》ふるも、児童に至ては給する能《あた》はず、極寒中と雖《いえど》も裸体なり、其有様凄然《せいぜん》実に視《み》るに忍びず。

（阿部正己編『根室県旧土人資料』、河野本道選『アイヌ史資料集』第四巻所収、北海道出版企画センター）

4. 開拓の嵐、吹き荒れる

和人の移住が次第に増加し、漁撈《ぎょろう》、狩猟が大がかりになって乱獲されだしたことで、アイヌが相当に追い詰められている様子がわかる。七八年（明治一一年）には、北海道全域が大雪に見舞われ、山の鹿などが大幅に減った。漁や猟の収穫も年々減っており、アイヌは深刻な食料不足に襲《おそ》われていた。ひもじい思いをしながら、大人は辛《かろ》うじて獣皮を身にまとっていたものの、子供たちは真冬でも裸で過ごすしかなかったというのだから、まさに「視るに忍びず」の状態だったことだろう。この状況は札幌県でも変わらなかった。以下に紹介するのは札幌県の日高・沙流《さる》郡と十勝の状況である。

〔沙流〕十六年中の旱魃《かんばつ》と蝗虫《いなご》の為め収穫ほとんど烏有《うゆう》に帰せり。就中《なかんずく》海浜に住宅するものは魚肉、海草を得るに容易なるも、山間に住するものは積雪の為被害一層甚しく、農作物の種子、干魚等悉《ことごとく》食ひ尽し、秘蔵する処《ところ》の宝物を持ち出し、山を越えて静内《しずない》郡、千歳《ちとせ》郡又は石狩国に至り、同地の旧土人と雑穀、干魚等と交換して食を求めしが、静内、千歳等の旧土人も食料の欠乏を告げしかば、十七年四月頃には草根ムケカシ、ムー、アハ等を食せしが、漸次《ぜんじ》採掘し尽きたれば、ニハル（和名ホヤと唱《とな》ふるものにして、多く桷《たるき》の古枝に生ゆる宿年草なり。旧土人と雖も、平常之れを食するを好まず。飢餓に迫りし時に食ふと云ふ）を採り、海草等を交へて食し辛ふじて露命《ろめい》を保ちたり。

（阿部正己編『札幌県旧土人沿革調査』、同）

〔十勝〕

其最惨状を呈するは大津川上流のものにして、其支流のものこれに次ぐ。土人の言に由れば十余名の餓者ありたといふ。其飢餓の状態は一度棄捨《きしゃ》したる鹿骨を煮て其汁を啜《すす》り、鮭鹿皮の切れ等も食し尽し、凍寒中沼地に入りて貝類を採り、或いは寄生木《やどりぎ》を求めて其緑葉を食せり。又父子兄弟の間に食を争ふものあり。

（阿部正己編『十勝国旧土人沿革調査』、同）

沙流では、宝物までも持ち出し、山を越えて助けを求めに行った先も、飢餓に苦しんでいた。ふだんは食べないものにも手を出し、やっと命をつなぐ。十勝では一〇人以上の餓死者を出し、厳寒の沼地で貝類を採り、肉親の間でも食べ物をめぐって争いが起きたというのだ。こうしたぎりぎりの窮状に、両県とも速やかなアイヌ救済を迫られた。その柱となったのはここでも「勧農」と、アイヌの生活態度を変えさせる「教育」だった。根室の湯地県令の陳情書はこう続く。

畢竟《ひっきょう》彼等無学無職、時勢の奈何《いかん》を知らず、曽《かつ》て改進活発の精神なく自ら招く困苦なりとは申ながら、従前彼等の社会には文字を以て事を記すべきなく、学問の以《もっ》て智識を発育すべきなく、唯渇《ただかつ》して飲み、飢《うえ》て食ふ実に純然たる太古《たいこ》の民にして、一朝一夕《いっちょういっせき》の克《よ》く其習俗を変換し得べきにあらず。故《ゆえ》に自から招く困苦なりと申ながら、他の無職遊惰《ゆうだ》の民と同一に論ずべきものにあらず。其習俗や漸次教育より変化せしめざるを得ず。之由目下《これよりもっか》彼等救済の法を案じ、穀菜を耕作し、食を足し、利益を得るの枢要《すうよう》たる事を懇諭《こんゆ》候処、皆欣《よろこび》て耕作せん事を申立候得共《うども》、素《もと》より無資力にして農具、種子を購《あがな》うは勿論《もちろん》、其耕作の法を知らず義に付、毎戸本邦農具一通り官給し、（以下略）

（阿部正己編『根室県旧土人資料』、同）

「渇して飲み、飢て食ふ実に純然たる太古の民」と規定しながらも「無職遊惰の民」とは区別し、改良の余地があると見ている。「勧農」は物質面から、「教育」は精神面からアイヌを「救済」しようとするもので、この基本方針は後の「旧土人保護法」まで引き継がれる。だが、これは「救済」ではなく、「改造」に他ならなかった。為政者側は、穀類や野菜を作れば食料不足も解消できると考えたのだが、穀類を常食するアイヌはごく一部だった。だから、すでに見てきた通り、「勧農」は食物改造によるアイヌの弱体化につながる施策だったのである。

根室県ではこの陳情翌年に一部で勧農を始め、政府から毎年五〇〇〇円の特別金が下りた一八八四年（明治一七年）からは「根室県内旧土人救済方法」を実施した。札幌県でも毎年七〇〇〇円の下付金《かふきん》を受け、八五年から「札幌県内旧土人救済方法」に着手した。

ところが、八六年（同一九年）、開拓使一〇年計画の終了とともに県が廃止され、「三県一局時代」はわずか四年で終わる。代わりに北海道庁が置かれ、長官こそ政府任命であったものの、政府が直接関わるこれまでの体制から地方自治体制へと脱皮した。これに伴い下付金も削除され、九〇年（同二三年）までに両県の農業指導は全廃された。結局、アイヌへの勧農は根室県で三年、札幌県で一年しか行なわず、開墾《かいこん》面積は全部で一二〇〇町歩ほどだった。しかも、この土地はただ割り渡して使わせ、下付《かふ》はしていないので、道庁の保護が打ち切られると農業を離れるアイヌが続出し、見るべき成果はなかった。

◆屯田兵を核に、和人が大挙移住

アイヌの保護救済策が道庁から見放されていったのは、和人の移住が増え、労働力あるいは開拓要員としてのアイヌの地位が低下したからだった。組織的な北海道移住は、六九年（明治二年）に東京で開拓使の募集に応じた五〇〇人が、根室・宗谷・樺太に入ったのが始まりである。その後、没落《ぼつらく》士族ら（たとえば、伊達《だて》家の有《う》珠《す》・当別《とうべつ》、石川家の室蘭、会津藩の余市《よいち》など）が道内各地に移住しているが、分領支配下にそれぞれの思惑《おもわく》を持ってやってきたものであり、開拓使としての政策によるものではなかった。

開拓使による開拓の中心を担ったのは、屯田兵《とんでんへい》である。この制度は対ロシアの北方警備と北海道開拓という二つの役割を兼ねさせるものだが、これにも維新で失業した旧士族の救済を図るねらいがあった。この構想は、開拓使初代長官の鍋島直正《なべしまなおまさ》の頭にあったが実現せず、西郷隆盛も建策していたといわれる。現実化させたのは、事実上の開拓使最高権力者だった黒田清隆《くろだきよたか》次官だった。

七三年（明治六年）、全国では「徴兵令」が発布されて軍備が再編成されていたのに、北海道だけは兵備が未確定だった。彼は同年、次のような「屯田兵設立建白書」を右大臣岩倉具視《いわくらともみ》へ提出し、翌七四年、制度の基礎をなす「屯田兵例則」が作られている（片仮名を平仮名にし、必要に応じて濁点を入れた）。

> 北海道及樺太の地は、当使創置以来専《もっぱ》ら力を開拓に用ひ、未だ兵衛《ひょうえ》の事に及ばず。今や開拓の業漸《ようや》く緒《ちょ》に就《つ》き人民の移住する者も亦随《またしたがっ》て増加す。之を鎮撫《ちんぶ》保護する所以《ゆえん》の者無かるべからず。況《いわん》や樺太の国家の深憂《しんゆう》たるは固《もと》より論を待たず。故に今日の急務は軍艦を備へ兵衛を置くにあり。抑《そもそ》も管内鎮台《ちんだい》の設け自ら府県の法に准《じゅん》じ施行あるべしと雖《いえど》も、其全備を求むれば費用甚鉅《じんきょ》なり、容易に弁ずべきに非ず。今略《ほぼ》屯田の制に倣《なら》ひ、民を移して之に充《あ》て、且《かつ》耕し且守るべきときは、開拓の業封彊《ふうきょう》（注・国境）の守り両《ふたつ》ながら其便を得ん（以下略）。
>
> （桑原真人『戦前期北海道史的研究』北海道大学図書刊行会）

兵隊と開拓民を兼ねたこの制度は、費用節約の面からも都合のよいものだった。黒田の建議は大蔵・陸軍・海軍の三省に諮問《しもん》され賛成を得、設置が決まった。この屯田兵の雛形《ひながた》的なものとしては、第一章で紹介した、蝦夷地全域の幕領化時にかり出された八王子千人同心子弟の例があるが、明治のこれは薩摩独自の開拓制度を薩摩藩出身の黒田が北海道にも用いたと見るのが妥当《だとう》かもしれない。制度発足に伴い、黒田は陸軍中将を兼任

4. 開拓の嵐、吹き荒れる

することになった。

スタート当初の屯田兵は士族に限られ、世襲《せしゅう》制がとられた。「屯田兵例則」には、「新たに人民を召募し兵隊に編入し其土地の保護を為さしむ、凡《およ》そ其撰《そのせん》に充《あた》る者専ら力を耕稼《こうか》に尽し有事の日に方《あたつ》て其長官の指揮を稟《りん》し兵役《へいえき》に従事す可《べ》し」と目的が定められている。ふだんは「耕稼に尽」くすことが求められ、有事のときだけ兵役に従事させられたのだ。応募資格は、一八歳から三五歳までの身体強壮《きょうそう》なる者とされた。最初の屯田兵は、七五年（明治八年）五月、宮城・青森・山形の三県と道内から応募した一九八戸で、札幌の琴似《ことに》に入植している。以後、札幌、室蘭、釧路、根室などの軍事要所に一三兵村、一九〇〇余戸が配置された。

このあと、三県時代に屯田兵増殖計画が実施され、八五年（同一八年）には「屯田兵例則」が廃止され、新

北海道移住者数の地方別増減

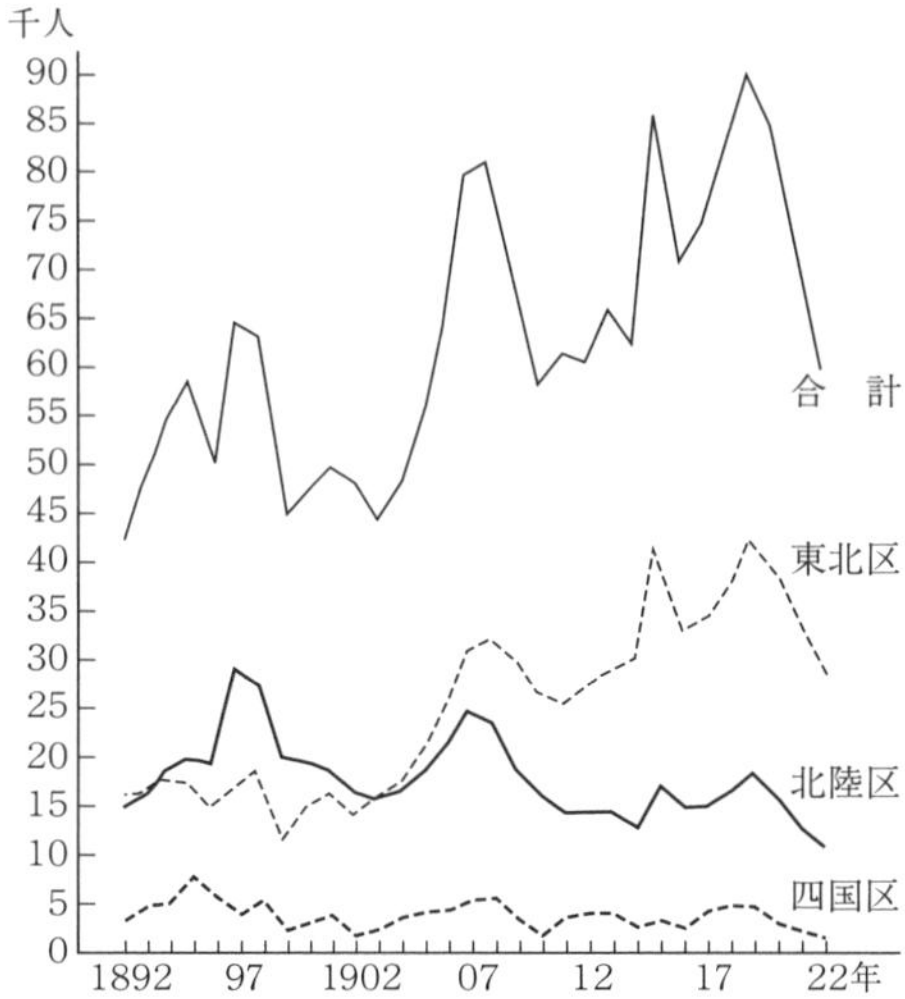

府県別移住戸数（1886〜1922年の集計）

府県名	戸　数	府県名	戸　数
東　京	14,206	山　形	29,332
京　都	2,726	秋　田	44,973
大　阪	3,517	福　井	24,294
神奈川	3,371	石　川	41,606
兵　庫	7,333	富　山	41,306
長　崎	961	鳥　取	6,535
新　潟	49,573	島　根	2,475
埼　玉	2,786	岡　山	4,128
群　馬	2,660	広　島	8,444
千　葉	3,252	山　口	3,672
茨　城	4,984	和歌山	2,434
栃　木	3,824	徳　島	15,543
奈　良	4,092	香　川	12,350
三　重	3,871	愛　媛	7,571
愛　知	7,668	高　知	4,414
静　岡	3,632	福　岡	3,454
山　梨	3,741	大　分	1,869
滋　賀	5,290	佐　賀	1,977
岐　阜	12,894	熊　本	2,688
長　野	4,355	宮　城	367
宮　城	39,452	鹿児島	1,810
福　島	18,098	沖　縄	41
岩　手	30,453		
青　森	49,800	計	551,036

『北海道の歴史60話』による

たに「屯田兵条例」が定められた。この条例で屯田兵は「陸軍兵の一部」として位置づけられ、道内に徴兵令が施行されたら廃止されると明らかにされた。その後、条例は何度か改正され、世襲制をやめて兵役義務期間が二〇年と定められ、さらに九〇年（同二三年）には平民からも採用するようになった。従来の「士族屯田」に加えて「平民屯田」が誕生したのである。これは、滝川、旭川、北見などの奥地中心に二四地区、四四〇〇余戸が配置された。

しかし、九四年（同二七年）に日清戦争が起きると、翌九五年には屯田兵に動員令が下り、屯田兵を中心に臨時第七師団が編成された。九五年、政府は六個師団の増設という大規模な軍備拡張に乗り出し、道内でも渡《お》島《しま》・後志《しりべし》・胆振《いぶり》・石狩に徴兵令を発し、これで集まった兵士を主体とした軍隊・第七師団（当初札幌、一九〇二年から旭川）が正式に設置された。これに伴い、屯田兵司令部も第七司令部と改称され、屯田兵は第七師団に従属するようになった。そして九八年（同三一年）、徴兵令が全道に適用されるようになり、日露戦争が始まった一九〇四年（同三七年）には条例が廃止され、制度も消えた。軍隊への国民総動員体制が道内でも整ったからである。

屯田兵は、当初の「士族屯田」が道央と道東の軍事用地を、後半からの「平民屯田」が奥地の開発までも担い、合わせて七三〇〇戸余が入植し、その使命を果たした。今、屯田兵の数代後の子孫が道内各地で多数活躍しているが、先祖が屯田兵というのは北海道に住む和人にとって一種のステータスを示すシンボルとなっている。確かに和人側から見れば、入植の核となって開拓の最前線を切り開いていった功績は大きい。

だが、和人の入植は屯田兵だけに限らない。明治一〇年代に政府の士族授産が強化され、旧尾張《おわり》藩（山越《やまこし》郡）、旧長州毛利藩（余市郡）、旧加賀前田家（岩内《いわない》郡）など旧大藩による旧家臣を募集しての移民があった。また、士族有志による移民結社も盛んとなり、兵庫の士族でキリスト者・鈴木清らの赤心《せきしん》社（浦河郡）、伊豆の豪農・依田勉三《よだべんぞう》らの晩成《ばんせい》社（帯広）、新潟の士族と豪農商らの北越《ほくえつ》殖民社（江別太《えべつぶと》）などが有名だ。また、八三年（明治一六年）には、「北海道移住士族取扱規則」が「士族の最も貧困にして自力移住し得ざる者のため特に施行」さ

4. 開拓の嵐、吹き荒れる

れ、木古内《きこない》、岩見沢《いわみざわ》、釧路《くしろ》へ士族が移住している。さらに一般人に対しても税制面の優遇などが図られ、北海道庁でも盛んにPRしている。
ただし、この時期の移民は、政府にすればまだ十分な実績に達したとはいえなかった。「開拓民の労苦、巨大な財政投資にもかかわらず、明治一八年の全道人口は二七万六四一四人で、開拓に必須の労働力の確保も屯

アイヌの職業別人口(大正5年)

職業別	専業(人)	兼業(人)	合計(人)	比率(%)
農業	7,943	2,434	10,377	60.1
		(264)	(264)	
漁業	2,042	174	2,216	12.8
		(397)	(397)	
牧畜	21		21	0.1
		(475)	(475)	
工業	40		40	0.2
商業	130		130	0.8
		(17)	(17)	
労働者	4,475		4,475	25.9
内訳 農業従事	1,892		1,892	
内訳 漁業従事	1,922		1,922	
内訳 その他	661		661	
合計	14,651	2,608 (1,153)	2,608 (1,153)	99.9

(　)内は、他の業務と重複するものを示す。北海道庁編『旧土人に関する調査』(大正11年)より作成。

アイヌ民族の国別人口分布(明治31年)

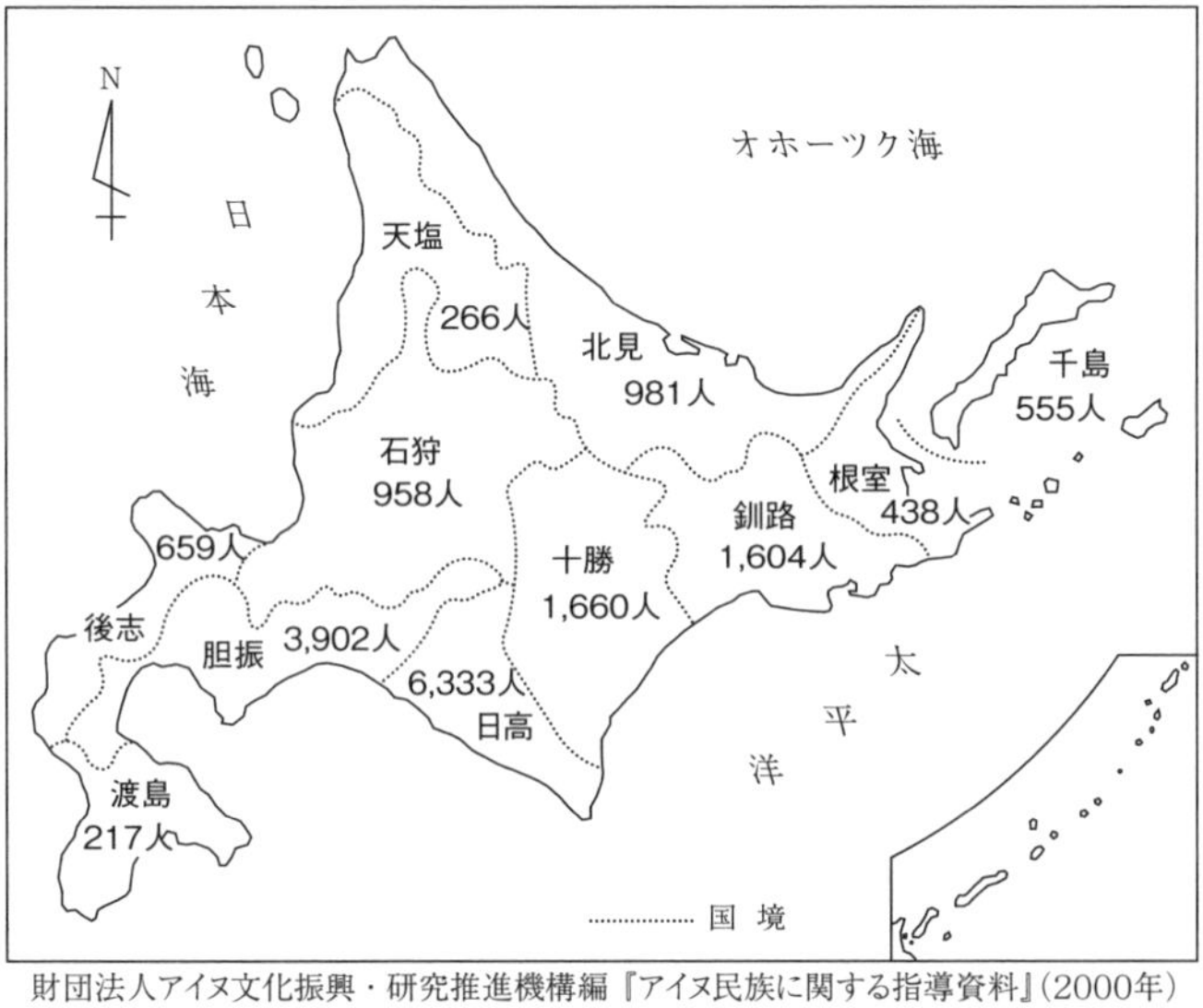

財団法人アイヌ文化振興・研究推進機構編『アイヌ民族に関する指導資料』(2000年)による。

田兵・士族移住以外は進展せず、拓殖《たくしょく》事業も不振で開拓政策のゆきづまりはあきらかであった」（田畑宏他著『北海道の歴史』山川出版社）という現実に、開拓行政機構の見直しが始まった。そして八六年（同一九年）、薩摩《さつま》藩閥《はんばつ》を排除し、中央政府に直結する形で北海道庁が新設され、開拓は新たな段階へと突入する。この質的転換によって、アイヌはますます窮地に立たされる。

◆貧民を植えずして富民を植えん

道庁が新たにとった開拓政策の本質を象徴《しょうちょう》的に表わしているのが、八七年（同二〇年）五月に初代長官・岩村通俊《いわむらみちとし》が行なった施政方針演説である。

> 移住民を奨励保護するの道多しといえども、渡航費を給与して、内地無頼《ぶらい》の徒《と》を召募《しょうぼ》し、北海道をもって貧民《ひんみん》の淵藪《えんそう》（注・寄り集まる所）となす如《ごと》きは、策のよろしき者にあらず。（中略）自今以往《じこんいおう》は、貧民を植えずして富民《ふみん》を植えん。是を極限すれば、人民の移住を求めずして、資本の移住を是求めんと欲す。よって之を奨励するため、馬耕、農業保護法を設け、一個人又は一会社にして、満五年以内に二十町歩以上の土地を墾成したるものには、その費用（一反歩金七円を以て算す）に対し、墾成後、十ケ年間、利子を下付すべし。
>
> （『新撰北海道史』第六巻）

渡航費まで与えて内地の「無頼の徒」を集め、「貧民」の吹《ふ》き溜《だ》まりにするのは、策として劣っている。これからは貧乏人ではなく、金持ち、つまりは資本家に来てもらおう、そのために商売がやりやすいように条件を優遇《ゆうぐう》しよう、というのだ。これを機に北海道開拓は、「貧民の移住」から「資本の移住」へと大きくギア・チェンジされ、北海道は本州資本の草刈り場となる。これは国家的事業としての資本育成策であり、いよいよ

4. 開拓の嵐、吹き荒れる

国別全道人口・アイヌ人口の推移

国別	1883年			1888年			1893年		
	人口(a)	内アイヌ(b)	b/a×100	人口(a)	内アイヌ(b)	b/a×100	人口(a)	内アイヌ(b)	b/a×100
	人	人	%	人	人	%	人	人	%
石狩	27,395	1,269	4.63	48,698	944	1.94	112,590	910	0.81
後志	58,649	790	1.35	83,060	713	0.86	131,933	713	0.54
渡島	123,297	190	0.15	151,700	206	0.14	185,439	222	0.12
胆振	10,526	3,392	32.22	15,703	3,772	24.02	30,339	3,768	12.42
日高	9,601	5,909	61.55	11,991	5,919	49.36	16,625	6,065	36.48
十勝	2,379	1,603	67.38	2,559	1,512	59.09	3,985	1,677	42.08
釧路	5,173	1,612	31.16	11,670	1,578	113.52	15,808	1,622	10.26
根室	5,495	444	8.08	11,909	452	3.80	22,442	440	1.96
千島	1,328	480	36.14	1,552	509	32.80	4,166	516	12.39
北見	2,984	1,240	41.55	7,262	1,162	16.00	17,859	1,081	6.05
天塩	6,125	303	4.95	8,717	295	2.97	18,773	266	1.42
計	252,952	17,232	6.81	354,821	17,062	4.81	556,959	17,280	3.09

国別	1898年			1903年			1908年		
	人口(a)	内アイヌ(b)	b/a×100	人口(a)	内アイヌ(b)	b/a×100	人口(a)	内アイヌ(b)	b/a×100
	人	人	%	人	人	%	人	人	%
石狩	238,238	958	0.41	329,885	1,028	0.31	474,873	1,013	0.21
後志	176,573	659	0.37	221,783	631	0.28	268,020	579	0.22
渡島	221,409	217	0.10	224,770	175	0.08	229,194	237	0.10
胆振	49,857	3,902	7.83	77,514	3,966	5.12	136,042	4,333	3.19
日高	21,552	6,333	29.38	26,225	6,312	24.07	33,339	6,312	18.93
十勝	19,540	1,660	8.50	35,270	1,705	4.83	59,763	1,744	2.92
釧路	22,189	1,604	7.23	28,963	1,701	5.87	44,181	1,582	3.58
根室	20,321	438	2.16	21,100	381	1.81	20,693	354	1.71
千島	4,415	555	12.57	4,576	607	13.26	4,809	640	13.31
北見	43,085	981	2.28	57,561	1,023	1.78	77,935	956	1.23
天塩	36,060	266	0.74	49,633	254	0.51	97,464	267	0.27
計	853,239	17,573	2.06	1,077,280	17,783	1.65	1,446,313	18,017	1.25

国別	1913年		
	人口(a)	内アイヌ(b)	b/a×100
	人	人	%
石狩	609,861	1,103	0.18
後志	281,924	700	0.25
渡島	252,715	247	0.10
胆振	181,437	4,231	2.33
日高	40,359	6,698	16.60
十勝	78,673	1,721	2.19
釧路	60,439	1,625	2.69
根室	23,863	380	1.59
千島	5,959	623	10.45
北見	127,155	955	0.75
天塩	140,796	260	0.18
計	1,803,181	18,543	1.03

北海道編『新北海道史』第9巻「統計」より作成。

榎森進『アイヌの歴史』より

北海道が内国植民地としての性格を露骨にし、アイヌを取り巻く環境は飛躍的な勢いで破壊されるようになる。
岩村の構想はまず、八六年六月の「北海道土地払下規則」となって表われた。これは「北海道地所規則」を廃止して制定されたもので、国有未開地を民間に気前よく払い下げようというのだ。要点を抜き書きする（片仮名を平仮名にし、濁点と句点を入れた）。

第二条　土地払下げの面積は一人十万坪を限とす。但《ただし》盛大の事業にして此制限外の土地を要し其目的確実なりと認むるものとあるとき特に其払下げを為すことあるべし。

第三条　土地の払下げを請《こ》はんとする者は其書面に地名坪数並事業の目的著手《ちゃくしゅ》の順序及成功の程度を詳悉《しょうしつ》し先《ま》ず其土地の貸下を北海道庁に願出づべし。但耕地に為さんとする者は其坪数を毎年に配当し其成功期限を詳記すべし。

　北海道庁に於て其方法確実なりと認むるときは其土地を貸下すべし。但借地料を徴収せず。

第四条　貸下期間は十年以内とし土地の景況《けいきょう》と事業の難易とに依《よ》り之を定む。但牧場は貸下年限の満限に際し更に貸下延期を必要とするときは其願に依りて許可することあるべし。

第十条　素地代価は千坪に付金一円とし成功の後之を払下ぐべし。但其土地は払下げの翌年より二十箇年の後にあらざれば地租及地方税を課せず（注・「二十箇年は八九年の改正後であり、それ以前は「十箇年」だった）。

（河野本道編『対アイヌ政策法規類集』）

まず、希望する資本家や地主に一〇年間無償《むしょう》で一〇万坪（三三・三町歩）までの土地を貸与し、事業が成功したら払い下げられる。払い下げの土地代は一〇〇〇坪一円、二〇年間は地租と地方税が免除されるという、至れり尽くせりの好条件である。これで払い下げを受けた土地は、発布の八六年（明治一九年）から九六年（同二九年）までの一〇年間半で四二万六〇〇〇町歩余に上った。七二年の「北海道土地売貸規則」による売り下げ、貸し下げ等が三万七〇〇〇町歩余だったから、その一〇倍以上に膨れ上がったわけだ。

これにより、内大臣で後に首相も兼ねた三条実美《さんじょうさねとみ》らの「華族《かぞく》組合雨竜《うりゅう》農場」は原野一億五〇〇〇万坪（四万九五〇〇町歩）の払い下げを受けた。規則上限の一五〇〇倍もの土地であり、しかも、土地の合理的で経済的な開墾《かいこん》法を道庁で実施しろ、熟練した管理人を一〇年間道庁で派遣しろ、農場の道路や排水路を官費で作れ、というべらぼうな要求の付いたものだった。九〇年の帝国議会開設に向けて、貴族院の構成メンバーになる華族の経済的基盤強化が目的だったという（『北海道の歴史』）。華族という特権階級には、さらにケタ外れに甘い特別待遇があったのだ。

4. 開拓の嵐、吹き荒れる

だが、規則はもう一段、大幅にゆるめられる。九七年（同三〇年）の「北海道国有未開地処分法」がそれである。法律として成立したのには、やはり貴族院の華族らの圧力があったからという。第三条は「開墾牧畜若くは植樹等に供せんとする土地は無償にて貸付し全部成功の後無償にて付与すべし」とあり、地租と地方税もこれまた付与後二〇年間免除（一八条）された。貸付期限は無償が一〇年、有償が一五年（第九条）、貸付面積は開墾一五〇万坪（五〇〇町歩）、牧畜二五〇万坪（八三三町歩）、植樹二〇〇万坪（六六六町歩）で、会社や組合はこの二倍まで増やせた（勅令《ちょくれい》）。つまり、数百万坪単位の広大な土地を一〇年間無償で貸してくれたうえに、開墾・牧畜・植樹に成功したらタダであげる、もらった土地は二〇年間無税でいいというのだ。なんという大《おお》盤振《ばんぶ》る舞《ま》いだろう。

ただし、同法の適用を受ける事業は「随時其成否を点検し予定の如く成功せざるときは未成功地の全部を返還せしむべし」（第一〇条）という規定があり、事業計画の提出と達成状況の点検が義務づけられていたため、うまい汁を吸うことができたのは大資本所有者に限られた。というわけで、華族や政商、高級官僚らが群がり、同法による処分地は一九〇八年（同四一年）までの一一年間にざっと一八三万町歩に上った。

ここで数字を整理しておくと、アイヌから奪った土地を和人に恩恵的に与えた、三つの規則・法律による土地処分状況は、次のようになる。わかり易くするため、一〇〇〇町歩以下は四捨五入する。

「北海道土地売貸規則」（七二年）――――一四万町歩
「北海道土地払下規則」（八六年）――――一四三万町歩
「北海道国有未開地処分法」（九七年）――一八三万町歩

これで何かがはっきりと見えて来た。十数年ごとに新たな規則・法が発布され、そのたびにアイヌ・モシリは一段と大きく抉《えぐ》り取られてきたのだ。鉱山や大工場や大農場ができれば、労働者や小作人が増える。この土地処分の拡大に歩調を合わせるように、移住者たちも数を大きく増やし、北海道全体の人口は目ざましい勢いで伸びていった。ところが、アイヌの人口はこれと極めて対照的である。全道人口、アイヌ人口、両者の対比（アイヌ人口／全道人口）を並べてみる（『新北海道史』第九巻「統計」と、北海道庁『旧土人に関する調査』一九二二年より作成）。

年	全道人口	アイヌ人口	対比
一八六九年（明治二年）	五万八四六七人	不明	不明
一八七三年（同六年）	一一万一一九六人	一万六二七二人	一四・六三％
一八八一年（同一四年）	二二万三二九〇人	一万六九三三人	七・五八％
一八九一年（同二四年）	四六万九〇八八人	一万七二〇一人	三・六七％
一九〇一年（同三四年）	一〇一万一八九二人	一万七六八八人	一・七五％
一九一七年（大正六年）	二〇八万八四五五人	一万八四八〇人	〇・八八％
一九三六年（昭和一一年）	三〇六万〇五七七人	一万六五一九人	〇・五四％

日本の近代史の中で、こんなすごい率の人口増加を一〇〇年にわたって続けた地方が、他にあるだろうか。思わず唸《うな》ってしまう数字だ。この表は、全道人口がほぼ倍増してゆく数字を並べてある。一八六九年の約六万が、七三年には一一万になり、八一年には二二万になり、――というように。ケタが一〇万台の時代は七三年からほぼ一〇年ごとに倍々ゲームを繰り返し、一九〇一年には一〇〇万の大台に乗っている。その後は十数年ごとに一〇〇万人ずつ増えているのだから、実にダイナミックな増え方だ。

4. 開拓の嵐、吹き荒れる

『北海道の歴史』によれば、北海道移民がブームとなったのは、一八九二年（明治二五年）から一九二一年（大正一〇年）までの三〇年間で、この間の北海道移民総数は約一八八万七〇〇〇人である。地方別では、東北からの約七六万人、北陸約六五万人、四国約一四万人余がベストスリーとなっている。日本が経験した対外戦争（日清《にっしん》、日露《にちろ》、第一次大戦）の時期に合わせて三つの移民ピークが見られるのが特徴という。そして一九一九年（大正八年）を最後のピークとし、翌年から急激に移民の流れは衰退してゆく。

全道人口の増加は、ひとえに和人人口の増加によるものである。アイヌ人口の推移が一貫してほぼ横ばい状態なのだから、それははっきりしている。では、ずっと同規模の人口を保っていればそれなりに民族の活力を維持しているのかといえば、答えはノーだろう。最下段の「対比」を見れば、アイヌの全道人口比は一貫して下降している。明治初期には一五％近くあったのが、大正年代からは一％を切ってしまった。この後も、北海道全体の人口は増え続けているのにアイヌ人口は横ばいを続け、相対的地位は低下する一方だ。

この落差が、明治以降のアイヌのすべてを物語っていよう。内地からの移住が増えれば増えるほど、アイヌは生活の場を狭められ、荒らされ、窮乏化させられて行った。と同時に、早くから和人が進出していた道南の渡島《おしま》・檜山《ひやま》、明治以降に盛んに和人移住がなされた石狩・後志などの道央からアイヌの姿が消え、アイヌの居住地域は日高・胆振・十勝・釧路・北見などに集約化されていった。

◆健康を損なうアイヌ

和人が日の出の勢いなのに、アイヌ人口が微増《びぞう》、微減を繰り返して横ばい状態にあることは、相対的に見れば著しくその勢力を弱めていることになる。それは、これまで見てきたようにアイヌの生活・生産の場が破壊されたことが大きいが、同時にそれがアイヌの健康に重大な影響を及ぼしたからでもある。民族全体の力を弱めた主な疾病は、天然痘《とう》（痘瘡《とうそう》、疱瘡《ほうそう》）、結核（大半が肺結核）、梅毒《ばいどく》である。

天然痘は、江戸時代の一七七九年～八〇年（安永八～九年）に大流行があり、石狩のアイヌだけで死者が六四七人に上ったことが『松前家記』に書かれてある。一〇年ほど後の同地方の人口が六五七人なので、この大流行でアイヌが半減したことになるという。この他、石狩地方では一八一七～一八年（文化一四～文政元年）に、二一三七人のうち九二六人が罹病《りびょう》し、八三三人が死亡したという（『北海道の歴史60話』）。

さらに明治に入ってからは、樺太アイヌの対雁強制移住の項でも触れておいたが、一八八六、八七年（明治一九、二〇年）に天然痘がコレラとともに全国で流行し、道内でも天然痘は両年合わせて六三六四人が罹患《りかん》し、二二五六人の死者（死亡率三五・四％）を出している。中でも対雁アイヌの被害が甚大《じんだい》だったことは、既に見たとおりである。

結核も、アイヌの被害は和人を大きく上回っている。一九一一年（明治四四年）の全道統計では、結核で死亡したアイヌは総死亡アイヌの二一・四％だった。これは全道平均八・七％の二・六倍に上る（北海道警察本部『白老村《しらおい》・敷生村・元室蘭村、旧土人結核病トラホーム調査復命書』、河野本道選『アイヌ史資料集』第三巻所収）。この復命書には「旧土人部落は結核病の巣窟《そうくつ》である」との見出しまで見られる。また、結核に特徴的なのは和人との接触が多い地域ほど罹患率・死亡率が高いことであり、十勝、日高、上川ではアイヌの結核死亡率が三〇～四八％もの驚くべき高率に達している。

梅毒も地域的にばらつきがあるが、明治から大正期に日高、胆振、余市などの検診で受診者の九～一七％に上る高率罹患が報告された例がある（『蝦夷黴毒《ばいどく》史考』同）。この病気は生殖、遺伝に関係してくるので、被害は一代にとどまらず、影響が大きい。関場不二彦《せきばふじひこ》『あいぬ医事談』（同。一八九二年に英国人宣教師ジョン・バチラーが札幌にアイヌ施療病室《せりょうびょうしつ》をつくった際、ボランティアで診療に当たった札幌病院長の関場が、四年間のアイヌ診療実績を分析した本）では、「元来梅毒は彼の所有に非《あら》ずして或は邦人《ほうじん》と交通してより以来の疾病《しっぺい》なるか、未だ之《これ》を審《つまび》らかにするを得ずと雖《いえ》ども、其蔓延《まんえん》上に関して邦人は罪を懐《いだ》ける論を俟《ま》たず。嘗《かつ》てより内地の漁夫が年々出入りし病根を種殖し、往年会所《おうねんかいしょ》又は番屋等と称する所謂《いわゆる》勤番、支配人、番人が腕力を以てメノコ（注・女性）を奪《だつ》掠行淫《りゃくこういん》し（以下略）」と、その原因を推測している。もともとアイヌにあった病気ではなく、和人が持ち込み、暴行などを介して伝染させたものなのである。

つまり、天然痘、肺結核、梅毒といった病気はいずれも和人によって持ち込まれたものであり、そうした病気に対する免疫《めんえき》力が弱かったアイヌは手痛い被害を受けた。さらに、栄養の不足や住居の問題が加わって事態を深刻化させたのである。

しかし、一九一八年（大正七年）に北海道庁がまとめた『旧土人に関する調査』（谷川健一編『近代民衆の記録5　アイヌ』新人物往来社所収）では、「人口繁殖《はんしょく》上の障碍《しょうがい》」という一項を立て、その原因を、①同種族闘争、②精神の萎縮《いしゅく》、③体質の低下、④伝染病疾患《しっかん》の蔓延――の四つに整理している。

①では、アイヌが古来各地に割拠《かっきょ》して部落間、地方間で抗争を繰り返して来たと指摘する。②では、和人との接触で「生存上の劣者《れっしゃ》」たるを免れずと思わされて気力が萎縮《いしゅく》し、それが肉体にも影響したと見る。③の体質低下は「肉食から穀類《こくるい》野菜への食物の変化」「衛生思想の欠乏」「飲酒と貧困」「血族結婚」によるものと分析し、④の伝染病蔓延についても「体質の低下を主因と為すべく、而《しか》して衛生思想の欠乏と生活の不如意《ふにょい》とは、相関連して其の蔓延を一層強からしめるに因《よ》るものなるべし」と結論づけている。

この解釈に特徴的なのは、現象面にばかり目を向け、アイヌに責任を押しつけるものが多いことだ。病気の主だったものが和人進出以降にもたらされたもので、生活基盤や環境が根こそぎ破壊されたことを考え併《あわ》せれば、①②はもっと比重を下げ、③④についても、もっと和人の責任を問うべきだろう。

一方、こうした現状に親身になって心を痛める和人もいた。アイヌ学校教師としてその一生を捧げた吉田巌は、一九一一年（明治四四年）、三〇歳で平取《びらとり》の荷負《におい》尋常《じんじょう》小学校に赴任《ふにん》早々、数々の悲惨な光景を目にする。青年教師はストレートにこう書きつけている。

廃残《はいざん》の種族たるアイヌは余の今日まで目撃したる処《ところ》にては種々の疾病に呻吟《しんぎん》し、殊《こと》に肺病最も多く目疾これに次ぎ、屋内一見狼藉《ろうぜき》たる慄然悚然寒心《りつぜんしょうぜんかんしん》に堪えざるものあり。而《しか》して今荷負《におい》に於けるアイヌの家庭は如何。着任の翌日第一着手として一戸毎《ごと》にこれを訪《と》ひぬ。例によりて肺病・肋膜炎《ろくまくえん》・リーマチス・トラホーム・半盲・盲目の老幼その多きには更に吃驚《きつぎょう》せられたり。何処に於いても見らるる如くその日光薄き暗湿なる煤煙《ばいえん》燻《くすぶ》れるむさぐるしき土間《どま》に、器物衣食狼々《ろうろう》然と放擲《ほうてき》せらるる。不快を禁じ得ざる室内を爪髪は伸びるに任せ、皮膚は垢《あか》層をなして化石の如きミイラの如き、意とせず、顔色蒼白臘石《そうはくろうせき》の如き一見誰か妖怪《ようかい》視せざらむ。その沈痛なる頬《ほほ》、力なき目、半死せる唇の色一として寒心せられざるなく哀悼《あいとう》の情を催されざるはなし。かかる老人長者の膝下《しっか》に乳育せられつつある児童こそ実に実に痛はしき限《かぎり》なれ。ましてや肺患咳嗽《がいそう》繁く喀痰《かったん》・吐血幾回これを炉灰に吐く。その傍にありて嬉戯《きぎ》余念なき可憐《かれん》の児女、馬鈴薯《ばれいしょ》・人参・大根の類を焼きて、兄弟これを争ひ貪《むさぼ》るを見よ。かくして幾多病菌は幼童の体中に収めらるるを。漸《ようや》く長ずるに及んで病を発し死亡相次ぐことさながら一家将棋倒しのそれに異ならず。

（吉田巌『心の碑』、吉田巌著編『アイヌ史資料集1』所収、北海道出版企画センター）

赴任《ふにん》わずか一五日後の記録である。この三〇年前、異国の旅人、イザベラ・バードを心温かく迎え、長老たちが悠然《ゆうぜん》と構え、女たちが忙しく立ち働き、子供たちが生き生きと暮らしていた、あの平取の様子とは見違えるばかりの、貧しい光景だ。多くの村人が病を抱え、半死状態で暮らしている。肺結核患者がしきりに咳《せき》をし痰《たん》と血を炉灰に吐く傍《かたわ》らで、子供たちが食事をする。一人が罹患すれば一家総倒れとならざるを得ないのだ。吉田はこの現状に何もできない自分に絶望する。「旧土人保護法」が成立して既に一〇年余りが経っていたが、それで助かるアイヌもいなかった。吉田はさらに現実を直視する。

家といふ家を見めぐった。かうして原因は案の定、家屋不完全、生活衛生の欠陥からだった。瀕死《ひんし》のどん底につきおとされた手おくれの老人・婦女・児童等々、戸毎の呻《うめき》、悲惨目もあてられない。じめじめした室内、暗室の掘立《ほったて》小屋、煤《すす》と塵《ちり》とで埋まってる窓や器物、不潔狼藉《ろうぜき》。日光もなく通風もない。奥まった暗がりにキヨトンと二つの光った病人の目には時々涙をわかした。食物の欠乏か、飲料水の不備か、栄養の不良か、生気なく、なえしなび、よぼよぼ風にたへぬオヤヂ（老爺）、朦朧《もうもう》として炉辺にうつむいてるパッコ（老婆）、生けるミイラかとがっかりする。

一寸雨にぬれては感冒をひく、ひいては永びく、肺だ、肋膜《ろくまく》だとさわぐ。麻疹《ましん》でやられる。百日咳《ぜき》にとりつかれた経過は悪い。余病が出た、欠席だ。死んだとさわぐ。出席の奨励どころか、猶予だ、就学の免除だと来る。教師としての機能は八方塞《はっぽうふさがり》だった。（中略）根本は救済だ。家庭の救済からだ。保護の徹底を叫ぶ中に健康者までがどうなってしまふ。焦眉《しょうび》の急はここだ。家庭の健全安定のない処に教育はない。学校教育の足場は勿論ない。（中略）幸ひ健康者に伍《ご》して通学し得る児童をどうする。感染、発病、いつかと破目《はめ》が気遣はれてならぬ。

卒業させた。安心ではない。死んで行った。次から次へと卒業生名簿は過去帳になって行く。（同）

教育に専念できるような状態ではなかったのだ。個々の家庭が、そして村落全体が病気の巣となって危機に瀕《ひん》していたのである。全道各地のアイヌのこうした悲惨な状況が明らかになるにつれ、アイヌの救済策が政治・行政のテーブルにしきりに乗せられるようになる。しかし、現実に行政が行なったことは、結局、開拓優

4. 開拓の嵐、吹き荒れる

先策であり、アイヌのことは二の次とされた。

◆次々と破綻する救済策

といって、土地を奪われ天然資源を失い、病気と貧困を抱えて危機に瀕したアイヌに対する救済策は、まったくとられなかったわけではない。七七年の「北海道地券発行条例」では一六条で、事情に応じてアイヌにも土地私有権を認めて保護しようとした。「北海道土地売貸規則」（七二年）「北海道土地払下規則」（八六年）でも、アイヌにその気があれば貸し下げや払い下げを受けることは可能だった。しかし、近代的な権利・義務の概念がない人々に、書面の面倒な手続きをさせるのは無理な話である。この点で、アイヌは最初から極めて不利な立場に置かれていた。

こうした中で実施されたアイヌ救済策は、三県時代に各県が行なった「土人救済方法」だったが、これは四年で三県時代が終わるとともに消滅していった。次の北海道庁が実際に行なった策は、各地で原野を植民地として和人に開放する際に、一部をアイヌの生活維持のための「保留地」として確保したことだ。

一八八九年（明治二二年）、新十津川《しんとつがわ》村の原野を和人に開放するに当たってアイヌのために給与予定地を選定したのをはじめ、九一年（同二四年）にも、旭川・近文《ちかぶみ》原野の開放に際して一五〇万坪をアイヌのために確保している。さらに九四年（同二七年）に胆振《いぶり》の千歳、十勝、北見などでアイヌが多く住んでいた原野を開放する際には、アイヌ一戸当たり五町歩（一万五〇〇〇坪）以内の「保護地」を設け、「北海道地券発行条例」の一六条に基づき官有第三種の土地として存置すること、他にも同類の原野がある場合には同様にすべきことを、本庁決議で決めている。これで現実にも、各地の原野でアイヌが住む所には大体、保護地が設けられた。

ところが、これら保護地はやがてアイヌの希望もあって、個々人に割り渡され、問題を起こすことになる。主なところでは、九四年（同二七年）、近文のアイヌ三六人に約四六万坪、九五年（同二八年）千歳の七人に約一

4. 開拓の嵐、吹き荒れる

〇万坪、九七年（同三〇年）渚滑《しょこつ》原野で二人に、上野幌《かみのっぽろ》原野で二〇人に、それぞれ土地の仮引き渡しをした。ところが、道庁の指導と管理がずさんだったため、帝国議会で批判されるような事態になった。たとえば、釧路では役所が書類を紛失して別の場所に勝手に移されてしまったり、宗谷《そうや》ではアイヌの土地がいつのまにか娼楼の建設用地になっていたり、上川《かみかわ》では土地の一部が札幌の語学学校の基本財産として処分されたりした。要するに、ずる賢い和人にだまし取られたもので、有力者がアイヌの土地を獲得しようとしたときに、地元の役所がぐるになった例もあったようだ。こんないい加減な行政に、地元でも強い批判の声を上げた人がいる。残念ながらそれは日本人ではなく、英国人宣教師のジョン・バチラーだった。彼は手紙の中で次のような事実を明らかにしている。

> 行政当局はする気はあったようですが、自分の家屋や土地を自分のものにしたアイヌはいませんでしたし、また自分の所有になる保証を得たアイヌもありませんでした。しかし蝦夷に移住した日本人はたやすく十分に地券や他の保証を獲得できました。（中略）法律に反しませんが、無視されることはしばしばでした。これが実にしばしば、当局によって見て見ぬふりをされたことを申し上げるのを、私は残念に思います。私はある日本人がアイヌたちの住んでいる土地を希望したため、家族全部とか一つの村全部が家や家庭から追われたケースを知っています。（一八九三年一一月一〇日）
>
> （仁《に》多《た》見《み》巌《いわお》訳編『ジョン・バチラーの手紙』、『新北海道史』第四巻より）

一連の土地強奪政策の実態がよく見える内容だ。結局、アイヌはほとんど土地を手にしていない。そればかりか、生活の場を強引に追い立てられているのだ。さらに、道庁のアイヌ政策に疑惑を抱かせる問題が発覚した。アイヌ共同財産の管理であり、これも帝国議会で追及されている。共同財産とは、①三県時代に宮内省と文部省から下付された教育資金で、使用されずに預金されていた六〇〇〇円（一八九八年当時）、②アイヌの共同事業から生み出された共有財産（特に、十勝でアイヌが漁場を共同経営した利益を、道庁がそれで札幌製糖・北海道製麻二社の株を買って両社の経営破綻によって著しく減殺《げんさい》した件が問題とされた）、③沙流《さる》のアイヌが共同貯蓄した三〇〇円余の金――であり、アイヌの貴重な財産が行政のずさんな管理によって死蔵《しぞう》されたり、価値を大幅に減らされたりしたことが批判された。

こんな具合に、数々の事実が帝国議会でも追及されるに従い、アイヌの保護を北海道庁に任せておけないとの機運が高まって来た。そして、いよいよ「北海道旧土人保護法」の登場となる。

◆「北海道旧土人保護法」を制定

アイヌ全員を保護の対象にした法律が帝国議会で最初に取り上げられたのは、一八九三年（明治二六年）の第五回議会だった。立憲改進党の加藤政之助《まさのすけ》代議士が「北海道土人保護法」（注・「旧土人」ではなく「土人」だった）を議員提案したのである。

加藤は議員となる前は大阪、東京で民権派記者として活躍し、「北海新聞」（一八八九年創立。当初は「北海」、後に経営交代に伴い改題）に主筆として在籍したこともある（『北海道新聞四十年史』）。また、議員になってからも立憲改進党関係者が中心となった北海道拓殖組合の創立にかかわり、後志国利別《しりべしとしべつ》原野（現・桧山《ひやま》管内今金町《いまがね》）の開墾に取り組み（永井秀夫他編『北海道の百年』山川出版社）、北海道と浅からぬ縁があった。出身地の埼玉県から議員に選出された彼は、以前に欧米視察の旅で知ったアメリカの「ドーズ法」に触発されて同法案を提出している。

「ドーズ法」（一般割当て法）は一八八七年に成立した法律であり、加藤は成立まもない同法を視察で知ったことになる。従来、アメリカ政府は、「インディアンの同意なくしては土地、財産を譲り受けられない」との基本姿勢で、インディアンとの間に多くの条約を締結していた。ところが、民主的な「ジャクソン・デモクラシー」で知られるジャクソン政権になると政策が一大転換され、インディアンに実に過酷な形をとるようになった。一八三〇年成立の「インディアン移住法」で、政府はインディアンを強制移住させ、広大な土地を手に入れる。その後カリフォルニアで金が発見されて西部開拓ブームで沸《わ》き立つと、インディアンを「保留地」に封じ込める政策が取られ、次いで「ドーズ法」が登場したのである。

同法は「農業と放牧に適した土地を、単独保有地としてインディアンに供与する」もので、世帯主一人当たり一六〇エーカー（注・約六六町歩、約六五ヘクタール）の保有地を割り当てた。その狙いは、「共同の土地所有形態、すなわち、これこそがインディアンの生活行動様式の基礎となるものであるが、これを個人所有として解体するものであった。その目的とするところは、部族の政府を廃止し、インディアン保留地を止め、インディアンを白人社会に同化させることにあった。こうして部族の土地四一〇〇万エーカー（注・約一六八一万町歩、約一六五九万ヘクタール）が割り当てられてしまった」（国立国会図書館編『外国の立法――特集先住民族』）という。

これは、日本政府がアイヌに対して行ったこととよく似ている。奪って奪って奪ったその土地を、最後に割り当てて「保護」してやるというのだ。しかし、それは共同体の解体に他ならなかった。先に見た、原野開放に伴うアイヌ保護地の確保もそうだ。確かに確保はしたが、管理がずさんだったり、個人へ仮引き渡しをしてしまい、ずるい和人にだまし取られたりしている。共同の狩猟場・漁場（イオル）で自然の恵みを享受しながら生活していた人たちを、個人単位に引き離してしまったのだから、民族としての特性もそれに伴って失われてしまう。これを日本政府は「同化」政策と称し、その総仕上げに「北海道旧土人保護法」が位置づけられるのである。

第五回帝国議会で加藤政之助は、アイヌを保護する理由について、アイヌは「無知蒙昧《もうまい》の人種にして、その知識幼稚にして、利益は内地人に占奪《せんだつ》せられ、漸時《ぜんじ》その活路を失ふ傾向にある」、それゆえ「この義侠心《ぎきょうしん》の心に富みたる我々日本人が」「此際に是非とも保護してやらねばならぬと思ふ」と述べている（国立国会図書館編著『アイヌ民族のための法律』）。アイヌを「無知蒙昧」と見下し、「義侠心《ぎきょうしん》の心に富みたる日本人が」恩恵的に保護してやると説いているのだが、これには別の背景があるようだ。加藤は、さらに次のような発言もしている。

本案は此の内地の人種と異なったる所の北海道の土人と云ふ一種の種族に向かって今日の境遇を憫《あわれ》んで彼等を保護しやうと云ふのである。彼等が内地の人から虐待されつゝある所の有様をここに改めて日本人と云ふ者は種族の違ふ人民であるが故に、弱い人民であるが故に是を圧すると云ふが如き無慈悲《むじひ》なる人間ではない。日本人民と云ふものは縦令《たとえ》弱者であらうとも、一視同仁《いっしどうじん》（注・差別をせずに平等に仁愛を施すこと）の心を以て保護すべきものであるならば之を保護し、助けべきものであるならば之を助ける。即ち人種の差、弱者の別と云ふことを問はずして道理に依って成立たんことを希望する者である。即ち東洋の君子国の民であると云ふ事実今日に於て現はそうと云ふ目的で此の案を出したのである。

然るに若《も》し此の案が一旦否決になりましたならば、日本帝国四千万の人間は遂に今迄口に於て欧羅巴《ヨーロッパ》各国の人間は弱者を虐《しいた》げ彼等は人種の相違のために人を侮《あなど》り人をいじめると云ふことを以て非難して居りながら、己れ自らはどうであると云へば人種の異なる所の彼の北海道の土人と云ふは北海道全道をも全領して居ったる所の一種の種族に向かってはかくの如く軽蔑して居るではないか、かくの如く虐待して居るではないかと云ふことになりましたことならば、日本人民が今日迄我々は義侠心に富んである、我々は、君子国《くんしこく》の民であると云ふは実は何処にあるか、ほとんど将来外国に向って言葉を放つことが出来ぬことになるであろうと思ひます。

（北海道ウタリ協会『アイヌ史』資料篇3）

これ以外の発言でも加藤は、「優勝劣敗《ゆうしょうれっぱい》の理勢」で追い詰められた「我皇《すめらぎ》の赤子《せきし》」のアイヌを救うのが、「国家の義務」であり、「一視同仁の叡旨《えいし》」に沿うものだと強調している。だが、その根底にあるのは単なる同情心ではなく、対外的な体裁《ていさい》を気づかう気持である。欧米人の人種差別を批判しているのに、足元にあるアイヌの窮状を放置しておいたら非難できなくなるといい、「君子国の民である」「義侠心に富んである」日本人が、

「将来外国に向かって言葉を放つことができなくなる」と心配しているのだ。

だが、加藤案は「法文不備」との理由で否決され、九五年の第八回に議員再提案の後、九八年（明治三一年）の第一三回帝国議会に「北海道旧土人保護法案」が政府提案され、成立する。一度ならず二度も議員提案が否決されたのに急に政府自らが上程したのは、やや不思議な感がするが、この背後にもやはり外国への配慮があったようだ。富田虎男は、「日本が日清戦争（九四年）によって台湾を領有したことが、背景にある」と分析し、「初めて海外植民地を獲得することによって列強の仲間入りをした日本は、異民族を異民族のままでなく、皇民として統治しようとした。アイヌ民族支配をその原型とし、範がドーズ法だった」（「朝日新聞」一九九三年一二月一五日付夕刊）と見る。

また、小熊《おぐま》英二は『〈日本人〉の境界』（新曜社）の中で、「北海道旧土人保護法」成立翌年に「内地雑居」が予定されていたことが見逃せない、と指摘する。内地雑居というのは、不平等条約以前の居留地だけに住んでいた欧米人が、日本国内を自由に往来できるようになることである。この未曾有《みぞう》の事態を前に日本政府は、国籍法を制定して外国人が帰化できるようにしたり、訓令で宗教教育に制限を設けたり、監獄法や精神病者看護法を整備して、「欧米人の視線から〈野蛮〉ないし〈汚濁〉と見なされかねない存在を隔離《かくり》し覆《おお》い隠す対策」をとったというのだ。

九九年に公布された「北海道旧土人保護法」はアイヌへの勧農と子弟の教育を柱としている点では加藤案とほぼ同じ内容だった。だが小熊は、内容においても重要な相違点があると指摘する。第一は、アイヌの集落に和人地域とは別個の小学校を国庫で建てることにし、経費を節減して四年制の簡易教育としたこと。第二は、農具や種子の配付及び授業料の免除が「貧困」な場合のみに限定され、教科書や用具料の配付が排除されるなど、国家財政の負担が軽減されたことである。続いて、次のように論じている。

政府委員は審議にあたり「同じく帝国臣民たる者がかくの如き困難に陥らしむのは即ち一視同仁の聖旨《せいし》に

副《そ》はない」ことを強調したが、総じて成立した法律の内容は、加藤の案から国庫負担を減らし、岩谷（注・当時、北海道師範学校教頭だった岩谷英太郎。漸進的にアイヌを同化させる論を主張していた）が主張したような分離教育による「漸化《ぜんか》主義」をとりいれたものとなったわけである。

欧米との対抗上から「日本人」への同化が指向されるが、実施にあたっては、コストを削減した簡易教育を「日本人」から排除して行なう。このような究極《きゅうきょく》における包摂《ほうせつ》と当面の排除を両立させた「漸進」が、アイヌ教育のなかで成立していった論理といってよい。これは、欧米の脅威に対抗しつつ周辺地域を支配してゆくという、日本の両義《りょうぎ》的な位置から発生する矛盾した要求を満たすために、必然的に生み出されたものであった。そしてそれは当然、台湾や朝鮮の統治においても共通したものとなってゆくのである。

（『〈日本人〉の境界』）

同化は目指すが、それはあくまで欧米との対抗上のこと。だから、教育については「土人学校」を作り、和人子弟とは分離する。勧農はすれど、経費の削減にこれ努める。要するに、一気に同化させるのではなく、かといって同化させないわけでもない。同化と分離という両義性を抱えたまま、ゆっくりとやろうというのだ。いかにも中途半端な姿勢である。しかし、この「包摂と当面の排除を両立させた『漸進』」方式が、台湾や朝鮮統治にも共通するものになって行ったというのだ。

小熊は、近代日本が植民地を拡大してゆくとき、「日本」と「植民地」の図式のさらに外にもう一つの他者、すなわち「欧米」の存在があったことが、日本の植民地政策に大きく影響したという仮説を立てている。理念としては、日本に編入された周辺地域は、「日本人」の境界の内側と位置づけられれば「包摂」されて「国民」統合の対象となり、外側と位置づけられれば「排除」されるのだが、現実はそうすっきりとは行かず、日本国内には「包摂」「排除」の両論が存在したのだという。つまり、植民地化した周辺地域の原住者を同化するか排除するかについての論が、欧米という第三の存在ゆえに大きく揺らいだというのだ。

両義性、つまり二重性という面ではもう一つ、和人に共通するものがある。ひろたまさきは、明治前期の政府や啓蒙《けいもう》家、民権家の「無学無知の民衆に対する啓蒙意識と蔑視の二重性は、未開と目されたアイヌや沖縄人に対してはもっと露骨に表現される」と指摘する（『日本近代社会の差別構造』、日本近代思想体系22『差別の諸相』、岩波書店）。加藤政之助の演説もこの典型だろう。同化と排除、啓蒙と蔑視《べっし》。この二つの二重性を内に抱えながら、「北海道旧土人保護法」は成立したといえる。政府提案にもその蔑視の姿勢は露骨に見られる。提案理由についてこんな説明をしている。

旧土人の皇化《こうか》に浴する日尚《ひなお》浅く其知識の啓発頗《すこぶ》る低度なりとす是は古来恃《もとつ》て以て其生命を託せる自然の利《り》沢《たく》は漸次《ぜんじ》内地移民の為めに占領せられ日に月に其活路を失ひ空《むなし》く凍死を待つの外為す所無きの観あり是れ蓋《けだ》し所謂《いわゆる》優勝劣敗の理勢《りせい》（注・なりゆき）にして復《ま》た之を如何《いかん》ともする能《あた》はざる——。

（松井恒幸「近文アイヌと『北海道旧土人保護法』」、『近代民衆の記録5』所収）

「優勝劣敗の理勢」によってアイヌは「活路を失」っているというのだ。アイヌを「滅びる民族」と見る見方につながるが、これは学者をはじめ和人一般に常識化していた。この偏見《へんけん》と差別に満ちた基本姿勢は、議会の政府答弁の中でも随所《ずいしょ》に顔を出す。

——無知蒙昧の人種なるを以て生存競争の結果年々減少の傾向あり

——旧土人の此の「旧」と云ふ文字は開拓使の頃「アイヌ」を称して旧土人と称《とな》へたが宜《よろし》かろうと云ふ達《たつし》がありまするので、其の達は只今に於きましても至極尤《もっとも》な達と認めました。

——土人の教育のことは当局に於いても余程注意を致して奨励を致して居りまするが、何分にも劣等の人種でありますから十分の結果を見ることはできません。

（北海道ウタリ協会『アイヌ史』資料篇3）

まだまだ拾い出したらきりがないほどある。とにかく劣等民族というレッテルを張って見下しても何とも思っていないのだ。優位に立つ我々が一方的に恩恵を施してやるのだという姿勢が、露骨に滲《にじ》んでいる。さて、中身に入ろう。主要な条文を拾い出してみる（片仮名を平仮名にした）。

第一条　北海道旧土人にして農業に従事する者又は従事せむと欲する者には、一戸に付土地一万五千坪以内に限り無償下付することを得

第二条　前条に依《よ》り下付したる土地の所有権は左の制限に従ふべきものとす

一、相続に因《よ》るの外譲渡することを得ず

二、質権・抵当権・地上権又は永小作権を設定することを得ず

三、北海道長官の許可を得るに非ざれば地役権又は小作権を設定することを得ず

四、留置権・先取特権《さきどり》の目的となることなし

第三条　第一条に依《よ》り下付したる土地にして其の下付の年より起算し十五箇年を経るも、尚《なお》開墾せざる部分は之を没収す

第四条　北海道旧土人にして貧困なる者には農具及種子を給することを得

第五条　北海道旧土人にして疾病に罹《かか》り自費治療すること能《あた》はざる者には薬価を給することを得

第七条　北海道旧土人の貧困なる者の子弟にして就学する者には授業料を給することを得

第八条　第四条乃至《ないし》第七条に要する費用は北海道旧土人共有財産の収益を以て之に充《あ》つ、若し不足あるときは国庫より之を支出す

第九条　北海道旧土人の部落を為したる場所には国庫の費用を以て小学校を設くることを得

第十条　北海道庁長官は北海道旧土人共有財産を管理することを得

（『新北海道史』第四巻）

4. 開拓の嵐、吹き荒れる

アイヌに土地を「下付」しようという法律なのだが、まず第一条で「農業に従事する者又は従事せむと欲する者」という制限をつけている。土地をもらうには、とにかく農業をしなくてはいけないのだ。狩猟民族を無理に農耕民族に変えようとする目的が、ハナから鮮明に打ち出されているのである。ただし、この点は議会でも問題とされた。

　農業に従事するものだけを保護しようという趣旨については、既に加藤案の議論中にも批判が出ていた。農業以外に従事するアイヌを保護しないのは公平を失するのではないかとか、無理に農業に就かせるとかえって苦しめる結果につながるのではないか、悪い和人に騙《だま》されて土地を取り上げられてしまうのではないか、といった心配からである。それでも政府案はその路線を変えなかった。黒田清隆の開拓使一〇年計画以来の基本方針だったのだから当然といえば当然だが、この危惧《きぐ》は後に現実となる。

　次に、「下付」する土地の広さである。一〇年以上前の「北海道土地払下規則」で払い下げられた土地は一人当たり一〇万坪（約三三町歩、約三三ヘクタール）以内、一年前の「北海道国有未開地処分法」ではなんと一五〇万坪（約五〇〇町歩、約五〇〇ヘクタール）を限度としたのが、今回は一人当たり一万五〇〇〇坪（約五町歩、約五ヘクタール）と大幅に減らされている。前者の七分の一、後者のたった一〇〇分の一だ。その上、一五年以内に未開墾の場合には没収され、相続以外の譲渡や諸物権の設定が禁止されるなど、厳しい制限が付いている。処分権がないのだから、自分の土地であって自分の土地でないわけである。アイヌの共有財産については、ここでも管理能力がないと決め込み、北海道長官が管理することになっている。

　和人には、アイヌとは一桁《けた》も二桁も違う広い土地を優先的に与え、肥沃《ひよく》な、条件のいい土地に和人が入植してしまった後に、遅ればせながらアイヌにも土地を与えようというのだ。だから、この給与地には湿地や山間の傾斜地なども含まれ、もともとが農耕技術を持たないアイヌたちが開墾できなくて当たり前のシロモノが多かった。

さらに、第四条から第七条では、「貧困なる者」（第四条）、「疾病に罹《かか》り自費治療すること能はざる者」（第五条）、「疾病、不具、老衰又は幼少の為自活すること能はざる者」（第六条）、「貧困なる者の子弟にして就学する者」（第七条）と、救済対象を事細かく限定しておいた上に、その費用の出所を「旧土人共有財産の収益を以て充つ」（第八条）と規定しているのだ。恩恵がましいことを言っておきながら、結局、金は自分たちで都合しろと言っているのだから、なんとも厚かましい。小熊が指摘した、国家財政の節減策がこんなところに露骨に顔を出しているのだ。

この法律の内容を整理すれば、①強制的なアイヌの農耕民族化、②差別的なアイヌ小学校設置による皇民化教育の徹底、の二点に集約される。「保護」とは名ばかりの、「皇国の臣民」化強制の総仕上げが、その実質だったと言える。では、①の勧農とセットになった土地無償付与が現実にはどんな結果となったのかを、検証してみよう。

◆「北海道旧土人保護法」の実績

同法施行一七年後の一九一六年（大正五年）現在で、北海道庁が取りまとめた記録がある（一九一八年『旧土人に関する調査』、谷川健一編『近代民衆の記録5　アイヌ』所収、新人物往来社）。これによると、次のような状況になっている。

〔土地〕
アイヌ所有地総面積………一万二一八五町歩《ちょうぶ》
・「旧土人保護法」下付地……九六五六町歩（総面積の七九％）

4. 開拓の嵐、吹き荒れる

・農耕地……………一万一三二四町歩（同九三％）
・既墾地……………七八五三町歩（農耕地の六九％）
・未墾地……………三四七一町歩（同三一％）
〔就業状況〕
アイヌ総戸数……………四四二七戸
総人口……………一万八六七四人
・農業戸数……………二三六九戸（総戸数の五四％）
　人口……………一万〇六四一人（総人口の五七％）
・漁業戸数……………五五五戸（総戸数の一三％）
　人口……………二六一三人（総人口の一四％）
・牧畜専業戸数……………三戸
　人口……………二一人
・商業戸数……………三〇戸
　人口……………一三〇人
・工業戸数……………一〇戸
　人口……………四〇人
・他に雇われている者……………一一七〇戸（総戸数の二六％）
　人口……………四四七五人（総人口の二四％）
〔農業内訳〕
・自作農戸数……………一四五五戸（全農家の六一％）
　耕作面積……………二六九二町歩（給与地の二八％）

・小作農戸数……………………四四二戸
耕作面積…………………五八九町歩（給与地の六％）
・自作兼小作戸数………………四七七戸（全農家の二〇％）
耕作面積……………八〇三町歩（給与地の八％）

・耕作面積合計………………四〇八四町歩（既墾地の五二％）
・一戸平均耕作面積……………一町七段《たん》三畝《せ》（全道平均の四七％）
・一戸平均収穫価額……………一〇二円六〇銭（同二五％）

土地は八割近くが「北海道旧土人保護法」による給与地だが、それを農家戸数で割ると一戸平均二町一段《たん》八畝《せ》にしかならない。法の趣旨では五町歩まで無償給付されるはずなのに、わずかその四割ほどに過ぎない。しかも、開墾された農耕地はやっと七割弱である。就業分野では、農業が半数強を占め、漁業は漸減傾向にあり、牧畜と商工業はほんのわずかしかいない。気になるのは、他者に雇われている人が二六％もいることだ。また、肝心の農家の耕作面積は和人農家の半分以下しかなく、収穫価額は四分の一である。つまり、面積が半分で収入が四分の一ということは、和人農家の半分以下の利益率しかないということで、零細な上に効率の悪い経営状況にあることがわかる。農耕に不慣れなアイヌが四苦八苦しながら取り組んでいることが、こうした数字からも読み取れる。当時の新聞記事は、アイヌの様子を次のように報告している。

生来懶惰《らんだ》（注・不精）の土人等は、因習《いんしゅう》の久しき狩猟の慣習を離脱しないで、兎角《とにかく》農業を厭《いと》ふて居る傾向がある。故に播種《はしゅ》と収納季節に僅《わず》かに農業に従ふのみで、除草其他作物の手入は老幼婦女に委せて、壮者《そうしゃ》の多くは山に臘《ろう》し（注・「猟に入り」の意か）川に魚を漁り、以て生計を営むるが常習となって居る。

（『北海タイムス』一九一〇年六月、河野常吉蒐集『アイヌ関係新聞記事』、河野本道選『アイヌ関係資料集』第七巻所収、北海道出版企画センター）

これは旭川からの報告だが、「生来懶惰」はともかく、全道的に似たような状況があったと推測される。しかし、その根本的原因は、決してこの記事が指摘するようにアイヌ側に一方的にあるのではなく、法律の現実運用面にあった。北海道庁役人で戦前の北海道アイヌ協会の設立・運営に関わった喜多章明《きたまさあき》は、次のような実態を明らかにしている。

土地の中その三割七分は丘陵沼沢《しょうたく》地帯にして耕作不可耕地であった。残る五千町歩の耕土は賃貸借契約に依りて概《おおむ》ね和人の手に帰し、地主たる旧土人の襤褸《らんる》（注・ぼろ）を纏《まと》ひて市井《しせい》の巷《ちまた》を彷徨《ほうこう》するに反し、賃借人たる和人は一躍《いちやく》巨万の富を成すという現象を呈するに至った。

（『北の光』一九四八年、『近代民衆の記録5』所収）

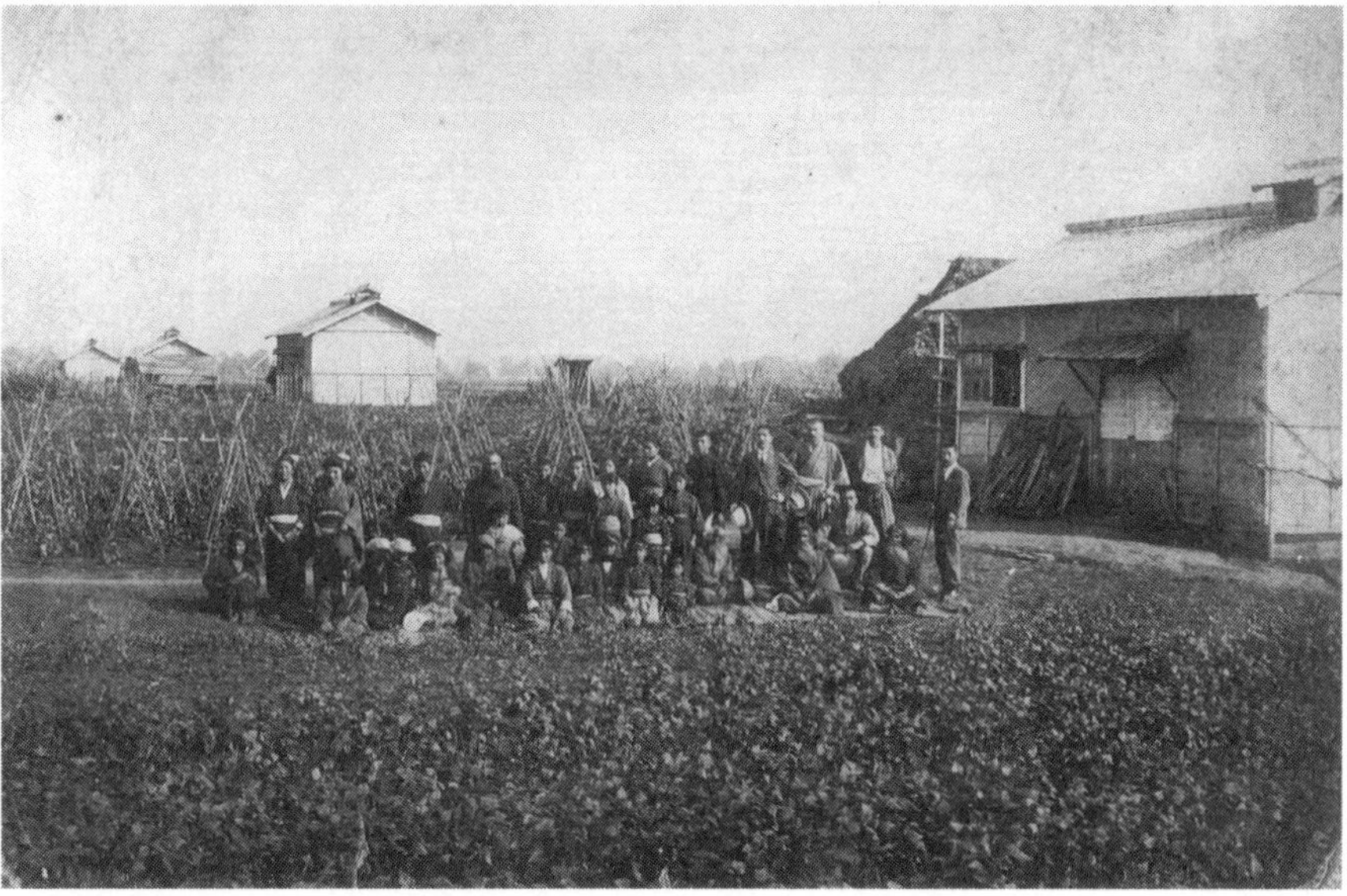

1907年（明治40年）頃の頃の近文風景。旭川のアイヌは近文に強制移住させられ、和風の木造家屋に住んだ。　北海道大学付属図書館北方資料室所蔵『アイヌ民族写真・絵画集成6』日本図書センター刊より

同法に先立つ他の規則・法律で、耕作適地は和人に優先的に払い下げられてしまったのだから、残されたのはろくなものでなかった。それにしても、三割七分までが耕作不可能というのは、ひどい話である。だがもっとひどい例もある。三〇〇町ほどを同法で無償下付されたうち、耕作できるのは二〇町以下、あとはほとんどが崖だったというのだ（「旧土人保護施設改善座談会」白老村の森久吉《きゅうきち》発言、北海道庁『北海道社会事業』第四二号、一九三五年、小川正人他編『アイヌ民族近代の記録』所収、草風館）。

しかも、こうした土地をせっかく耕しても、今度はずるい和人にだまし取られる例が多かったというのだから、和人たちが寄ってたかってアイヌを食いものにしてきたとしか言いようがない。こうした事態は同法が施行されてまもなくから出現していたようだ。一九一一年（明治四四年）の北海道庁調査で、早くも指摘されている。

今日アイヌの財産として最も重要なるは土地なれども、彼等の多くは不動産を貴重するの念薄く、之がため給与されたる土地も、其の一部分を使用するのみにして、他は概ね和人に賃貸せり。賃貸の法は料金を定め、数年間貸付の契約を結び、年々賃貸料を受取りて生活の費に充て、或は数年分を一時に受取りて消費し、甚だしきは不利益なる契約の下に、事実殆ど所有権を移したるに異ならざるものあり。

（『北海道旧土人』、河野常吉編『アイヌ史資料集』第一巻所収、北海道出版企画センター）

この項の冒頭で見た統計で、「他に雇われる者」が二六％もいた背景がはっきりと見えてきたようだ。私が直接アイヌの人から取材した話の中にも、土地をだまし取られた話がある。帯広で現実にあったという、その手口はこうだ。

お金に困ったアイヌに和人が金を貸す。その際、給与地に小作権を設定し、アイヌが和人に土地を賃貸したことにする。小作権の設定なら、譲渡・売買を禁止した同法に触れないからだ。法の裏をかいた姑息《こそく》なやり方である。この賃貸契約期間を九九年という長期にし、その賃貸料を和人が一括《いっかつ》前納する形にする。前もって全額を払ってくれるなんて、なんと親切なことかと勘違いしてはいけない。大金を払ってやる代わりに九九年分の利息をよこせ、というのだ。利息分を差し引くと、アイヌの手元にはわずかな金しか残らず、こうして土地を実質的に巻き上げ、それを高利で他に転貸してもうけるのである。

アイヌにどれだけの契約知識があったことか。文字さえ書けない人が多かったことを考えれば、和人にいいように騙《だま》されたのではないか。その手先になって仲介して回ったのが実はアイヌだった、という証言もある。こうして一九二五年（大正一四年）には、既墾地（給与地総面積の約六九％）のうち、約四五％もの土地が和人への賃貸地になり、後志では八九％、渡島六八％、釧路六一％、十勝五八％もの高率に上った（道庁『北海道旧土人概況』）。自分の土地に出面《でめん》取り（日雇い労働）に出るアイヌも多数いたという。誰の、何のための法律だったのかと目を疑う状況だ。

4. 開拓の嵐、吹き荒れる

◆旭川・近文アイヌ給与地紛争

「北海道旧土人保護法」は全道のアイヌに等しく適用されたが、唯一、適用を除外された人々がいた。旭川・近文《ちかぶみ》のアイヌたちだった。この人たちは紛争が解決した昭和初期まで、土地に関する権利がいっさい認められていなかった。そして、地道な運動により、全国にも稀な、わずか五〇戸のアイヌだけを対象にした法律制定を勝ち取り、問題を解決させている。この紛争は三次にわたって複雑な経過をたどったので、以下、整理しながら紹介する。

第一次の紛争は明治中期に起きている。一八九〇年（明治二三年）、旭川村（後に町、市に昇格）が開村し、翌九一年（同二四年）、四〇〇戸の屯田兵《とんでんへい》が入植するなど和人の移住者が急増した。三集団に分かれて村内の河川沿いに散在していたアイヌは、北海道庁の指示で村の北西部、石狩川北側にある近文に集団移住するよう強制された。この年、この近文原野が一般に開放された。

その際、道庁は一五〇万坪（五〇〇町歩）をアイヌへの給与予定地として確保し、九四年（同二七年）、このうち約五〇万坪を三六戸のアイヌに割り渡している（一戸・二万二〇〇〇坪〜七五〇〇坪）。ただし、この土地は「北海道地券発行条例」第一六条で「官有地」に編入しており、アイヌに所有権はなく、あるのは専有権＝利用権だけだった（しかも、割り渡さなかった一〇〇万坪もの土地は、後に道庁が勝手に処分している）。

九九年（同三二年）四月、「北海道旧土人保護法」が施行された。当然、割り渡された土地に同法が適用されるべきだが、そうはならなかった。この年二月、四年前に札幌で新設された第七師団が、近文アイヌ地の東側隣接地に移転することが決まった。アイヌ地も将来、第七師団の用地になる可能性が高いと見た道庁は、アイヌへの給与をストップさせてしまったのだ。

前年の九八年（同三一年）七月には、空知太《そらちぶと》（現・滝川）——旭川間に上川鉄道が開通している。現在、札幌に次ぐ道内第二の都市として発展している旭川は、開村時から道央の中核都市としての将来が約束されていた。その基盤が着々と固められていたわけで、この二つの出来事をきっかけに、毎年数千人もの移住者が押し寄せるようになった。そして、中には良からぬことを企《たくら》む和人もいた。大物小物さまざまな利権屋《りけんや》だ。彼らは、発展著しい旭川の土地を買収して巨利を貪《むさぼ》ろうとした。その矛先は当然、近文のアイヌの土地にも向けられた。利権屋たちはこともあろうか、アイヌをそこから追放しようと画策《かくさく》する。それには、次のような理由がこねられた。

一、無智にして不潔な部落民を市街に介在せしめるのは衛生上極めて危険である。
二、師団と旭川市街とは連接すべく、部落の存在はその発展を妨げる。
三、市街の発展はやがて畑地の存在を許さぬ。
四、在来の権利を保留して和人と雑居させても、彼等は生存競争で駆逐《くちく》せられる。

五、時代に適合した新地に移住させるのがひっきょう彼等の幸福であり、保護の趣旨にかなうわけである。

（『旭川市史』第一巻）

なんとも勝手な理屈をでっち上げたものだ。こうした利権屋の大物ナンバーワンが、第七師団の兵舎・官舎などの造営工事を一手に請け負った土木会社・大倉組だった。代表の大倉喜八郎は、明治時代の立志伝中《りっしでんちゅう》の人物である。その大倉が先頭に立って近文アイヌの土地乗っ取りに動き出すのだが、そこに入る前に、「死の商人」として今に名を残す、喜八郎の人と成りを簡単にスケッチしておく。

喜八郎が創立に関わって現在も生き残っている企業は、数多い。大倉組はゼネコン・大成建設の前身である。北海道では最初に「樺戸集治監《かばとしゅうちかん》」（空知の月形町にある北海道初の刑務所）の建築を手がけ、黒田長官から格安で払い下げを受けて始めた「大倉組札幌麦酒醸造所《じょうぞうじょ》」は現在の札幌ビールの前身だ。造船会社「函館ドック」の設立にも関わっている。札幌オリンピック以来有名になったスキーのジャンプ台「大倉シャンツェ」も大倉の名から取ったものだ。この他、帝国劇場、帝国ホテル、ホテル・オークラ、大倉商業学校（現・東京経済大学）など実に手広く事業を展開し、大倉財閥をつくり上げた。

これだけの業績を残している人物なのだが、各種伝記や人物辞典ではすこぶる評判が悪い。それは、喜八郎が戦争を破廉恥《はれんち》に利用し、かつ政治家と結託してその業績を拡大したからだろう。たとえば、『現代日本朝日人物辞典』（朝日新聞社）ではこんな具合だ。

大倉財閥の創始者。新潟県の豪商の家に生まれ、18歳で江戸に出て麻布飯倉の鰹節商店員となる。後に鉄砲店を神田泉橋に開き、戊辰《ぼしん》戦争で官軍に武器を売り込んで巨利を得る。その際、上野の山に立てこもった彰義隊に武器を売らずに官軍だけに売ったため彰義隊《しょうぎ》に捕らえられたが、「官軍は金をくれるから売った」と平然としているなど、商売のすごさでは「死の商人」と呼ばれたりした。日清・日露両戦争でも、軍部の御用達商人《ごようたし》として働き、ここでも「大倉の納めた缶詰には砂利が入っていた」とうわさが飛ぶほどの商売をして、社会から糾弾《きゅうだん》を受けたりした。

もっとも、あまりの評判の悪さを懸命に打ち消すような物好きな評伝も、最近は公刊されている。砂川幸雄著『大倉喜八郎の豪快なる生涯』(草思社)がそれで、缶詰事件について同書は、軍への納入は大倉組からは全体の一割程度だった、それを大倉組が一手に扱っていたと世間に思わせたのは社会主義者たちだった、と弁護している。木下尚江《なおえ》が新聞に連載した反戦小説で大倉をモデルにした人物が登場したり、大杉栄《さかえ》が幸徳秋水《こうとくしゅうすい》らの「平民社《へいみんしゃ》」の研究会で缶詰事件を持ち出した例を紹介している。そんな砂川も、近文での大倉の挙動については、次のようにその過《あやま》ちを認めている。

桂太郎は何度もその椅子《いす》を追われながらも、前後三回にわたり内閣総理大臣を務めている。大倉は伊藤博文や井上馨《かおる》と同じ長州藩出身のこの政治家から絶大な信頼を得、今の常識では考えられないような大仕事を一手にまかされて見事に履行《りこう》して見せた。しかし、政治家と民間業者との密着は、当然危険を伴う。旭川第七師団の建設の最中、大倉はその輝ける生涯にとっての汚点といえる、ある不正にかかわってしまった。

はたして「輝ける生涯」なのか、「汚点」がこれだけにとどまるのかは私には大いに疑問だが、それはともかく、同書によると「『近文問題』は、当時の陸軍大臣・桂太郎と、北海道長官・園田安賢《やすたか》と大倉喜八郎とがひそかに計画した」という。総工費三二九万円にも上る第七師団造営の大工事を、随意《ずいい》契約による一手請け負いという極めて有利な条件で獲得した大倉のことだから、こんな陰謀があってもおかしくない。当時の新聞にも、園田長官の結託《けったく》を匂わせる記事が見られる。それが事実としたら、三度も総理大臣になった軍人政治家、道庁のトップ、後に一代財閥《ざいばつ》を築いた政商が結託し、アイヌを食いものにしようとした事実をしっかり銘記《めいき》しておきたい。そして、大物と結託したからといって罪が軽くなるわけでないのは、言うまでもない。

さて近文だが、大倉は早速現地に入り、アイヌ代表らを旅館に招いた。酒食《しゆしょく》でもてなして籠絡《ろうらく》しようと考えたのだ。大倉の腹の中には、アイヌを手塩《てしお》にそっくり移住させようという案があった。大倉は、アイヌ集落の近くに住む商人がアイヌ住民全員の印鑑を預かっていることを聞きだしている。その商人を使って文字の読めない老人らをだまし、アイヌ全員が手塩移住を望んでいるかのような嘆願書《たんがんしょ》をでっちあげ、一九〇〇年（明治三三年）一月、道庁に申請した。結託していたから当然か、翌二月には大倉組への払い下げがあっさりと決まり、アイヌに移転が通告された。

これがアイヌたちの猛烈な怒りを買い、一大社会問題となった。二年前に大隈重信の進歩党、板垣退助《いたがきたいすけ》の自由党が民党の大合同を促して出来た憲政党の後援を受け、「旧土人留住同盟会」が組織された。大倉の手先となった商人に事実を質《ただ》し、「旧土人留住請願書」を作り、道庁に提出した。ところが、道庁はこれまたあっけなく却下《きゃっか》してしまったので、いよいよ中央へ乗り込んで訴えることになる。

一同は「旧土人留住期成会」を作り、札幌・小樽方面で演説会を開いて世論を喚起する一方、同年四月、浜益のアイヌで後援者の天川《あまかわ》恵三郎らが上京した。内務省を手始めに、大隈重信、板垣退助、内務大臣・西郷従《つぐ》道《みち》、貴族院議長・近衛文麿《ふみまろ》、衆議院議長・片岡健吉らそうそうたるメンバーを訪ね、さらに新聞各社に事情を説明して回った。これには、角袖《かくそで》とよばれた刑事が尾行してつきまとったが、天川らは決死の覚悟で天皇への上奏も辞さないと訴え、各新聞が大きく取り上げた。そして、手塩への移転命令と大倉への土地払い下げ処分の両方が取り消された。

しかし、これですべてが解決したわけではない。給与予定地は依然、給付されないままで、その管理を天川らアイヌの代表がしていた。ところが、天川は上京中の活動資金が足りず、独断で大金を札幌の商人から借りていた。この借金のカタにと、商人が暴力団まがいの小作人を給与予定地にどんどん送り込み、占拠《せんきょ》し始めた。これが第二次紛争の始まりである。一九〇五年（同三八年）七月の『小樽新聞』（河野常吉蒐集『アイヌ関係新聞記事、河野本道選『アイヌ史資料集』第七巻所収、北海道出版企画センター）は給与予定地の現況を独自に調べ上げ、次のような事実を明らかにしている。

所有地百五十二万町五反歩の内、現在自作二十一町一反二畝歩《せぶ》を除くの外は、皆な或者の為めに、十年若しくは十二ケ年の小作契約を締結せられたり。其の小作料は殆《ほとん》ど或者の為に横領せられたり。

「或者」とは、札幌の商人のことである。こうして近文アイヌたちの生活は追い詰められてゆく。それをルポした新聞記事も散見される。

来てみれば聞きしにまさる彼等の生活困難、殆《ほとん》ど筆紙の得て尽す処にあらず。彼等の稍《や》や壮健なる婦女は山に雁皮《がんぴ》の皮を剥ぎ、野にわらびの類を掘り、以て之を市中に売り僅《わず》かに口を糊《のり》したり。其の男子の如きも亦《ま》た茶盆若くは手拭掛、糸巻の類を手製し、之を市円に商ひ、以て師団の残飯を買ひ漸《よう》く其日を暮し居れるは、彼等百数十名の土人殆ど全ての状態なり。（中略）一家数口みすみす餓死病死を待つより外なしと云ふ。

（『小樽新聞』一九〇五年一〇月八日付）

この小作人の占拠騒動はアイヌとの間で実力闘争にまで発展した。旭川町は警察に両派の取締りを求めるとともに、世論の高まりも無視できずに自ら事件に介入するようになった。しかし、その姿勢は極めて消極的で、うまい汁を吸う札幌の商人への対抗策として、それなら給与地を町へ払い下げさせようと道庁に働きかけるものだった。一九〇五年（同三八年）一〇月、旭川町会は「近文旧土人給与予定地処分案」を可決し、翌一九〇六年（同三九年）一月、道庁に給与予定地の貸し下げを要求、同六月、道庁はこれに応えて「近文給与地関係北海道指令」を出した。これは、当該給与予定地・四六万二九九坪（一五三町歩）を旭川町に貸し下げる指令で、全一四条から成る。要点を以下に書き出す。

第二条　貸付期間は許可の月より三十ケ年とする
第三条　貸付料は一ケ年金二百九十九円十九銭四厘とし、（以下略）
第四条　貸付地内に於て（中略）近文在住旧土人の耕地及宅地に供する為、一戸に付一町歩宛無料に貸付すべし
第五条　前条貸付残地は旧土人農業指導の為め模範農耕地に供するものとす
　模範農場に供する土地の内、旧土人の保護の為必要と思はるる場合には、北海道長官の許可を受け、模範農耕地以外に使用し、又は使用せしむることを得
　前二項に依り生ずる収益を第三条・第六条・第七条・第八条及び其他旧土人保護の目的に供する費用に充つるものとす
第六条　近文在住旧土人の為め貸付地内又は其付近に於て特に教育期間を設け、且《か》つ衛生上必要なる設備を為すべし
第七条　貸付地内に於て近文在住旧土人各戸に対し住宅を建設し、無料にて貸付すべし
（河野本道選『アイヌ史資料集』第二巻）

何のことはない。「北海道旧土人保護法」で本来は道庁がやるべきことを、旭川町にそっくり押しつけた内容である。町は三〇年間の期限で有償で借り受け、アイヌに無償で貸し付ける。しかし、本来なら「無償給付」される一戸当たり五町歩の土地が、その五分の一の一町歩に減らされたうえ、「貸付」にされた。ただし、これでも町の「処分案」よりは改善されている。町案の貸付面積は五反、しかも町が道から無償貸付され、実績が上がったら払い下げを受けるとなっていた。アイヌのものになるべき土地を、町がもらってしまおうという

のだ。これではあまりにひどいので、アイヌは勿論、この土地に利害関係を持つ和人からも反対の声が上がり、道庁案に落ち着いたのだった。

これに基づき町は「旭川町旧土人保護規程」を設け、アイヌ保護に乗り出した。では、これでアイヌの生活はどれだけ改善されたのだろうか。

アイヌ各戸から強制的に共有地として取り上げた四町歩ずつの土地は、模範農場にしてその収益をアイヌ保護に使うことになっていたが、模範農場に使われたのはごく一部だった。大部分は和人入植者に賃貸され、小作人たちは安い地代《ちだい》で太っていった。

そればかりか、町はその後、旭川師範《しはん》学校（現・北海道教育大学旭川分校、一万五〇〇〇坪）、近文小学校（三九〇〇坪、三〇〇〇坪の二回）、師範学校農産実習地（後に付属小学校敷地になる。五九八五坪）、鉄道敷地（一五〇〇坪）、道路敷地（九〇〇坪）などに無償で寄付し、戦中には日本木材工業会社の工場敷地に貸付もしている。アイヌの財産をわがものとした取り扱いぶりだ。だが『旭川市史』では、「こうして給与予定地も学校その他の公共事業に提供使用されているが、その蔭の功績もまた認むべきである」と、居直りとも取れるコメントを付けている。

一方、一町歩の貸付を受けたアイヌの生活については、四年後の状況を報告した新聞記事がある。

> 四十四戸が町内から給与された一町歩の土地を、全部耕作して居るものは三十二戸、此土人の主食物は土地の産物であるが、給与された土地の大部分を転貸しして、山川の漁猟に従事して居るものが十一戸ある。此等の家族は多く出面取《でめんとり》を主業として其日の生活を送って居るが、生活の実情は頗《すこぶ》る窮態《きゅうたい》に陥って居る。（中略）斯《か》かる土人の生活は極端の窮境に陥って居るから、往々饑寒《きかん》（注・飢えと寒さ）に泣くやうなことが少なくないのである。和人に転貸し居るものが六戸あるが、小作料の回収は概して成績が悪い。それは兎《と》に角《かく》土人を誤魔化《ごまか》す傾向があるからである。能《よ》く耕作するものでも、生産物を以て食料を維持するは漸く四月頃

迄である。其他は師団の残飯や山野に生える土当帰（注・ととき＝ツリガネニンジンの別称、か）、或いは蕗《ふき》の類を採収常食とする。壮者は出稼に依って辛くも口糊を凌《しの》ぎ得るが、老幼婦女は屡々《しばしば》饑《き》に泣く悲境に沈淪《ちんりん》するものが多い。

（『北海タイムス』一九一〇年六月、河野常吉蒐集『アイヌ関係新聞記事』）

早くも四分の一の家で土地を転貸し、漁猟の生活に戻ってしまったのだ。家族は出面取り（畑仕事の出稼ぎ）に出ている。転貸のうち六戸は和人に対するものであり、和人がごまかすから小作料の回収がはかばかしくない。師団の残飯や野草で辛《かろ》うじて食いつないでいるというから、相当に厳しい有り様だ。

この土地問題はその後もう一回、重大な局面にぶつかる。一九二二年（大正一一年）、「国有財産法」の施行に伴ってアイヌへの給与予定地は国有未開地に組み替えられ、この年に市に昇格した旭川市は再貸付を申請し、この年から一〇か年の期限で無償貸付を受けた。この貸付期間が三二年（昭和七年）一〇月で切れることになった。

この組み替え後から、近文の土地をめぐってさまざまな思惑が交錯《こうさく》するようになった。アイヌにすれば、給与予定地の一戸当たり五町歩は当然自分たちに無償下付されるべきものだ。だが、小作権や借地権を持つ和人たちは、一戸一町歩だけをアイヌに給付し、残る四町歩を小作人に「自作農創設地」として特売せよと訴えた。他方、市は市で、不足していた工業用地にこの土地を充てようと計画した。さらには、アイヌを樺太へ追放しようとする案もあったという。この動きに怒ったアイヌが「無償下付」を求めて立ち上がったのが、第三次紛争である。

この時は、青年アイヌ・荒井源次郎が活躍した。彼は給与地全てを返還させる運動を起こし、旭川市会議員の前野与三吉の応援を求めた。三二年二月、前野らはアイヌに所有権を認めるよう求める議案を提出し、四月には近文アイヌ代表の松井国三郎、天川恵三郎とともに上京し、内務省、大蔵省をはじめ、清浦奎吾《きようらけいご》（貴族院議員、元首相）ら有力者にも働きかけた。かなりの反響があったのだが、問題そのものは一向に進展せず、期限切れが迫ってきた。五月、アイヌたちは荒井宅に集まって全道アイヌ代表者会議を開く。ここで、旧土人保護法の「徹底的改廃」と給与予定地の「無制限奪還」を決議し、さらに強力な運動を展開することを決めた。

荒井は旭川地方裁判所書記の職を辞め、六月、妻ミチ、砂沢市太郎ら四人と上京した。この時もかつてと同様、警察の弾圧がきつく、特高《とっこう》刑事につきまとわれた。また、運動資金稼ぎにと、浅草の露店敷地を一坪借りてアイヌ細工の実演販売などもしたが、売り上げは芳《かんば》しくなかった。上京半月余り後には長男が急死し、慌てて引き返してもいる。こんな逆境続きだったが、荒井はめげなかった。同年一一月、体勢を整え直し、単身で再び上京している。

だが、訪問先の大蔵省や内務省、道庁東京事務所、国有財産調査委員の国会議員、マスコミ関係らの中には、訪ねた相手が不在だったり門前払いを食わせる例も少なからずあった。それでも、粘り強く幅広い活動が効《こう》を奏《そう》し、ついに三四年(昭和九年)三月、「旭川市旧土人保護地処分法」が制定され、この問題が解決した。わずか三条だけの小さな法律だが、特定地域五〇戸ほどのアイヌだけを対象とした珍しい法律である。その特異性だけからも、いかにアイヌの熱意が強かったかがわかる。

第一条　北海道長官は旧土人保護の目的を以て旭川市に貸付したる同市所在の土地を内務大臣及び大蔵大臣の認可を経て特別の縁故ある旧土人に単独有又は共有財産として無償下付することを得

第二条　北海道旧土人保護法第二条の規定は前条の規定に依り下付したる土地に之を準用す

第三条　第一条の規定に依る土地所有権の取得に関しては登録税を課せず、又地方税を課することを得ず

(河野本道編『対アイヌ政策法規類集』)

しかし、この法律が同年一一月から施行されると、問題点も浮き彫りになってきた。四九戸のアイヌに無償給付された土地は、一戸一町歩しかなく、「北海道旧土人保護法」で定めている五町歩ではなかった。残りの

四町歩は、第一条の「共有財産」として北海道庁長官の管理下に置かれてしまった。「模範《もはん》農場」を「共有財産」に言い換えたに過ぎず、和人の小作人たちは変わらず既得権を行使できた。アイヌに給付された土地も、「北海道旧土人保護法」同様、所有権がなく、譲渡や諸物件の設定もできなかった。そんな欠陥を持った法律だったが、これもまた、二〇世紀末に〝アイヌ文化振興法〟の登場と引き換えに廃止されるまで、その命を永らえている。

4. 開拓の嵐、吹き荒れる

◆皇民化教育の徹底

農業の強制と並ぶ、「北海道旧土人保護法」のもう一つの柱は、皇民化教育だった。同法第九条を受けて一九〇一年（明治三四年）に北海道庁令で「旧土人教育規程」が定められ、アイヌのための小学校が国費で全道的に新設されることになった。日本の学制は文部省が設置された翌年の一八七二年（明治五年）に制定され、北海道の和人児童たちも小学校に通いだした。それから約三〇年遅れて、アイヌ児童の教育を国が本格的に行なうことになったのである。その詳細に立ち入る前に、ここに至るまでにどんな試みがあったのかを、振り返っておきたい。

明治のはじめ、開拓使はアイヌの入れ墨、耳輪などを禁止し、日本語を強制するなど、和風化を強行した。その一環としてアイヌ教育も考えられている。黒田次官は、

> 元来北海道土人は容貌《ようぼう》言語全く異にして風俗陋醜《ろうしゅう》を免《まぬが》れず現今開盛業に際し従前の風習を脱し内地と共に開化の域に進み彼我《ひが》の別なからしめんと欲す。意《おも》ふに内地人を遣《や》りて風采《ふうさい》を教るは、寧《むし》ろ移して荘厳《そうごん》の間に置くの易《やす》く、且速《かつすみやか》なるに若《し》かずと。

（北海道庁『北海道旧土人概況』一九二六年、河野本道選『アイヌ史資料集』第一巻所収、北海道出版企画センター）

という内容の上申書を出し、一八七二年（明治五年）、アイヌ男女三五人を「東京留学」させた。「彼我の別」をなくすには、アイヌを内地に連れてきて教育した方が速いというのだ。東京に「留学」させるという言葉遣いにはやや違和感があるが、当時の資料では当たり前のように使われている。そういえば、色丹《しこたん》島から根室、東京に留学した例もあった。

この留学は同年、東京の芝・増上寺《ぞうじょうじ》内に北海道開拓のための人材を養成する開拓使仮学校（後の札幌農学校＝北海道帝国大学・北海道大学の前身）を設けたのに合わせ、アイヌの同化教育も行なおうとしたものだ。留学したのは、余市、小樽、高島、石狩、札幌郡の男二六人、女九人で、年齢は一三歳から三八歳までと幅が広かった。留学に際して急遽《きゅうきょ》、それまで名字《みょうじ》のなかったアイヌに名字をつける一幕もあった。

仮学校では読書、習字、農業、植芸、牧畜などを学んだ。しかし、留学自体に無理な勧誘があったようで、それに生活環境の急変も加わり、

「東京留学」したアイヌたち

北海道大学付属図書館北方資料室所蔵『アイヌ民族写真・絵画集成6』日本図書センター刊より

逃亡する者や病気になる者が続出した。結局、三年後までには全員が北海道に戻ってしまい、計画はつぶれてしまった。ただし、生徒の中には後に官吏《かんり》に登用《とうよう》されたものが数人いた。

道内では、七三年（同六年）ごろ、小樽の量徳《りょうとく》小学校にアイヌ児童が入学している。四人という説もあれば一人という説もあるが、その一人は、第一次の近文給与地紛争で活躍した天川恵三郎だった。これは和人主体の学校にアイヌが入ったものだが、アイヌだけを対象にした学校は、七七年（同一〇年）に開設された対雁《ついしかり》教育所がその嚆矢《こうし》である。樺太から江別・対雁に強制移住させられたアイヌの子弟向けの、あの教育所である。

児童数三〇人余りでスタートしたものの、教師は一人しかおらず、しかも医師が兼務していたので病人が出れば休校となった。生徒も、米・塩・お金の扶助《ふじょ》を目当てに通学しており、扶助が打ち切られると顔を出さなくなった。そのうち、浜に漁場がある石狩の来札《らいさつ》などへ大半のアイヌが移転してしまい、九年後には児童数がゼロになっている。これは第三章で見た通りだ。

この他、八〇年（同一三年）に平取《びらとり》、有珠《うす》、虻田《あぶた》に各一校のアイヌ学校がつくられている。八三年、八四年（同一六、一七年）には国から「旧土人教育基本金」として計三〇〇〇円が下付された。これは当初、三県合同でアイヌ教育を推進する予定で申請したものだったが、事業の官営主義をとる札幌県、私立主義をとる函館県、折衷案《せっちゅうあん》をとる根室県という具合に主張が分かれてまとまらず、結局、三県のアイヌ人口に応じて按分《あんぶん》している。その後は現実に何らの具体策を持たなかったので、このお金は共有財産に入れられてしまった。九三年（同二六年）には色丹島教育所が設置されている。

当時のアイヌ児童は、アイヌ学校があればそこに通ったが、無い場合には一般の小学校で和人児童と同じ教育を受けていた。といっても、その就学率は芳しいものではなかった。ちなみに八九年（同一九年）現在で、アイヌの学齢児童二七二六人のうち就学者は三五一人（九・二％）に過ぎなかった。

こうした中で異質だったのは、英国聖公会宣教師のジョン・バチラーが開設したアイヌ学校だった。バチラーは七七年（同一〇年）に来道し、函館でたまたまアイヌ男性と出会ったことから各地のアイヌ・コタンを回るようになる。八五年（同一八年）、幌別《ほろべつ》（現・登別市）に小さな「相愛《そうあい》学校」を建て、アイヌ子弟への教育と伝道に取り組み始めた。彼はこれを手がかりに正式なアイヌ学校を開設しようと計画したが、外国人には認可されないので、アイヌで札幌の師範学校を出た青年、金成《かんなり》太郎を表面に立てて運動をした。さまざまな方面からの援助があり、八八年（同二一年）に正式のアイヌ小学校「愛隣《あいりん》学校」が誕生し、金成が校長になった。これが、その後聖公会の手で開設される、函館や釧路春採《はるとり》など各地のアイヌ学校のモデルとなった（仁多見《にたみ》巌『異境の使徒』北海道新聞社）。

キリスト教伝道を軸《じく》としたこの学校は、皇民化教育を進めようとした当局にとって目障《めざわ》りな存在だったようだ。教育基本金の下賜《かし》を受けるために三県が提出した上請文《じょうせいぶん》の中に、「今日の状勢をみるに、外国宣教師等年々巡回誘導候に付、実に忽《ゆるがせ》にすべからざるの時節《じせつ》に立到《たちいた》り候」との文面がある。また、九一年（同二四年）に北海道庁は教育推進のために「北海道教育会」を設け、岩谷英太郎と永田方正にアイヌ教育の現状を調査させた。その報告書（九三年）にも、次のような文章がある。

あいぬノ学校未ダ起ラズ徒《いたずら》ニ外人ヲシテ之ニ着手セシム幌別ノ学校ハばちらーノ管理スル所ナリ。二十余人ノアイヌハ其頤使《いし》（注・あごで指図して人を使うこと）ニ応ゼリ春取《はるとり》（注・春採）ノ校舎ハぺいん（注・英国人ルーシー・ペイン）ノ建ツル所ナリ。四十余ノ頑児ハ其教育ヲ受ク。之レヲ傍観シテ知ラズト為スハ国家ノ恥辱ニアラズヤ。

（『異境の使徒』）

行政が手を拱《こまぬ》いている間にバチラーらが着々と教育の実績を挙げていることに、警戒心を強めていることがわかる。「北海道旧土人保護法」に基づきアイヌ学校が設置されるのは、こんな状況下だったのである。道庁が定めた「旧土人教育規程」では、一九〇一年（同三四年）から毎年三校のペースで七年間に計二一校のアイヌ小学校を、アイヌの学齢児童が三〇人以上いる地域に国費で設置する計画だった。近くに和人の小学校がある場合には、そこに委託してアイヌの教育を行なうことにしている。また、貧困なアイヌの子弟で就学する者には授業料が免除された。

アイヌ学校の建設は、当初四年間は予定通り進んで一二校が作られたが、その後、日露戦争による財政難などもあってペースが落ち、予定の二一校がそろったのは一九一一年（同四四年）だった。この後も数校の増設があったが、児童の減少や、和人との合同教育を望む声、差別教育への批判の高まりなどにより、アイヌ学校は整理に向かう。一七年（大正六年）から二二年（同一一年）までに計九校を廃止し、胆振《いぶり》管内二、浦河管内六、河西管内二、釧路管内一、釧路市内一の計一二校へと半減した。二二年には「旧土人児童教育規程」も廃止された。そして、三七年（昭和一二年）の「北海道旧土人保護法」の改正に伴い、アイヌ学校は全廃されている。

だが、教育内容はかなり違った。学校自体あるいは教室が和人のそれから完全に分離され、独自の取り組みがなされている。教科は修身、国語、算術、体操、農業（男子）、裁縫（女子）で、和人児童にはあった地理、日本歴史、理科、図画がなかった。特に修身による「忠君愛国」教育が重視され、アイヌ語が禁止され、アイヌの文化や生活が否定されるなど、「皇国の臣民」としての心構えが徹底して叩き込まれた。また、「普通の尋常小学校の凡《およ》そ三学年迄の程度を、四学年間に終了せしむるの旨趣なるを以て、簡易を旨として教授すべし」（同規程「施行上注意要項」）とされた。

これには現場教師からも反対があり、一九〇八年（明治四一年）に廃止し、「特別教育規程」を制定した。これはアイヌ学校にも小学校令を適用する、つまり一般小学校並みにするものだったが、一九一六年（大正五年）には規程が再改定され、内容が逆戻しされている。就学年齢を満六歳から七歳へ引き上げ、修業年限も六年から四年に短縮し、事情によって授業時数を減らすこともできるとされた。要するに、アイヌ児童は能力的に劣るという差別的前提ですべてが組み立てられていたのだ。

一度は一般小学校並みにしておいての逆行改定だったので、現場教師やアイヌの反発はいっそう強かったようだ。自身がアイヌで胆振の鵡川《むかわ》村・井目戸《いもっぺ》旧土人学校の教師でもあった武隈《たけくま》徳三郎は、次のような疑問を投げかけている。

右改正の趣旨を承《うけたま》はるに、アイヌの現状に適合し、其の生活を安定ならしむる為に出でたるものにして、現教科には実生活に密接なるものを授《さず》け、修業年限は之れを短縮し卒業を早からしめて、家の手助を為し、他日実業家たらしむるを目的とせしに外ならずと云ふ。其の実際に適合するや否やは、之れを措《お》き筆者はアイヌの子弟が和人と同様の教育を受くること能《あた》はざるを思ひて轉《うた》た悲しみに堪《た》へざるなり。

（武隈徳三郎『アイヌ物語』、河野本道選『アイヌ資料集』第五巻所収、北海道出版企画センター）

アイヌの風俗習慣、生活は棄《す》てさせ、すべてを和人並みにと強制しておきながら、肝心の教育内容は極めて差別的とすれば、アイヌは子供の時から民族の誇りも自尊心も傷つけられて育てられることになる。この差別教育の意味を、新谷行《しんやぎょう》は次のように鋭く抉《えぐ》る。

旧土人学校という名の教育の場で、彼らはアイヌの「劣等性」を押しつけられたのである。日本国家の教育は、アイヌ児童から自分たちの民族の世界を発見する芽をつみとった。アイヌ同胞は和人によって、民族性をその根から否定された。天皇の国家は、差別された者がその苦痛を克服しようとすれば、日本人以上に日本人的な、「忠良な臣民」となるしかない回路へと強制し、誘導することに全力をあげたのである。

（新谷行『アイヌ民族抵抗史』三一書房）

このように差別的な教育だったが、功罪の「功」の部分をあえてあげれば、就学率の向上といえる。初年度の一九〇一年（明治三四年）は就学率が四五％（全道児童就学率七七％）だったのが、三年後には七〇％まで跳ね上がり、九年後には九二％と大台を突破し、以後九六〜九九％の高率を維持し、和人と比べても見劣りのしないまでになった。

だが、この就学率の目ざましい向上も、視点を変えれば皇民化教育の浸透を物語っている。修身は特に熱心に教えられたからだ。一九一一年（明治四四年）、皇太子が道内行啓《ぎょうけい》に訪れた際、室蘭で開かれた奉迎《ほうげい》行事に刈り出された虻田土人学校の男子四年生は、その「感激」を次のような作文で表わすまでになっている（句点をつけた）。

私だちは室蘭へ先生と共に八人でゆきました。室蘭の町はひろくてたいそうにぎやかでございます。九月五日のばん方皇太子殿下がきしゃにおのりになって室蘭へおつきになりました。まもなく馬車でお通りになるところをおがみました。まことにありがたくおもひました。そのばんははなびがあがってたいさうにぎやかでした。室蘭小学校にとまって夜町をさんぽしました。かへって来たらチクオンキをやってきかしてくれておもしろかった、つぎの日にはがくたいがまはったのを見ました、はともとんでゐました。小さいきせんが海の上をはしり海そこのどろをほる船がどん〲どろをほってゐました。きしゃにのってトンネルをくぐってわにし（注・室蘭の輪西）へいってきました。私は殿下をおがんでからどうかして殿下のためにちうぎをつくしたいと思ひます。

（『良友』、小川正人他編『アイヌ民族　近代の記録』所収）

小学四年の子が、皇太子のために忠義を尽くしたいというのである。町の有志、同窓生、父母のものと思われる文章もこの記念誌には並んでいるが、どれも皇太子礼讃ばかりである。まさに新谷が指摘するように、民族性の根を奪われた者がその苦痛を克服するために、日本人以上に日本人となろうとしているのではないだろうか。

くだんの逆行規程は、一九二二年（大正一一年）に全廃された。これにより、就学年齢は六歳から、就学期間も六年間と戻され、履修《りしゅう》科目も落とされていた地理や日本歴史が加えられた。やがてアイヌ学校も全廃されると、すべての学校でアイヌと和人の混合教育となった。だが、混合教育についてはそれまでの実践（集落の近くに和人小学校がある場合、アイヌもその小学校へ通って混合教育を受けた）を通して、大正末には既に、次のような問題点が道庁報告書で「欠点」として指摘されている。

1　和人児童の為に軽侮《けいぶ》圧迫を受けて執拗《しつよう》の傾向を醸《かも》し、動《やや》もすれば反抗心を起こしめ自暴自棄《じぼうじき》の心を生ぜしむ。
2　和人児童を羨望《せんぼう》し動もすれば和人児童の所有品を犯すに至る。
3　和人児童に比し其の数少なきを以て自然萎縮《いしゅく》の傾向を生ず。
4　訓練の対象は和人児童に偏《へん》し、為に旧土人の実際に適合せしむるを得ず。

（北海道庁『北海道旧土人概況』一九二六年）

完全に分けて、差別的な偏《かたよ》った皇民化教育を推進するのも困るが、「旧土人学校」が全廃されたからといって問題が完全に無くなるわけでもない。この混合教育で指摘された欠点の中には、第2点のようにその真偽が疑わしいものがあり、観察の姿勢にもやはり和人の「高み」から見下す面がある。だが、和人児童から「軽侮圧迫」を受け、アイヌの子供たちが「萎縮」していったのは事実だろう。この問題点はその後の完全混合教育にも引き継がれ、残念ながら現代にまで残る根深いものであり、差別の再生産は今も繰り返されているのである。

5.

逆境から起ち上がる

貪欲《どんよく》な内地大資本の進出、洪水《こうずい》のような和人の移住に圧倒され、アイヌは絶対少数者としてますます追い詰められていった。だが、そんな逆境にあっても、旭川・近文のアイヌたちの粘り強い闘いに見られるように、アイヌの中から民族の底力がそこかしこで沸沸《ふつふつ》と湧《わ》き起こってきた。これには、明治の自由民権運動、大正デモクラシー、第一次世界大戦後の労働運動、農民運動、社会主義運動など、全国的な時代の潮流がアイヌの人々に与えた影響も見逃せない。この章では、そうした民族復興の動きを中心に眺めてゆく。

◆医療補助と生活改善の施策

「北海道旧土人保護法」は「保護」とは名ばかりで、狩猟民族としてのアイヌが農耕民族化を強制され、民族の尊厳も生活の基盤も奪われていった。給付された土地は条件の悪いものが多く、しかもずる賢い和人にだまし取られるケースが後を絶たない。貧困は日常となり、健康を損なうアイヌも続出した。酒に溺《おぼ》れるアイヌ男性も少なくなく、衛生、健康、生活の立て直しといったことも、アイヌの抱える大きな問題になっていた。こんな現状に道庁も若干の手直し的政策を実施している。

一九二〇年～二二年（大正九年～一一年）に、アイヌ人口が多かった平取《びらとり》、静内《しずない》、浦河《うらかわ》、白老《しらおい》の四か所に「旧土人病院」を設置し、二三年（同一二年）以降は他の市町村に「旧土人救療所《きゅうりょう》」をつくった。どちらも開業医に診療を委嘱し、貧しいアイヌに医療費を補助するシステムだ。救療所は三年後には、釧路、旭川、室蘭など三市五七市町村、一二五か所に上っている。この制度はアイヌの健康増進にそれなりの成果を挙げたと見られるが、当初は問題もあったようだ。次の新聞記事は、平取（北海道沙流《さる》病院）でのことだ。

医師は嘱託《しょくたく》主義であるが、元平取村の村医であった遠藤貞夫氏が之《これ》に当って居る。旧土人病院ではあるけれど医師が嘱託であるから、遠藤氏としては旧土人の外に一般和人の診療をもなして居る。尤《もっと》も旧土人に

> 限り、薬価の半額及入院患者には、一日七十銭宛国費を以《もっ》て補助をする。此の点が所謂《いわゆる》旧土人の保護なので、特に旧土人病院を設けた根本義であるのである。
> 然《しか》るに遠藤医師は地方の開業医と云《い》ふ立場からして、土人患者に対しても一般和人患者に対すると同様に、往診《おうしん》の際は医師会の協定に従ふのであるとの理由に依り、一里に付三円宛の往診料を徴収する。然るに平取村には役場嘱託の村医があって、此《この》村医の取り扱ふ患者は一般に往診料を徴収せぬのであるから、往診を要する旧土人の患者も自然村医の診療を受けると云ふことになる。是《こ》れでは折角旧土人病院を設けたる趣旨に副《そ》はぬことになるから、旧土人救済の徹底を期するには、往診料を徴収せざることに改めるのが肝要《かんよう》である。夫《そ》れから遠藤医師は午後は診察をせぬから、遠方の旧土人患者は之が為めにも自然村医の診療を受けることになると云ふことだ。午後に診療をせぬと云ふのは道庁でも承知のことであるや否《いな》や明かならぬが、斯《か》くては愈々以《いよいよもっ》て旧土人病院開設の趣旨に副はなくなる。
>
> (『小樽新聞』一九二二年一〇月一一日付、河野常吉蒐集《しゅうしゅう》『アイヌ関係新聞記事』所収)

5. 逆境から起ち上がる

現代の日常でも見られるようなトラブルだ。営利優先の医師、地元医師会の束縛《そくばく》、制度をスタートさせただけで事後の実態チェックをしない行政。つまりは、仏を作って魂を入れずの類の話だが、犠牲《ぎせい》となるのはいつも弱者である。もちろん、このケースではアイヌである。貧しいアイヌを救う趣旨なのに、午後の診療はやらない、規則だからといって往診料は徴収する、しかし村には往診料不要の役場嘱託医が既にいるとなれば、この制度は一体何なのかと疑わざるを得ない。たぶん、こんな例は他でもあったことだろう。

一九二三年(同一二年)からは、アイヌが一〇戸以上いる市町村に「土人保導委員」が置かれた。給付された土地を和人にだまし取られるなどの事例が相次いだため、給与地の耕作状況、所有地管理の方法を調べて指導したり、貧困者の救済、飲酒者の善導、住宅の改善や衛生思想の向上を図ったりするのが委員の役割で、市町村の役人、警察官、教育者、僧侶などが委嘱された。つまり、アイヌの日常生活の管理と指導を行なったもので、その結果は市町村長や支庁長経由で道庁へ報告された。「救済」「善導」の一方で監視もしていたのである。

翌二四年（同一三年）以降は、各市町村に「互助組合」が設けられた。当時、帯広町役場に勤務し、「帯広伏古旧土人互助組合」の設立の中心になった喜多章明《きたまさあき》は、設立の経緯を次のように記している。

> 当時施行されていた町村制度の性格上、直接町村長がこうした民事問題に介入することは適法でないので、形式上旧土人互助組合と称する別格の団体を設け、町村長を組合長に推戴《すいたい》し、この組合の名に於《おい》て執行することにした。私は帯広町官吏の職掌《しょくしょう》上本組合の専務理事という肩書をもらい、二百三十二町歩にわたる給与地賃貸借《ちんたいしゃく》契約関係の整理に取りかかった。賃貸借といっても、口約束で借りたもの、焼酎《しょうちゅう》代の代償に取ったもの金貸しの質に取ったもの等々、何れも正当な賃料で取引されたものはほとんどない。そこで私は、「日本の先進民族たるものが、上御一人《かみごいちにん》（注・天皇の尊称）の大御心《おおみごころ》により保護し給《たも》う保護民族旧土人の給与地を侵食することは何事ぞ」と、錦《にしき》の御旗《みはた》を真正面に押し立てて賃借和人に対決した。そして従前の土人対和人間に結ばれていた賃貸借契約を全部破棄せしめ、全面積の占有権を組合長たる帯広町長岡田熊太郎の手中に接収した。接収したる給与地は勧農政策の本旨に従い極力《きょくりょく》自耕作を奨励《しょうれい》すると共に、自作し得ない者については、組合長（帯広町長）が地主土人に代って賃貸借契約を締結《ていけつ》し、得たる貸地料は組合長がこれを保管し、有効なる費途《ひと》――住宅改善、農具の購入、衣料、治療費――に使用せしむることにした。
>
> （喜多章明『アイヌ沿革史』北海道出版企画センター）

要するに、行政主導で給与地の賃貸借関係を整理し、勧農をいっそう強めたのである。喜多によれば、帯広の実践が成功したので道庁の社会課長が「わが意を得たり」と喜び、「これをプリントして全道の関係市町村長に配付し、これに右に倣《なら》えと訓達した。これがために『帯広伏古《ふしこ》旧土人互助組合』の名は当代この種の社会

5. 逆境から起ち上がる

に名声をとどろかしたものであった」ということで、その得意ぶりが文面に溢れている。しかし、「日本の先進民族たるもの」「上御一人の大御心」「錦の御旗」といった表現に、道庁役人たる喜多の取り組み姿勢がにじんでいる。さらに自分の手柄を自慢した後に次のような文章が続く。

しかしながら、これは指導者の指導によってなされたものであり、土人族は自己の意思によらず黙々として追従して来たものであり、しかも保護民の名に甘んじ、他力依存の念が強く、「土人と生まれたからには、人に物を施すものにあらず、義務を履行する必要もなく、人から施《ほどこ》されるのが当然」だといった傾向が濃厚であった。

彼等に欠けているものは、「物質の貧乏」にあらずして「精神の貧乏」である。従って指導者のあるうちはよいが、指導者が手を引けば元の木阿弥《もくあみ》となることは開拓使以来幾度か繰返された事実がこれを物語っている。（同）

得意傲然《ごうぜん》といってもいいだろう。「精神の貧乏」と決めつけ、自分たち和人の指導がなければ何もできないと見下しているのだ。

喜多はこの後、アイヌの生活向上を目指す「十勝旭明社《とかちきょくめいしゃ》」をつくり、道庁に勤務変えしてからは「旧土人保護法」改正案作り、北海道アイヌ協会の立ち上げなどに中心的役割を果たした。一生を通じて行政側からアイヌと関わった人物なのだが、「元来私は町村長になるのが最終の目的で、この夢を抱いて帯広検事局を辞し、帯広町役場の下級吏《り》員に入門したものの、それがいつの間にかアイヌ係のほか何の能のない片輪《かたわ》者のように評されていた」（同）とも吐露《とろ》している。アイヌ現代史の要所要所でキーパーソンとして登場し、職務に善意と熱意をもって励んだのは認めるが、その基本姿勢にはやはり疑問が残る。

全道的に実施された「土人保導委員」「互助組合」という制度にしても、単に善意の産物とは言い切れないものを含んでいる。榎森進はこう指摘する。

このように大正中期以後あいついで実施された新たな政策は、一面でアイヌの救済策という性格を持ちつつも、他方ではアイヌに対する差別と管理・監視のよりいっそうの強化という性格をも同時にふくむものであった。

（榎森進『アイヌの歴史　北海道の人びと〔2〕』三省堂）

◆宣教師バチラーの多彩な活動

時計の針を、大正から明治へ戻したい。明治時代には、アイヌの悲惨な状況にアイヌ自身が抗議の声を上げ、改善を社会に訴える状況になかった。和人側の認識はといえば「一視同仁《いっしどうじん》」の皇民化を押しつけるばかりで、アイヌの立場に立った救済策を考える人物は極めて少なかった。そんな中で先駆《せんく》的な活動をしたのが、英国人の宣教師ジョン・バチラー（一八五四〜一九四四）だった。

バチラーが初めて日本を訪れたのは、一八七七年（明治一〇年）一〇月、二三歳の時だった。それから太平洋戦争開始前年の一九四〇年（昭和一五年）に故郷へ帰るまで、実に六〇年余の長期にわたってアイヌ救済に尽くしている。

だが、バチラーが北海道へ来たのは偶然のことだった。彼は最初、香港のイギリス聖公会のカレッジに入学したのだが、マラリアにかかり、緯度と気候が故郷に近い函館へ転地療養に来た。そして、函館の町を歩いていて平取のアイヌ男性二人とたまたま出会い、ぜひコタンに来てほしいと誘われたのが、アイヌと関わるきっかけだった。

この旅の途中、胆振の有珠コタンに立ち寄っている。ここに三か月間滞在し、アイヌ語やアイヌの習慣・風俗などを学び、特に三人のアイヌと親しくなっている。その一人がモコッチャロで、和人名を向井富蔵《むかいとみぞう》といった。その娘が、後にバチラーの養女となった八重子である。平取では、酒で身を持ち崩すアイヌ、その〝無知〟につけこんで酒を売りつけ、暴利をむさぼる和人商人らの姿が日常化していた。こうした実態を知るにつけ、バチラーはアイヌの伝道へとのめり込んでいく。キリスト教は日本政府のアイヌ同化策に反対していたが、中でもバチラーの姿勢は際立《きわだ》っていた。

自ら聖書と賛美歌をアイヌ語に翻訳し、アイヌ語を通しての伝道に徹したのだ。その傍ら、アイヌ語そのものやアイヌの文化も研究し、その成果は八四年（同一七年）の『蝦夷今昔物語』、八九年（同二二年）の『蝦和英三対辞書』の公刊に結実させている。前者はアイヌに関する民族学的知見をまとめたもので、後者はローマ字表記したアイヌ語に英文の説明を加え、ローマ字の日本語訳をつけた本格的辞書だ。バチラーのこの徹底した姿勢を、仁多見巌は『異境の使途』（北海道新聞社）の中で次のように高く評価する。

和人を警戒し、本当のことを言えないアイヌたちは、バチラーに真実を語っているのである。彼は積極的にアイヌ語で聖書を読み、アイヌ語の賛美歌を唱い、アイヌ語で説教した。これらのバチラーの努力は、アイヌたちに母語に対して強い愛着を蘇《よみがえ》らせる影響を与えたのであった。さらに、バチラーは自らが講師になって、ローマ字化したアイヌ語をアイヌの子どもたちに教えることも始めている。為政者の強制によって、アイヌがアイヌ語を捨て、日本語を習得しようとしていた時流のなかで、バチラーは来道後、いち早くアイヌからアイヌ語を習得し、今や、逆にアイヌにアイヌ語を教えるまでになったのである。

アイヌ語の復活が叫ばれている今日、けだしバチラーは「先見の明」があった、というべきである。

これは現代の視点からの評価であるが、バチラーの姿勢は当時の為政者《いせいしゃ》からすれば目障りだった。彼が幌別《ほろべつ》に建てた愛隣《あいりん》学校に、当局は警戒の目を光らせた。このことは前章で紹介したが、その後、同校は外国人居留地の「条約区域外」だから取り壊せとの室蘭郡長命令で廃校に追い込まれ、彼は函館に同じ校名の学校を建て

5. 逆境から起ち上がる

直している。当局や和人らによるこうした嫌がらせは、バチラーの人生に陰に陽につきまとった。

一八九二年（明治二五年）、彼は函館から札幌に転居した。この年、「アイヌ施療病室」をつくり、宿泊も食事も治療費も無料とし、札幌病院長の関場不二彦《せきばふじひこ》がボランティアで診療に当たった。これはバチラーがアイヌを伴って京阪神に遊説して集めた寄附金をもとにつくったもので、さらに彼は九五年、九六年（同二八年、二九年）に平取と有珠に教会堂を設立した。平取では一年で一〇〇人以上のアイヌが洗礼を受けるなど、目ざましい布教ぶりだった。

また、札幌の自宅別棟《べつむね》にアイヌ女子を収容する「アイヌ・ガールズ・ホーム」を設け、無料でアイヌ子女を教育した。さらに一九二〇年（大正九年）には「アイヌ教化団」をつくり、アイヌ病人の医療やアイヌ子弟の進学を経済的にバックアップした。これが「アイヌ保護学園」（後のバチラー学園）にもつながった。この他、アイヌの禁酒運動にも乗り出すなど、生涯にわたり多面的な活動を強力に実践し、それを支えた妻のルイザ・アンデレスとともに大きな足跡を残した。

◆民権家たちの眼差《まなざ》し

バチラーの活躍と同時期にアイヌ差別の現状を公然と批判した和人は、民権家たちだった。その代表格は中江兆民《ちょうみん》（一八四七～一九〇一）である。兆民は土佐藩出身で、フランス留学後、西園寺公望《さいおんじきんもち》と『東洋自由新聞』を創刊、ルソーの『社会契約論』『民約訳解』を翻訳して〝東洋のルソー〟と讃《たた》えられた、民権運動の理論的指導者だ。帝国議会開設時の一八九〇年（明治二三年）に衆議院議員になったが、自由党や立憲改進党の「民党」が裏で政府と妥協を重ねる弱腰ぶりに憤慨《ふんがい》し、翌九一年に自ら辞職している。この年四月、小樽の『北門新報』に創刊とともに招かれ、兆民自ら題号を命名し八月まで主筆を務めた。翌九月に増毛《ましけ》、留萌《るもい》、天塩《てしお》、稚内《わっかない》と西海岸を船と馬で北上し、紀行文を残している。以下は、天塩のアイヌ宅に寄り、焼酎を振るまって交流した時の文章である。

嗚呼《ああ》我同胞の日本人《（シヤモ）》共《ども》、真に貪欲《どんよく》其者の、狡猾《こうかつ》其者の凝固体《ぎょうこたい》とも謂《い》ふ可《べ》き者共、血盆《けつぼん》（注・大きく口を開けた様子）の口を張り、剣樹（注・枝葉、花果がすべて刀剣からなる地獄の樹木）の牙《きば》を振り、水晶にて作りたる童子の如《ごと》き彼れ土人を恐嚇《きょうかく》し騙詐《へんさ》し、其命に懸《か》けて猟獲《りょうかく》したる熊の毛を掠《かす》め取るが如きは、実に羞《はず》かしきの極《きわみ》、汚《けがら》はしきの至《いたり》と謂《い》ふ可し。開化とは晴衣を衣たる社会の謂《いい》には非ずや。彼れ無情無残の日本人共は、其泥に塗《まみ》れたる絹服もて、彼れ土人の無垢《むく》の褻衣《せつい》（注・普段着）を汚し去りて、而して得々然たり。

（中江兆民「西海岸にての感覚」、日本近代思想体系22『差別の諸相』所収、岩波書店）

文明開化とは晴れ着を着た社会の事ではない、無情の和人たちは泥にまみれた絹服でアイヌの無垢の普段着を汚して得意になっているのだ、という批判はアイヌ差別の本質を突いている。兆民の『北門新報』は札幌の先発紙『北海道毎日新聞』に対抗して創刊され、以後熾烈《しれつ》な紙面競争を展開した。後者の論説陣の中でひときわ精彩《せいさい》を放っていたのが、久松義典《よしのり》（狷堂《けんどう》、一八五五〜一九〇五）だった。

彼は桑名藩出身、東京英語学校に学び、立憲改進党に加わってジャーナリストとして活躍した。第一回衆議院議員選挙に落選後、植民政策に関心を持っていたため、『大阪新報』で一緒だった阿部宇之八が経営する『北海道毎日新聞』に客員として迎えられた。彼は道議会開設運動に奔走《ほんそう》し、自治制の確立などを訴えた。兆民も一目置く民権家で、アイヌについて次のような文章を残している。

北海道の旧土人アイヌ種族は、我が帝国の臣民にして、府県人民と同じく立憲王化の徳沢《とくたく》に浴すべきものなり。（中略）本邦人が従来旧土人を凌虐《りょうぎゃく》せし次第は、後文に挙げたる言語対訳の一話に於て之れを概思すべし。近来アイヌ矯風会《きょうふうかい》なるもの興《おこ》りて旧土人を強化せんとするの企てあるは最も嘉《よ》みす（注・ほめる）べし。

要するに旧土人の言語及び其の生存の現状は頗《すこぶ》る注意すべきものあり。因《よっ》て親しくアイヌ語専門家に就《つ》き、左の事項を聞知したるを以て之を記す。

（久松義典『北海道新策』同）

「アイヌ論」と題のついた小文冒頭の断り部分である。バチラーが先頭に立ってアイヌの禁酒を進めた矯風会の運動をほめている。専門家から学んだと明かしているのはいかにもジャーナリストらしい。この後は「人種」「言語」「風俗及宗教」「アイヌ減耗《げんもう》の原因」「土人の知識才能に関する観察」との小項目が並び、ローマ字表記のアイヌ語と日本語の対訳で小話も数編収録している。

この中で久松はアイヌの能力について、「何人《なんぴと》も無教育にては智識《ちしき》才能を発達すること能はず。アイヌが其年齢さへも記憶《きおく》すること無き蛮人《ばんじん》たるを免《まぬが》れざるは、全く教育無きに因るなるべし。決して天然智識才能の欠乏たるにはなきなり。如何《いかが》となれば、土人の子弟が小学校の教育を受けて、随分発達進歩することあればなり」と教育の不足を指摘し、アイヌの秀才の実例を挙げた上で「要するに教育の方法宜《よろ》しきを得ば、数代の後《の》ち、日本人と同等の地位に達すること決して為し難き事に非《あら》ざる可し」と、アイヌを無能視する和人の無知を諭《さと》している。

中江と久松は表舞台に立って活躍した民権家だが、対照的に、道内に潜伏《せんぷく》して死ぬまで身分を隠し通した運動家もいた。秩父《ちちぶ》事件の井上伝蔵《でんぞう》と飯塚森蔵《しんぞう》の二人である。民衆史家の小池喜孝らの民衆史掘り起こし運動の中で、彼らの存在が明らかにされた。

一八八〇年代、松方デフレ政策が進行して不景気になり、地方産業が倒れ、農産物価格は暴落した。こうした中で政府の手で自由党分断と弾圧が行なわれ、自由党内の急進派が各地で没落農民の支持のもとに福島事件、高田事件、加波山《かばさん》事件などの直接行動を起こすようになった。秩父事件もその一つで、八四年（明治一七年）、秩父困民党《こんみんとう》、農民ら五〇〇〇人から一万人が埼玉・群馬・長野県で立ち上がり、減税を訴え、高利貸し征伐《せいばつ》や前橋監獄襲来《かんごくしゅうらい》などを計画し、激化事件中の最大規模の事件となった。

5. 逆境から起ち上がる

井上伝蔵と飯塚森蔵は秩父事件の最高幹部で、事件が制圧された際に伝蔵は死刑、森蔵は一一年の刑を宣告された。だが、もう一人の仲間と三人で地元農家の土蔵で約二年間匿《かくま》われた末に、北海道へ逃亡した。この後の行方は杳《よう》として知れなかったのだが、井上伝蔵は一九一八年（大正七年）に六五歳で北見で亡くなった際、臨終の床で家族に自らの素性を明かす。その遺言が新聞記者にも伝えられ、彼が石狩町、札幌、野付牛《のつけうし》（現・北見市）を商売替えしながら転々と潜伏してきた事実が記事になった。井上は自分以外に同志がもう一人道内で生き延びているはずだとも言い残したが、係累《けいるい》への影響を懸念《けねん》してそれが誰であるかは明らかにされなかった。

それから半世紀も経って北見地方で民衆史掘り起こし運動が起き、彼らの人生にスポットライトが当てられることになった。高校教師の秋間達男が、伝蔵が亡くなった直後にその数奇の人生を特集した『釧路新聞』の記事に注目し、もう一人の同志を飯塚森蔵と推定、森蔵の消息探しを始めた。地元新聞の協力もあって函館に森蔵の息子さんがいることが判明し、森蔵がその後どんな人生を送ったのかも明らかになった。

それによると、森蔵は釧路管内白糠《しらぬか》の隣の庶路《しょろ》でアイヌ・コタンに隣接した所に住んでおり、亡くなったのは伝蔵より一年早い一九一七年（大正六年）のことだった。山仕事に出かけて足を滑らせ、その拍子に舌を噛みきって死んでしまったという。森蔵一家はコタンの人たちに溶け込んだ生活をしており、三男をアイヌの家に養子に出していた。日常のつきあいでも差別の感情は一切なく、差別をしなかった森蔵と、ひどい差別が横行する中で貧しい森蔵一家を支えたアイヌの人達の間には、確かな連帯があったという。

コタンで暮らした点で森蔵とよく似た人生を送った民権家が、もう一人いる。土佐の士族出身の徳弘正輝だ。一八八二年（明治一五年）、彼は北見の湧別《ゆうべつ》河口に単身で入植し、一九三六年（昭和一一年）に八二歳で亡くなるまでの五四年間をアイヌと共に生き、「コタンの父」と呼ばれた。入植五年後の八七年（同二〇年）に中湧別《なかゆうべつ》に移って牧場を開き、アイヌ女性と結婚して一一人の子供に恵まれている。徳弘は中江兆民を尊敬し、密猟して官憲に追われるアイヌをかばうなど、アイヌの立場をよく尊重したという。

◆アイヌは訴える

アイヌ自身が自分たちの現状をしっかり見つめ、社会にアピールするようになるのは大正期に入ってからだ。「アイヌ人著述の嚆矢《こうし》」（バチラー序文）、「アイヌにしてアイヌ種族の事を著述せるは、実に武隈《たけくま》氏をもって嚆矢とす」（河野常吉・同）と讃《たた》えられたのは、武隈徳三郎の『アイヌ物語』である。武隈は十勝の音更《おとふけ》村出身のアイヌで、帯広准《じゅん》教員講習所を経て北海道教育会教員養成所を終了、一九一四年（大正三年）、郷里の尋常小学校で教師となり、一六年（同五年）からは胆振の勇払《ゆうふつ》郡鵡川《むかわ》村井目戸《いもっぺ》旧土人学校に勤務、一八年（同七年）に二三歳でこの本を出版した。

同書の校訂《こうてい》を担当したアイヌ学者の河野常吉は、アイヌの「根本的の救済は、教育によりて精神を陶冶《とうや》し、智能を啓発せしむるの外なかるべし」と教育の重要性を強調し、それまでに六人のアイヌが教員になったことを紹介している。幌別の金成太郎、静内の高月切松、元室蘭の山根清太郎・留太郎兄弟、長万部の江賀寅三、そして十勝の武隈徳三郎である。河野は「而《しか》して金成、高月の二氏は、品行の不良を以て前に失敗し、山根氏の兄弟は、温良の聞えありしも、惜《お》しむらくは中途に病死し、今日残るは江賀、武隈の二氏のみ。予は江賀、武隈二氏が益々修養に務め、倦《う》まず撓《たゆ》まず、以《もっ》て同族の為めに、十分尽《つく》す所あらんことを切望す」と序文の中で期待を寄せている。有望なアイヌ教師らが次々と挫折している中での、若い武隈らに対する期待だった。

同書は「アイヌ種族」「アイヌの風俗習慣」「アイヌの宗教」「アイヌの教育」「アイヌの工芸」の五章立てで、アイヌ自身の手でアイヌ民族のことを客観的に分析している点が注目された。だが、そうした興味から話題を呼んだだけでなく、内容も現実への鋭い批判精神と青年教師らしい真摯《しんし》な姿勢に溢《あふ》れ、武隈の真価を十分に発揮している。それは教育についての文章に端的に現われている。教育内容が簡易化された、「旧土人教育規程」の逆行改定（一九一六年）に武隈が疑問を呈したことは、前章で触れた。彼はそこから一歩進め、アイヌ教育への具体的提言もしている。第四章「アイヌの教育」の中で彼は、「旧土人の進歩発展を殺《そ》ぐ大なる原因は依頼

5. 逆境から起ち上がる

心の強きにあり」と見て、その最大原因は「彼等に文字無く、現今にても無学なるもの多きに因す」ので、「之れが矯正《きようせい》方法としては、彼等の子弟を十分に教育し、特に実社会に必要なる知識を授くること肝要《かんよう》なり」と強調し、児童教育について次のような提言をしている。要約して並べる。

一、人の幼児における感化は実に強大なので、家庭に放置せず、満六歳より学校教育を受けさせるようにし、就業年限も元に戻す必要がある。
二、和人土人の児童に相互理解、同情の念を起こさせるべきだ。それには尋常小学読本　巻一〇「第二二課　あいぬの風俗」は内容に問題があるので、削除すべきだ。
三、旧土人学校を優等で卒業し、進学を希望する者には、保護費、共有財産の収益で奨励的に入学させるべきだ。
四、旧土人小学校の経費を増やして経営を充実させるため、政府予算を増やせ。

日々アイヌ学校の教壇に立つ現場教師、しかも自身がアイヌという境遇ゆえに出せた内容ばかりだ。こうした具体的項目の底には、アイヌを差別扱いするなという主張があることも、読み取れる。この点で、次の「和人土人の雑居に就きて」と題する文章は、武隈の考えをよく表わしている。

土人を和人より隔離《かくり》して一定の地方に集団せしむるは、土人保護上適当なる方法ならんとの説あり。之《こ》れにつきて識者間に是非の議論ありと聞けり。

現今のアイヌは日本帝国の臣民たることを自覚せり。其の進歩せる者に至りては、君に忠を致し国に恩を報《むく》いんとの精神は、溢るゝばかりにして、敢《あえ》て和人に引けをとるが如きこと無きは、爰《ここ》に断言して憚《はば》からざる所なり。況《ま》して和人との接触に慣れ、周囲の事情に漸《ようや》く打ち勝つことを得つゝある折柄《おりがら》、決して和人と離隔する要を認めず。否《いな》、土人をして和人に同化し、立派なる日本国民たらしむるこそ、アイヌの本懐《ほんかい》なれ。又国家より見るも、之れが至当のことならん。或る一部の学者・識者は、アイヌ種族の滅ぶることを憂ひると雖《いえど》も、「アイヌ」は決して滅亡せず。縦令《たとえ》其の容貌《ようぼう》、風習に於て漸次《ぜんじ》旧態を失ふべきも、「アイヌ」の血液の量は必ず減少せず。故に予は、今後「アイヌ」種族は滅亡するが如きことは無くして、大和人種に同化すべきものなりとの信念を有せり。

（『アイヌ物語』、河野本道選『アイヌ史資料集』第五巻所収、北海道出版企画センター）

明治あるいはそれ以前からなのだが、学者・識者の間でアイヌを「滅びゆく民族」視する見方が一般的だった。この文章を表面的に読めば、武隈も和人への同化をただ肯定しているものと受け取られかねないが、「『アイヌ』は決して滅亡せず」と断言もしている。後半で「アイヌ」にカッコをつけて表記しているのは、当然ながら含みを持たせてのことだ。同化によって個々のアイヌが消えたかに見えても、その体の奥に刻まれたアイヌ的なるものは決して消えないというのだ。そこで彼は、「血」に目を向ける。

四民平等の精神でアイヌも同等に扱うと言っておきながら、武隈の職場にあってもアイヌは露骨に差別されている。和人子弟と同じ教育を受けさせよ、アイヌを隔離するな、と叫ぶ武隈の真意は、決して単純な同化を望んでのことではないだろう。追い詰められた者のぎりぎりの抵抗として、「血」の継承を持ち出したのではないか。前半で、和人に同化して立派な皇国の臣民たることが「アイヌの本懐なれ」と言っておきながら、後半で「血」にこだわる点に、私は武隈のみならずアイヌ全体の苦衷《くちゅう》を察する。武隈は決して、「其の容貌、風習に於て」「旧態を失ふ」のが良いとは、思っていなかったはずだ。

『アイヌ物語』が出たついでに、もう一つの『あいぬ物語』にも触れておきたい。第三章で断片的に引用した山辺安之助の著書で、こちらは題が平仮名だ。出版されたのは武隈本より五年前の一九一三年（大正二年）。

5. 逆境から起ち上がる

山辺自身のドラマ性豊かな半生を樺太アイヌ語で口述した自叙伝《じじょでん》で、アイヌ語学者の金田一京助が聞き取って翻訳し、日本語本文の横にカタカナでアイヌ語のルビが振られている。山辺は少年時に日本式教育を受け、アイヌ語より日本語の方が得意なのに、アイヌの語りであることを明らかにするために「比較的不得意なアイヌ語をわざと選んで、これで話してもらった」（金田一）という、一風変わった体裁《ていさい》の本である。アイヌ語学者としての思惑《おもわく》があってのことだろう。

山辺は樺太東海岸のコタンで生まれ、一八七五年の「樺太千島交換条約」で家族とともに江別の対雁に強制移住させられて来た。その後、石狩の漁場で青年時代を過ごし、一八九三年に墓参で帰郷してからそのまま残り、日露戦争では樺太で日本軍に協力した。物語は時の流れに沿って展開してゆくが、変転の多い人生の中でもとりわけ珍しい体験といえば、やはり最終章の「南極探検」だろう。彼はもう一人の樺太アイヌ・花守《はなもり》信吉とともに、日本初の南極探検隊に犬の世話係として参加したのである。

この探検は一九一二年（明治四五年）、白瀬矗《のぶ》大尉・隊長ら二七人が二〇〇トンの汽船「開南丸」で南極に向かったもので、この時点では世界初の南極点踏破《とうは》を狙っていたが、結果的にはノルウェーの探検家アムンゼンに先を越されてしまった、あの探検である。山辺は「前に露西亜との戦の時にでも、死んだものと思って、軍人達と一所に丸《たま》の中をもくぐった時などは、天祐《てんゆう》にも死にはしなかった。御陰で拾った此《この》の体です。（中略）日本の国が始めてやる事業だといふ此南極探検の事だから、一旦拾った私の体を以て今一度国家の事業に働いて死んだら本望だと思うから」と参加の動機を語っている。ところが、これは国の事業ではなく山辺は一度は落胆《らくたん》するが、「今更破約《いまさらはやく》をしては、やっぱりアイヌだけだと云はるゝがイヤ」と考え、遺書まで書いてこの大役を引き受けたという。

探検は南極に着く前から困難続きで、赤道直下の炎天下で樺太犬が次々と死んでしまい、新たに三〇頭の樺太犬を日本から送り直してもらっている。南極上陸後は寒気と暴風雪に襲われ、やっとのことで極地に到達してみれば「世界初」の名誉はノルウェー隊に既に先取りされており、探検終了後も天候急変で流氷が迫って来たため慌《あわ》てて船に引き上げ、一三頭もの犬を置き去りにしなくてはならなかった。山辺自身も「死ぬ目を見」てたどり着いたと話している。日露戦争での協力、そしてこの南極探検と、二度までも命を投げ出した山辺だが、その事情を次のように語っている。

かういう様に、二度までも我が身を捨てる覚悟をして私は国家の事に出たのである。（中略）思ふに、小さい小供《こども》だちでも、学校をよく勉強してやったならば、後々《のちのち》には日本人だちと同じ位に何事でも覚え、余り悪い風儀《ふうぎ》はしないやうになるであらう。私はそうしてやり度《た》い。どうか満天下の諸君子に於てもよろしく此情を掬《く》んで頂きたい。

ほんとうにどうにかしてあの可愛想なアイヌの小供等を、早く日本人並みに、同様な善良なる皇民にしてやり度い。（中略）此の拙悪《せつあく》な長物語を長々しく始めたのも、郷里の小供等の読物にして、何か少しで悟らせ度いといふ考からやった事である。

（山辺安之助『アイヌ物語』）

これも、アイヌの子供たちが同化し、皇民として恥ずかしくないようになってほしい、と単純に願う文章に読み取られかねないが、こう語る根底にあるのは山辺自身の少年期以降の被差別体験である。国のために自らの命まで投げ出して本望と言うのは、そこまでしないと認めてもらえないアイヌの現状が、その前にあってこそのことだろう。

もう一人紹介する。和人の学者らに交って、アイヌの現状を堂々と訴えたアイヌがいた。一九二六年（大正一五年）四月、東京の日本工業倶楽部《クラブ》で財団法人日本啓明《けいめい》会の第一八回講演会が開催された。講演者は五人。民俗学の柳田國夫《やなぎだくにお》「眼前の異人種問題」、アイヌ語の金田一京助《きんだいちきょうすけ》「アイヌ研究の現状」、北海道帝国大学教授の八田三郎「アイヌの生活と博物館のアイヌ品陳列棚」「白老コタンのアイヌの生活」、宣教師で神学博士のジョン・バチラー「アイヌ語の本質」という各分野トップクラスの専門家の発表とともに、十勝アイヌで五三歳の伏根《ふしね》弘三が「アイヌの生活の変遷」と題して講演している。

伏根は冒頭で、「これまで土人保護法といふもので束縛《そくばく》されて来ました。今や土人も進むで来てそれを却《かえ》って不便とするに至りました」と、「旧土人保護法」がもはや束縛以外の何物でもないことを強調し、それから道内の実態説明に移る。アイヌの間でわき起こっていた同法改正要求の動きを意識しての話である。そして、「一万五千人のアイヌがくらす状態を三つ位に分けて話をしなければなりませぬ」とアイヌを三つの階層に分類して、狩猟や漁撈で活躍するアイヌの現実を紹介し、教育と財産の話に入る。

> 尋常《じんじょう》六年を卒業したものは全部北海道庁の御世話になったのであります。又高等科を卒業したものが珍しくない。中学校、実業学校を卒業した者が三千何名、高等師範学校専門学校を卒業した者が二三百ある、財産といひましても十万円位を持て居る者は一万五千人の内の二割位ある、一部は誠に残念だがズッと低い、其日暮しに困難して居るのであります、あとの七分といふものはどうでありますかといふと、御蔭《おかげ》を以て病に罹《かか》らなかったり、天災に遭《あ》はなかったといふ者は、不完全とはいひながら其日暮しは出来るやうに準備して居ります。
>
> （啓明会第十八回講演集、河野本道選『アイヌ史資料集』第五巻所収、北海道出版企画センター）

これを読むと、アイヌの状況がずいぶんと好転しているように思える。しかし、伏根の真意はちょっと別のところにありそうだ。「旧土人保護法」でアイヌの教育も進み、大分生活が楽になった部分も増えた、とあえて恩恵を事挙《ことあ》げしておいて、もう束縛は要らないと訴えているのだ。この後に、「病気で死ぬやうな人が、幾町といふ畑を持ちながら保護法に束縛されて融通《ゆうずう》することが出来ぬので、見す（注・みすみすの意か?）病気の中に一家族が苦しむ居る」といったエピソードも持ち出している。つまり、同法第二条で相続以外の譲渡や質権、抵当権など当たり前の諸権利が行使できなくされていることを、婉曲《えんきょく》的に批判しているのである。この他では、十勝のアイヌ救

5. 逆境から起ち上がる

済が遅れていること、子供たちの間で陰湿《いんしつ》なアイヌ差別が横行していることなどを訴えている。

伏根が東京で講演した半年後の一九二六年（大正一五年）一〇月、旭川で「解平社《かいへいしゃ》」なる結社が創立された。メンバーは砂澤《すなざわ》市太郎（三六歳）、門野ハウトムティ（三三歳）、松井國三郎（一七歳）、小林鹿造（一九歳）の四人だった。いずれも近文《ちかぶみ》コタンの若手アイヌたちであり、あの近文給与地をめぐる第三次紛争に関わった者たちだ。「解平社」の運動は最近の研究で内容が少しずつ明らかになっており、一九二二年（同一一年）に部落民自らの手で社会的差別の撤廃《てっぱい》を目指そうと結成された「全国水平社」の運動に強い刺激を受けたと推測され、注目されている。竹ケ原幸朗《ゆきお》の論文「『解平社』の創立と近文アイヌ給与予定地問題」（永井秀夫編『近代日本と北海道』所収、河出書房新社）が詳しいので、それに拠りながら紹介する。

竹ケ原は、「解平社」を創立した直接の契機《けいき》は二つあると分析する。一つは、近文の和人借地人たちの集まり「旭川市近文官有地借地人組合」による給与予定地の「特売」に向けての請願運動が活発化し、予定地を奪取される恐れがあったこと。もう一つは、旭川市の都市計画で近文アイヌが「樺太」か「オサラッペ」（現・上川郡鷹栖《たかす》町）へ追放される計画が具体化し、それが政府部内にまで進展したこと。この二つをきっかけに、砂澤（彫刻家・砂澤ビッキの父）をリーダーに結社され、「解平とは我等が解放されて公平になりたいための心をそのまゝ名づけた」という。また砂澤は、「日本農民党や水平社の力をも借りて運動の実現を期」す旨を『東京朝日新聞』（一九二六年一〇月二三日付）で明らかにしており、白老コタンのアイヌ歌人・森竹竹市《もりたけたけいち》も『北海タイムス』（一九二六年一二月二日付朝刊）への寄稿文でこの点に触れている。

彼は冒頭で、「聖代《せいだい》の今日猶《なお》部落民として社会より特殊視せられ差別的待遇を受けつゝ、居る我アイヌ人に依りて解平運動なるもの起され一刻も早く解放され至公至平の社会的地位を獲得せんとの叫び声を聞くは我二万人のアイヌ民族の為に吾人《ごじん》は快哉《かいさい》を叫ぶものである」とエールを送り、水平社と重ねて次のように訴える。（適宜《てきぎ》、句読点を追加した）

5. 逆境から起ち上がる

覚《さ》めよ同族！　我等は何時迄《いつまで》も昔のアイヌであってはなりません。かの水平社大会の決議綱領《こうりょう》に「吾々は人間性の原理に覚醒《かくせい》し人間最高の完成に向って突進する」との一項があったと記憶するが、我々も此の意気、此の覚悟を持って生存競争の激しき社会に起《た》ち、虐《しいた》げられ劣等視せられつ、居るアイヌ民族を、社会の水平線上に引き上げねばなりません。他人の力に頼るな、飽迄《あくまで》自分の力で自分を完成しなければだめです。依頼心は何時迄《いつまで》も我等を卑屈《ひくつ》ならしめ弱者の立場に置くものです。

森竹が引用した一項は、「部落民自身の行動に依って絶対の解放を期す」「絶対に経済の自由と職業の自由を社会に要求し以て獲得を期す」とともに、「全国水平社」創立大会で採択された三大綱領の一つである。部落民たちと変わらない社会的差別を味わい続けてきたアイヌの胸に、この綱領文は殊《こと》の外《ほか》、強く染《し》み込んだことだろう。

森竹以外にも、余市のアイヌ歌人・違星北斗《いぼしほくと》が東京で開催された第二回アイヌ学会（一九二五年）の「講話」で「私は此頃天下の耳目を聳動《しょうどう》（注・驚かし動かすこと）させてゐる水平運動を尊敬してゐます」と述べ、白老の貝澤藤蔵《かいざわとうぞう》も「第一回全道アイヌ青年大会」（一九三一年に札幌で開催）について『アイヌの叫び』の中で「私等が嘗《かつ》て新聞紙上で読んだ事のある水平社大会に於ける悲痛な叫び、激越なる呪《のろ》ひの声こそ無かったけれど、何《いず》れも熱と力の籠《こも》った正義の叫びが挙げられました」と語っている。水平社運動の衝撃をうかがわせる言葉だ。竹ケ原幸朗は、水平社運動がアイヌに与えた影響を次のようにまとめている。

このように被差別部落出身者が団結し、自らの力で差別と抑圧からの解放を目指す水平社運動はアイヌ民族に衝撃を与えるとともにその心を捉えた。それは同時に民族としての自覚や自立の重要性を喚起《かんき》し、アイヌ民族が主体的な社会運動や言論運動を展開していくひとつの契機となった。

（竹ケ原幸朗「『解平社』の創立と近文アイヌ給与予定地問題」）

まさしくそうで、この時代になるとさまざまな全国的な運動の影響が北海道のアイヌにも直接的に及ぶようになった。そして昭和期に入ると、アイヌの人々は堰《せき》を切ったように重い口を開き、差別や民族の行く末について積極的に語り出す。

◆三人のアイヌ歌人

明治維新以来、アイヌは民族の言葉、風習、生活ぶりをことごとく捨てさせられ、和風化を強制された。「旧土人学校」では差別的カリキュラムの中で、日本語を学ばされ、皇民化を徹底して押しつけられた。だが、こうして身につけた日本語を逆に武器として社会を告発し、民族意識を復興させる文学が、アイヌの中から生まれてきた。昭和の始めに相次いで作品を発表し活躍した、三人のアイヌ歌人（違星北斗、バチラー・八重子、森竹竹市）を紹介する。

違星北斗《いぼしほくと》（一九〇一～一九二九）。この姓名のうち、名は雅号《がごう》だが、姓は本姓である。明治時代に戸籍を作った際、実父の祖先伝来のエカシシロシ（家紋）が※だったので、これを「違い」に「星」と見て漢字を当てて「いぼし」と読みならしたという。北斗本人は「私はこの急にこしらえた姓名が、我が祖先伝来の記号からその源を発してゐたことは誠に面白く又敬すべきであると心ひそかにほほ笑むのである」（違星北斗遺稿集『コタン』、『近代民衆の記録5　アイヌ』所収、新人物往来社）と書いている。強制された日本名を逆手に取って「心ひそかにほほ笑む」ところに、そしてその姓に合わせて「北斗」という号をつけたところに、北斗の本領《ほんりょう》が発揮されている。

5. 逆境から起ち上がる

北斗（本名・滝次郎）は一九〇一年（明治三四年）、小樽の隣町・余市で生まれた。小学校を卒業後、夕張《ゆうばり》の奥で木材人夫をやり、網走《あばしり》方面へ出稼ぎに出、石狩のニシン場で働くなどいろいろな職業を経験する。このように肉体労働をしてはいたが、体は決して丈夫でなく、むしろ病弱だった。彼は二三歳で上京し、市場協会の事務員になり、ここで金田一京助や、バチラーの後援者・後藤静香（社会事業家・東京希望社）と知り合う。とりわけ後藤には、精神的励ましに加え経済的な支援も受けた。上京まもない頃の北斗の姿を、金田一が次のように書いている。

> 五年前（注・一九二五年）の或《ある》夕、日がとっぷり暮れてから、成宗の田園をぐる〳〵めぐって、私の門前へたどり著いた未知の青年があった。出て逢ふと、あ、うれしい、やっとわかった。ではこれで失礼します。誰です、と問うたら、余市から出て来たアイヌの青年、違星滝次郎といふものですと答へて、午後三時頃、成宗の停留所へ降りてから、五時間ぶっ通しに成宗を一戸一戸あたって尋ね廻って、足が余りよごれて上れないといふのであったが、兎に角上ってもらった。
>
> これが、私の違星青年を見た最初である。西川光次郎氏の北遊の途次に知られ、その引で、市場協会の高見沢氏をたよって上京し、協会へ務めて四十余円を給せられながら真面目に働いている青年であったが、アイヌに関する疑問を山ほど持って来て、何もかも私から合点しようとする真剣な熱烈な会談が、それから夜中まで続いたことであった。それ以来、私は、労働服の違星青年の姿を、学会に、講演会に、ありとある所に見受ける様になった。かうして一年有余の時の流れは、偶々《たまたま》違星生を、虐げられた半生の苦酸から引《ひっ》こ抜き、執拗に追ひ廻す差別待遇の笞《むち》から解放して、世界を一変さした。
>
> （『コタン』）

凄《すさ》まじい熱意だ。道内各地で虐げられたアイヌの姿を目にするにつけ、北斗の心にさまざまな疑問が次から次へと湧き起こってきた。その疑問を当代一の学者にぶつけたのだろう。五時間もかかって一戸一戸を訪ね歩いたとは、執念以外の何ものでもない。彼は東京で学会や講演会に顔を出し、多くを貪欲《どんよく》に吸収しようとした。生活は経済的に安定し、周囲の人々にも厚遇《こうぐう》され、まさに道内で体験した「差別待遇の笞から解放」されていた。だが、我が身が恵まれるほどに、彼はその境遇に疑問を持ち始める。その心境の変化を、北斗自身が次のように説明する。

大正七年頃に重病をして思想的方面に興味を持つ様になった。十四年二月に東京府市場協会の事務員に雇はれ一年半を帝都で暮した。見る物も聞く物も、私の驚異でないものはなく、初めて世の中を明るく感じて来た。けれどもそれは私一人の小さな幸福に過ぎない事に気附《きづ》いて、アイヌの滅亡を悲しく思うた。アイヌの研究は同族の手でやりたい、アイヌの復興はアイヌがしなくてはならない強い希望に唆《そその》かされ、嬉しい東京を後にして再びコタンの人となった。今もアイヌの為に、アイヌと云ふ言葉の持つ悪い概念を一蹴《いっしゅう》しようと、「私はアイヌだ!」と逆宣伝的に叫びながら、寂しい元気を出して闘ひ続けて居る。（『コタン』）

北斗が「私一人の小さな幸福」に浸《ひた》りきれなかったのは、当然だったかもしれない。金田一を訪ねた時の熱気を思い起こせば、彼が小市民的充足の陥穽《かんせい》から脱し、民族全体の運命に思いを飛翔《ひしょう》させたことは、十分に頷《うなず》ける。「アイヌの研究は同族の手でやりたい」と一念発起《ほっき》した北斗は、早速、北海道に戻る。一九二七年（昭和二年）のことだ。

彼は平取へ行き、バチラーが後藤静香の援助で設立した幼稚園を手伝った。ここで、バチラーの養女で歌人の八重子と出会い、彼女のことを「ヤエ姉様」と慕《した》うようになる。二人には一七歳もの年齢差があったが、短歌という共通項を通じて良い刺激を与え合った。そして、彼は日雇《ひやと》いで生計を立てながら、いよいよアイヌ研究の道へ入ってゆく。

故郷の余市にはフゴッペ洞窟《どうくつ》があり、古代文字が残されている。研究の第一歩は、この古代文字がアイヌのものか否かを論じた「疑ふべきフゴッペの遺跡」だった。論文末尾に、小樽にある手宮《てみや》洞窟の古代文字についても「他日稿を改めてアイヌの目から見た考察を公開してみたいと思ふ」と予告しているが、彼のアイヌ研究はこの一篇《いっぺん》で中断された。「アイヌ復興」に研究の道は遠回りだったのか、より直截的な道を探りだしたのだ。

翌二八年（昭和三年）八月、仲間と同人誌『コタン』を作り、短歌と文章で同族の奮起《ふんき》を促《うなが》し、差別を告発する。その創刊号冒頭には、知里幸恵（一九〇三～一九二二）の『アイヌ神謡集』序文「コタン」を収録し、追悼《ついとう》している。幸恵は『アイヌ神謡集』を独自に工夫したローマ字表記で和訳し、その美しい序文と相まって天才アイヌ少女と謳《うた》われたが、一九歳で夭折《ようせつ》している。幸恵については後で再びふれるが、ここでは序文の冒頭と末尾を紹介しておく。

其の昔此の広い北海道は、私たちの先祖の自由の天地でありました。天真爛漫《てんしんらんまん》な稚児《ちご》の様に、美しい大自然に抱擁《ほうよう》されてのんびりと楽しく生活してゐた彼等は、真に自然の寵児《ちょうじ》、何と云ふ幸福な人だちであったでせう。

冬の陸には林野をおほふ深雪を蹴《け》って、天地を凍らす寒気をものともせず山又山をふみ越えて熊を狩り、夏の海には涼風《りょうふう》泳ぐみどりの波、白い鴎《かもめ》の歌を友に木の葉の様な小舟を浮べてひねもす魚を漁《と》り、花咲く春は軟かな陽の光を浴びて、永久に囀《さえず》る小鳥と共に歌ひ暮して、蕗《ふき》とり蓬摘《よもぎつ》み、紅葉の秋は野分《のわき》に穂揃《そろ》ふすゝきをわけて、宵《よい》まで鮭とる篝《かがり》も消え、谷間に友呼ぶ鹿の音を外に、円《まど》かな月に夢を結ぶ。

嗚呼《ああ》何といふ楽しい生活でせう。平和の境それも今は昔、夢は破れて幾十年、此の地は急速な変転をなし、山野は村に、村は町に次第々々拓《ひら》けてゆく。

（中略）

けれど……愛する私たちの先祖が、起伏《おきふし》日頃互いに意を通ずる為めに用ひた多くの言語、言ひ古し、残し伝へた多くの美しい言葉、それらのものもみんな果敢《あえ》なく亡びゆく弱きものと共に消え失せてしまふのでせうか。おゝそれは余りにいたましい名残惜《なごり》しい事で御座います。
アイヌに生れアイヌ語の中に生《お》ひたった私は、雨の宵《よい》雪の夜、暇ある毎に打集《うちつど》うて私たちの先祖が語り興じた、いろいろな物語の中極《ごく》小さな話の一つ二つを拙《つたな》い筆に書連《かきつら》ねました。私たちを知って下さる多くの方に読んでいたゞく事が出来ますならば、私たちの同族祖先と共にほんとに無限の喜び、無上の幸福に存じます。

（『コタン』）

この文章を書き写しながら、その豊かな表現力、スケールが大きくしかも的確な把握、端正な諧調《かいちょう》に、私は酔っていた。これほどの文章を一九歳の少女が亡くなる半年前に書いたと知れば、その夭折は返す返すも惜しまれる。前半の、アイヌが「天真爛漫な稚児のように美しい大自然に抱擁されていた」往時の伸びやかな暮らしと、後半の、先祖伝来の言語が「弱きものと共に消え失《う》せてしまふ」ことへの嘆きの対比は鮮やかだ。民族の大事な財産であるアイヌ神謡《しんよう》をアイヌ語で残そうとした幸恵の切ない思いは、北斗の目指すものと十分に重なったはずだ。幸恵の影響も推測されるところだ。同じ創刊号に北斗は「アイヌの姿」と題し、同族に熱っぽく呼びかける。

同化の過渡期にあるアイヌは嘲笑侮蔑《ちょうしょうぶべつ》も忍び、冷酷《れいこく》に外人扱ひにされてもシャモ（注・和人）を憎めないでゐる。恨《はん》とするよりも尚一層シャモへ憧憬《しょうけい》してゐるとは悲痛ではないか。（中略）アイヌには乃木《のぎ》将軍も居なかった。大《だい》西郷もアイヌにはなかった。一人の偉人をも出してゐないことは限りなく残念である。されど吾人《ごじん》は失望しない。せめてもの誇りは不逞《ふてい》アイヌの一人もなかった事だ。今にアイヌは衷心《ちゅうしん》の欲求にめざめる時期をほほ笑んで待つものである。「水の貴《とうと》きは水なるが為めであり、火の貴きは火なるが為めである」

（権威）

そこに存在の意義がある。鮮人（注・朝鮮人）が鮮人で貴い。アイヌはアイヌで自覚する。シャモはシャモで覚醒《かくせい》する様に、民族が個性に向って伸びて行く為に尊敬するならば、宇宙人類はまさに壮観《そうかん》を呈するであらう。嗚呼《ああ》我等の理想はまだ遠きか。

シャモに隠れて姑息《こそく》な安逸《あんいつ》をむさぼるより、人類生活の正しい発展に寄与せねばならぬ。民族をあげて奮起すべき秋《とき》は来た。今こそ正々堂々「吾れアイヌ也」と叫べよ。

たとひ祖先は恥しきものであってもなくっても、割が悪いとか都合が良いとか云ふ問題ではない。必然表白せないでは居られないからだ。

吾アイヌ！　そこに何の気遅れがあらう。奮起して叫んだこの声の底には先住民族の誇《ほこり》まで潜んでゐるのである。この誇をなげうつの愚を敢てしてはいかぬ。不合理なる侮蔑《ぶべつ》の社会的概念を一蹴《いっしゅう》して、民族としての純真を発揮せよ。公正偉大なる大日本の国本に生きんとする白熱の至情《しじょう》が爆発して「吾れアイヌ也」と絶叫するのだ。

5. 逆境から起ち上がる

現代でも十分に通じる主張だ。北斗版の〝カミング・アウト〟呼びかけ宣言といえる。「全国水平社」運動への尊敬を明かしたことからもわかるように、北斗はそれまでの論者たちより広い視野からアイヌの存在を見つめ直している。人の出自《しゅつじ》や民族で差別することの愚《ぐ》を説く北斗の論理は、極めて明快で普遍《ふへん》性がある。北斗の出現でアイヌの民族復興は質的に一段と深まったといえる。

だが、『コタン』は創刊号で終わる。仲間は樺太へ出稼ぎに出てしまい、創刊号も北斗ともう一人（凸天）の二人で編集した。北斗は平取に一年滞在した後、ガッチャキ（痔）薬の行商をしながら、全道行脚《あんぎゃ》の旅に出る。全道のウタリを訪ね、民族復興の思いをじかに訴えようとしたのだが、反応は決して芳しいものではなかった。しかも北斗は結核が悪化し、二九年（昭和四年）一月、二八歳の若さでこの世を去った。まさに「彗星《すいせい》の如くに現れて、彗星の如く永久に消えて行った」（金田一）逸材《いつざい》だった。

北斗の短歌は技巧に長《た》けたものではなかった。しかし、ストレートな口語に全身全霊の思いをぶつけており、独特の迫力を持って読む者に迫る。彼は「私の短歌」と題してこんな自評をしている。

私の歌はいつも論説の二三句を並べた様にゴツゴツしたもの許《ばか》りである。叙景《じょけい》的なものは至って少ない。一体どうした訳だらう。

公平無私とかありのまゝにとかを常に主張する自分だのに、歌に現はれた所は全くアイヌの宣伝と弁明とに他ならない。それには幾多の情実もあるが、結局現代社会の欠陥が然らしめるのだ。そして住み心地よい北海道、争闘のない世界たらしめたい念願が迸《ほとばし》り出るからである。殊更に作る心算《こころづもり》で個性を無視した虚偽なものは歌ひたくないのだ。

（『コタン』）

彼は自らを「一一州浪人」と称してもいる。道内一一の地方をしがない行商で歩く姿を「浪人」と見たわけだが、そう自称する通り、商売はうまくいかない。

ガッチャキの薬を売ったその金で　十一州を視察する俺
昼飯も食はずに夜も尚歩く　売れない薬で旅する辛さ
「ガッチャキの薬如何」と人の居ない　峠で大きな声出して見る
空腹を抱へて雪の峠越す　違星北斗を哀れと思ふ
ガッチャキの薬をつける術《すべ》なりと　北斗の指は右に左に

最後の一首になると、哀感とともにユーモラスな雰囲気まで醸《かも》している。行商はうまく行かないが、北斗は闘志を燃やし続けた。行く先々で見る同胞の姿は、彼を失望させるものだった。それでもなお絶望せず、彼は現実をしっかりと直視し続ける。

仕方なくあきらめるんだと云ふ心　哀れアイヌを亡ぼした心
泥酔《でいすい》のアイヌを見れば我れながら　義憤《ぎふん》も消えて憎しみの湧《わ》く
アイヌ相手に金儲《もう》けする店だけが　大きくなってコタンさびれ
勇敢を好み悲哀を愛してた　アイヌよアイヌ今何処《どこ》に居る
コタンからコタンを巡るも楽しけれ　絵の旅　詩の旅　伝説の旅

病身をおして行脚《あんぎゃ》する北斗の心は、現実に幻滅をさせられ、見る景色に慰《なぐさ》められ、大きな振幅を繰り返していたことだろう。次の歌は、先の二つが初期のもの、後の三つが臨終《りんじゅう》の二九年一月六日、日記に書き残した絶筆《ぜっぴつ》である。痛々しい落差も感じるが、最後まで希望と情熱を失っていなかったことがわかる。

亡び行くアイヌの為に起つ　アイヌ違星北斗の瞳《ひとみ》輝く
天地に伸びよ　栄えよ　誠もて　アイヌの為めに気を挙げんかな
青春の希望に燃ゆる此の我に　あゝ誰か此の悩みを与へし
いかにして「我世に勝てり」と叫びたる　キリストの如《ごと》安きに居らむ
世の中は何が何やら知らねども　死ぬ事だけはたしかなりけり

5. 逆境から起ち上がる

バチラー・八重子（一八八四〜一九六二）は、胆振《いぶり》の有珠《うす》（現・伊達《だて》市）の首長・向井富蔵（アイヌ名・モコチャロ）と妻フユ（同・フッチセ）の一男四女の次女・フチとして生まれた。富蔵は村に新しいものを次々と取り入れた進歩的な人物で、英国人宣教師バチラーが有珠を最初に訪れて以来、バチラーを陰で支え続けた。八重子は七歳の時、バチラーの洗礼を受けており、富蔵も五五歳で亡くなる数日前に日本人伝道師から洗礼を受けている。

富蔵亡き後、八重子は母の実父に引き取られる。口減らしだった。だが、一年後にはそこを飛び出し、母の元に戻った。その頃、八重子は決定的な出会いを経験する。「アイヌの伝道はアイヌ語で、できればアイヌ自身の手で」と考えていたバチラーは、アイヌ伝道師養成の函館耶蘇《やそ》学校をつくり、全道からアイヌ子弟を集めて教育していた。ここに、後にユーカラ伝承者として有名になる金成《かんなり》マツと妹のナミも入っており、八重子は有珠を訪れた姉妹と出会う。その時の思いを「姉妹のかがみ」と題する小文に表わしている。

私の小さい瞳は三人の西洋人よりも、金成マリヤ（注・姉マツのクリスチャン・ネーム）様に向いて穴のあくほど見つめていました。よく発育された色の白い、立派な、全く聖練されたような、いわゆる神々《こうごう》しい美にうたれた幼《いた》けない私でありましたが、今でも其の時の金成マリヤ様が一つの聖画の様に思ひに浮んで参りますのであります。

（『ウタリの友』一九三三年七月二〇日発行、掛川《かけがわ》源一郎『バチラー八重子の生涯』北海道出版企画センター）

こうして八重子は金成マツに憧《あこが》れ、自分も伝道に生きようと決心する。一八九九年（明治三二年）、彼女は一五歳で、バチラーが札幌の自宅別棟《べつむね》に開設した「アイヌ・ガールズ・ホーム」に身を寄せ、聖書の勉強を始めた。二二歳でバチラー夫妻の養女となり、二四歳から一年間、夫妻とともにイギリスに渡り、帰国後は有珠の教会の伝道師として幌別《ほろべつ》、平取《びらとり》などのコタンを伝道して回った。

この長年の伝道で見聞きし体験した、同族たちの苦しみ、悩み、矛盾《むじゅん》を中心にまとめたのが、歌集『若き同《う》胞《たり》に』（一九三一年、四七歳）である。この年、八重子の周囲では、母が亡くなったのをはじめ、甥《おい》の長女と次女、弟の次男が後を追うなど不幸が続いた。だからこの出版は、「自分が死んだときの墓標《ぼひょう》ができたことをう

5. 逆境から起ち上がる

れしく思った」（『バチラー八重子の生涯』）と日記に書きつけている。

歌集は一一部から構成され、全部で二六五首の和歌が収められているが、半数は『若きウタリに』の中にあり、後半にはアイヌ伝説に題材を得た『アイヌラックル』『カムイサシニ・ユーカラカムイ』などがある。また、国語学者の新村出《しんむらいずる》（『広辞苑』の編者）、国文学者で歌人の佐々木信綱《のぶつな》、アイヌ語学者の金田一《きんだいち》京助という著名人が序文を寄せているのも、目を引く。三人の序文エッセンスを以下に並べてみる。

〔新村〕アイヌの神話とキリストの礼讃《らいさん》とが朴訥《ぼくとつ》な調子に流露《りゅうろ》せられ、敬虔《けいけん》な信仰と純真な感情とが簡素な歌詞に表出《ひょうしゅつ》せられ、それを以《もっ》て我邦の歌人の感興をそそること、一通りではないのであります。作者の郷土愛や、民族愛から出たものが読者に対しては、うらうへ（注・裏表）に言ひしれぬ異国情致をただよはせ、読者はまた、ひたすら深き同情に涙ぐまされて来るのであります。

〔佐々木〕アイヌの婦人にしてわがやまと歌をよくするは、けだし八重子ぬしを始とすべく、同族をおもひ、その前途を憂《うれ》ふる情の痛切なる、予《よ》はおぼえず詠草《えいそう》（注・和歌、俳句などの草稿）の上に幾たびか涙をおとしたりき。辞句《じく》の未《いま》だしきものあり、情感のあらはに過ぐるものなきにしあらざれど、この至純《しじゅん》にして熱誠なる作を、いたづらに世に埋もれしむるは可惜しき（注・惜しむべき）きはみなるをもて、金田一君と謀《はか》り、（以下略）

〔金田一〕現《うつ》し世のいたましさに泣き濡《ぬ》れた八重子女史の目は、砂中に金を拾ふ克明《こくめい》さに同族の上へ慈母《じぼ》の目となって向けられつつあった。そして其の喜びとなって新しい力を盛り返されたのは、同族の古生活が、かつて醞醸《うんじょう》（注・醸成《じょうせい》）していっぱいに蓄積して居た書かれざる文学、口誦《こうしょう》伝承してゐた神話伝説の長大な謡《うた》ひ物、ユーカラの存在を発見したことであった。

美辞麗句《びじれいく》が目立ち、総じて内容に乏しい。八重子の歌がユーカラと出会ったことで深まったことに金田一が触れている以外は、「異国情致をただよはせ」とか「アイヌの婦人にしてわがやまと歌をよくするは」と、何か珍しいものでも見るような眼差《まなざ》しだ。その〝善意〟と〝同情〟の薄っぺらさ加減は、次の中野重治の評と比べると一目瞭然《いちもくりようぜん》だ。

第一に彼女はアイヌである。彼女は彼女の詩を日本語で、日本的なるものの最も強く現れる短歌の形で書いている。日本語および短歌形式は彼女における民族的なものではない。それは滅ぼされつつある民族が、滅ぼしつつある民族から強制的にか恩恵《おんけい》的にか受けたものである。異民族、異種族の文化的形成によることによって、彼女自身の民族的なものは変形を受けている。……それはこの歌集についてみると「古今集《こきん》」的なものとなって出ている。これはこの歌集中詩として最もつまらぬものである。

外から植えつけられた異民族風なものを表現手段としながらそれをつき破っているものが詩として最もすぐれているが、それらはアイヌとしての特性の最も強く現れているものである。……このアイヌ的なものは、詩の形そのものが象徴しているような政治的権利、経済的能力、文化的享受《きようじゆ》を剥奪《はくだつ》された被圧迫民族としてのものである。しぜんそれは反逆的なものである。

（中野重治全集第七巻「控え帳三」覚え書、一九三五年、『バチラー八重子の生涯』）

掛川源一郎は『バチラー八重子の生涯』の中で、「そして彼は、この文章の最後を、『少なくとも彼女は一万二千人ウタリの最後のマキリのひと振りである』と締めくくっている。さすがに卓見《たつけん》であり、社会主義者としての中野重治の面目が躍如《やくじよ》としている」と書き、次の一文を続けている。「歌集発行の昭和六年九月には、満州事変が、その翌年には五・一五事件、つづいて満州国の承認へと、日本軍部は大陸侵攻の野望を強行拡大しつつあった」。

あの国語や国文学の専門家たちに決定的に欠けているのは、社会的な視点と、被圧迫民族の側に自らを置き換えてみる想像力ではないだろうか。学問という蛸壺《たこつぼ》の中に閉じ籠《こも》った人々は、高みから「同情」することは出来ても、強制された異民族の表現手段で自民族の魂を歌わざるを得なかった屈折した苦しみ、それを突き破ろうとした闘争心までは理解できなかったことだろう。私は、中野の卓見に全面的に賛同する。それにしても「最後のマキリのひと振り」とは凄《すご》い。

掛川の分類によると、八重子の歌は、①和人の収奪《しゅうだつ》と圧制にあえぎ、いわれなき差別と偏見《へんけん》に苛《さいな》まれた少数民族の、苦悩と悲憤《ひふん》の叫び、②キリスト者としての歌、③若き同族に呼びかけた歌、④ユーカラ叙事詩に取材した一連の歌――の四種類に分類できるという。このうち、評価が高いのは①と④である。②と③の評判はあまり芳《かんば》しくない。

後者の②ではたとえば「我らがため　赤き血潮を　流されし　キリスト様の　慈愛《じあい》身にしむ」など、③では「貧しくも　コタン愛して　働かむ　父母助け　兄を助けて」などがある。②グループの歌については新谷行《しんやぎょう》も「自然の神に祈るアイヌ民族的色彩がきれいさっぱりと消えている」と指摘し、次のように背景を分析する。

> ジョン・バチェラーの伝道教育が、アイヌ同胞に与えた影響を高く評価するのが常識となっている。しかし、私はその反対である。バチェラーの布教、あるいは教育活動も結果的には日本の教育と同じように、アイヌ精神をその根から断ち切ることになった。それがいいか悪いかを決めるのは、あくまでもアイヌ同胞自身だが、少なくとも、そこに違星北斗《いぼしほくと》がめざした志《こころざし》とはちがった結果が生まれていることは否定できない。
> アイヌ同胞のために活躍した人びとの中に、バチェラーや英国人医師マンローの影響を受けた人が多いが、それは彼等の教えに従ったからというより、彼らの教えをきっかけに、真にアイヌ民族の精神の偉大さを発見することができたからである。八重子の歌も「ユーカラ」という雄大な精神にぶつかった時、はじめて強靱《きょうじん》なものとなり、真にアイヌ同胞の戦いの歌となるのである。
> （新谷行『アイヌ民族抵抗史』三一新書）

詩人であり活動家だった新谷らしい、鋭く、説得力のある分析だ。八重子がユーカラの中で引かれたのは、

「人文神謡」にうたわれる天から降った勇神・アイヌラックル（別称・オイナカムイ）であり、「英雄詞曲」に登場するポイヤウンペだった。前者は、人間に生活の知恵を教え、人間社会を脅かす魔神を滅ぼした勇猛《ゆうもう》なカムイで、アイヌの人々に最も親しまれ敬まわれている存在だ。八重子はアイヌラックルをこう讃《たた》えた。

君舞へば　手下につかふ　雲舞へり　詩舞につれ　拍子とりとり
裾《すそ》燃ゆる　アツシを纏《まと》ひ　ウタリをば　教へたまひし　君慕はしも
ウセモシリ　ポクナモシリを　経《へ》めぐりて　君はことごと　征服せりと
オイナカムイ　救主なれば　ウタリをば　救はせ給《たま》へ　奇《く》しき能《ちから》に
（バチラー八重子『若き同胞に』、『近代民衆の記録5　アイヌ』所収）

一方、ポイヤウンペは侵略する外敵と壮絶《そうぜつ》な戦闘ののち凱旋《がいせん》した若い英雄だ。次の歌に登場するイレスサポはポイヤウンペを幼少時から育てた義姉で、戦闘時には留守を守った。八重子はアイヌ同胞のイレスサポと慕われたという。

イレスサポ　君が御城を　守り居て　待ちわびつらむ　君が帰りを
君が世は　絶えず戦　なりしと聞く　ウタリの骨鳴り　胸さくばかり
はらわたを　引きずりながら　敵国に　君攻め入りて　滅ぼせしとぞ
在りし世に　勇ましかりし　君は今　何処《いずこ》のはてに　いますらむ今

最初に見た②③の、まるで宗教の宣伝チラシか、道徳の教科書にでも載せるのがふさわしいような歌とは、その迫力において雲泥《うんでい》の差がある。最後の歌では、現代のポイヤウンペの出現を待望している思いが痛切に伝わる。きっと同胞アイヌを励まし、奮起《ふんき》させたことだろう。残ったのは①のグループの歌であるが、個人的な好みで言えば、私はこのグループの歌に一番魅力を感じる。八重子の伝道が、ただキリスト教布教だけに目的があったのではなく、違星北斗と志を同じにする面が強かったと思うからだ。そして、歌自体の強さも確かにあると思う。以下は、八重子の代表作ともいえるものばかりだ。

死人さへ　名は生きて在る　ウタリの子に　誰がつけし名ぞ　亡《ほろび》の子とは
野の雄鹿《おじか》　雌鹿《めじか》子鹿の　はてまでも　おのが野原を　追はれしぞ憂《う》き
どん底に　つき落とされし　人々の　登らむ梯子《はしご》　ありなばと思ふ
ふみにじられ　ふみひしがれし　ウタリの名　誰しかこれを　取り返すべき
亡びゆき　一人となるも　ウタリ子よ　こころ落とさで　生きて戦へ

痛切なる思いがどの歌にも溢れている。最後の一首にはユーカラの〝洗礼〟が生きている。ここに来て、中野重治の「アイヌ的なるもの＝反逆的なるもの」という指摘も納得できる気がする。八重子は、支配民族から強制された日本語を逆手に取り、見事に「強制」を反転させ、反攻に転じているのではなかろうか。彼女は一生を独身で伝道とウタリの向上のために尽くし、一九六二年（昭和三七年）四月、旅先の京都で脳溢血で亡くなった。七八歳だった。

5. 逆境から起ち上がる

もう一人の歌人・森竹竹市《もりたけたけいち》（一九〇二～一九七六）は北斗より一つ若い。その生い立ちを、本人がユーモアを交えて文章にしている。大変な辛酸《しんさん》をなめた人生である。

アイヌ古丹《こたん》で有名な白老《しらおい》に生れ幼にして父を失ひ、盲目なる母の手に育てられたる私は義務教育中も春より秋にかけて学校を休み漁場の小僧に雇われて家計を助け、冬期間だけ通学するといふ、貧しいウタリーの多い中にも取りわけ貧しく生立ち、学齢《がくれい》を終へるや浪《なみ》荒き石狩の海に鰊《にしん》獲る群に混り、又或年は年老し母が生前祖先の熊祭を催したいとの願から、古老に頼みて熊狩に連れられ深山の雪穴に三日二晩置き去りにされ、すんでの事に凍死する目に遭《あ》ふ等幼少年時代は筆舌《ひつぜつ》に尽し難い苦難を嘗《な》めたものでした。其の侭《まま》順当にいけば今頃は漁場の船頭か、熊狩の名人として亡び行く民族と言はる、アイヌの名を高からしむる？べきを——運命の神の悪戯《いたずら》からか鉄道界に入り爾来《じらい》（注・その時より）年を閲《えつ》する（注・時間が経過する）事十有六年——殺伐《さつばつ》な事のみを生業とするアイヌ民族に果して綿密なる事務的才能ありや否や——社会より課せられた此の？に応ふべく努力し雇員試験にパスし鉄道教習所に入所して現在は鉄道業務の中堅たる貨物掛を拝命——一萬五千有余の同族の為に「彼等も使へばどんな処にでも使へる民族である」といふ事実を世に示して居る者であります。

（『北海道社会事業』第二八号、一九三四年八月、三六歳、小川正人他編『アイヌ民族　近代の記録』所収、草風館）

彼は一九三七年（昭和一二年、三五歳）、詩と短歌で編んだ『原始林』（『近代民衆の記録5　アイヌ』所収）を著《あらわ》した。戦時色が濃く、アイヌ民族復興を声高に叫べない世相下での出版だった。詩編においてはアイヌの神話や昔話に題材を得たものが多く、ストレートに怒りや嘆きをぶつけたものは少ない。往時《おうじ》への限りない憧憬《しょうけい》を語りながら間接的に思いを伝える作品が多い。だが、次の作品を読んだとき、私は不思議な思いにとらわれた。

メノコの口辺や
手甲《てっこう》の刺青《いれずみ》は次第に減じ
漆黒《しっこく》なるアイヌの頬髯《ほほひげ》は
時世と共に薄らぎて

5. 逆境から起ち上がる

其の容貌《ようぼう》はかはりゆく
雑婚——
混血——
同化——
これをしも滅亡《ほろび》と云ふなら
私は民族の滅亡の
一日も早からん事を希《こいねが》ふ
虐《しいた》げらるる悲憤
堪《た》え難き世人の嘲笑《ちようしよう》
私は可愛い子孫にまで
この憂愁を与へたくない
しかし——アイヌの風貌が
現世《このよ》から没しても
其の血は！
永遠に流るるのだ
日本人の体内に

（「アイヌの血」）

どこかで見たぞという既視《きし》感のような、ここでは「既読感」と言った方がいいのか、そんなものを感じた。それは誰の詩だったか、歌だったか、あるいは言説だったか。こんな思いで、ここまで書いてきた原稿をひっくり返したら、出てきた。武隈《たけくま》徳三郎の『アイヌ物語』である。

武隈は、「『アイヌ』は決して滅亡せず。縦令《たとえ》其の容貌、風習に於て漸次《ぜんじ》旧態を失ふべきも、『アイヌ』の血液の量は必ず減少せず。故《ゆえ》に予は、今後『アイヌ』種族は滅亡するが如きことは無くして、大和人種に同化すべきものなりとの信念を有せり」と訴えた。私はこれを「決して単純な同化を望んでのことではないだろう。追い詰められた者のぎりぎりの抵抗として『血』の継承を持ち出したのではないか」と推測した。武隈の言説と酷似《こくじ》した森竹の詩の真意もまた、これと変わらないはずだ。アイヌの魂まで売り渡そうというのではないのだ。そう気づくことで、森竹の詩歌の勁《つよ》さが理解できる気がする。

森竹が同化を望むようなことを書くのも、それは詩の半ばにある「虐《しいた》げらるる義憤《ぎふん》」「堪え難き世人の嘲笑」があるからだ。自分たちが嘗《な》め尽くした辛苦《しんく》の数々をせめて子供たちの世代には味わせたくないとの思いが、「私は民族の滅亡の一日も早からん事を希《ねが》う」と言わしめているのだ。この屈折した思いは、歌集の序文にも滲《にじ》んでいる。

> 今日の同族は立派な教育を受け、宗教も次第に近代化し、新聞雑誌や凡《あら》ゆる文明機関に依って情操も豊になって参り、自然古来から口伝された宗教様式や伝説等は廃《すた》れ、現存する古老の去った後は、全く之を見聞する事が出来なくなりました。此の過渡期《かとき》に生まれ合はせた自分が、同族の同化向上に喜びの心躍《おど》るを禁じ得ない反面、何か言ひ知れない寂寥《せきりょう》の感に打たれるのをどうする事も出来ないのであります。斯《こ》うした懐古《かいこ》の情が私を馳《か》って、折々古老を訪ねては伝説を聞き、風俗を質《たず》ね、各種の儀式には必ず参列して見聞し、之等《これら》を詩化すると共に、刺戟《しげき》の多い近代社会に於けるアイヌ青年の真情を、赤裸々《せきらら》に告白したのが本書であります。
>
> （『原始林』）

「同族の同化向上に喜びの心躍るを禁じえない反面」の、「反面」以下こそが、森竹の本音部分だろう。「何か言ひ知れない寂寥《せきりょう》の感に打たれ」「斯《こ》うした懐古《かいこ》の情が私を馳って」詩歌を詠ませたのだ。控え目な表現に抑えてはあるが、時代状況、アイヌの置かれた立場を重ね合わせ、丁寧に読み解いてゆけば、アイヌの古代生活の情景を借りて森竹が熱く訴えようとしたものが浮かび上がってくるはずだ。

大きな容器《うつわ》にもられた濁酒《どぶろく》
飲んでウタリは踊るは跳る
くしき歌ぶし打つ手も軽く
秋の夜長をホイヤー、ホイヤ
耳輪は高鳴り環《たま》輝いて
きらめく剣に踊ははずむ
神も喜ぶ踊れや跳れ
秋の夜長をホイヤー、ホイヤ

（「アイヌは踊る」）

5. 逆境から起ち上がる

詩編はこの「アイヌは踊る」から始まり、「水精」「熊祭」「原始生活」「追憶」「ブシの調合」（ブシはトリカブトの毒）と続く。それは知里幸恵が『アイヌ神謡集』の序文で再現した先祖たちの大らかな姿に重なる。森竹はその雄大な世界への憧憬《しょうけい》を、ためらうことなく言葉に変える。

火も水も草木鳥獣
凡てを神として
生活《たつき》した往昔《むかし》の
ウタリ（同族）等

感謝の祈り！
信仰の世界‼
私は凡てを懼《おそ》れ
凡てを敬ひし祖先《みおや》の
原始生活が懐かしい

アイヌは煤《すす》けたク（弓）と
イカヨプ（矢筒）を出して
エキムネ（猟）準備《したく》する
ミチ（父）の秘伝
スルク（猟に使ふ毒）の調合

アイヌは少量《すこし》の
スルクをつまみ舌にのせて
静かに黙す——
メノコは子の騒ぎを手で制す
雪は音もなく積もる

静寂——
彼の全神経は今や

（「原始生活」）

彼の舌の上に集まり
鋭敏なる感覚をもて
スルクを分析する

あの獰猛《どうもう》な熊
牛や馬を一撃で倒す熊を
アイヌは三寸の舌で
感覚で之を斃《たお》す

（「ブシの調合」）

5. 逆境から起ち上がる

毒矢の毒の調合は、父から子へ伝える重要機密で他者には明かさなかった。この緊張感溢れる描写には、勇ましくも緻密《ちみつ》な狩猟民族としての面目が躍如《やくじょ》としている。このように自然を友とし、畏《おそ》れ敬い、共存共栄していたアイヌの暮らしを破壊したのは、先の序文でいえば「立派な教育」であり、「近代化した宗教」であり、「新聞雑誌や凡《あら》ゆる文明機関」なのだ。ここまで「憧憬」と私が表現してきた森竹の思いは、単なる憧れではなく、現実を射抜く毒矢にも変わるのだ。そして、表現がより凝縮された短歌編では、主張がもっとストレートになる。

訪郷の気を滅入《め》らせる指導板「アヽヽヌ部落」に顔をそむける
無知故に差別教育を受けし学校廃されずにある——感慨無量
視察者に珍奇の瞳《ひとみ》みはらせて「土人学校」に子等は本読む
この儘《まま》に放ってよいのか次々と胸の病にウタリ斃《たお》れて

丹田《たんでん》に力を罩《こ》めて胸を張りウタリの為にと堅く手握る
秀才と言はれるウタリ何処でも病弱なのを聞いて悲しむ

（以上「高らかに叫ぶ」より）

土地還るその喜びをウタリ等と共に祝ふて迎へる初春
憧憬の近文コタンを訪ね来てウタリと語る――夕べ楽しき
喜んで迎ふウタリと其の夜は飲んで踊った暁近くまで

（以上「近文を訪ねて」より）

髯剃《ひげそ》らぬ日は対碁にも負け続く醜くき容貌《かお》に心おぢけて
長髯に偉容誇りしエカシ等の子孫は髯に悩む世の中
ユーモアに皆を笑はす朗らかさ髯剃った日の爽快な気分

（以上「髯剃った日」）

差別的な「土人学校」や観光部落、「期待の星」が次々と早世《そうせい》してしまう現実、古老らが誇りとした髯に苛《さいな》まれる日々――そんな中で、近文アイヌらの果敢な闘いが森竹をも力づけていたことがわかる。彼は、戦後再建された北海道アイヌ協会の機関紙『北の光』創刊号（一九四八年）に、違星北斗の主張とも通じる「アイヌ宣言」を展開している。日本の敗戦で軛《くびき》から解かれた森竹は、もう憚《はばか》ることなく本音を語っているのである。

天孫降臨《てんそんこうりん》＝即ち天孫民族と自称する和人共が日本へ上陸前から日本を占有して居た真正日本人は我々アイヌ民族であったのである。然《しか》るに此の先住人たる我々アイヌが何故今日猶《なお》其の大半が原始生活を営んで居らなければならないのか？　其は只単に優勝劣敗と云ふ抽象論に依って片付け得られぬ深刻な問題である。侵略――迫害圧迫――無智政策――搾取等々、算《かぞ》へ来れば我々をして今日の逆境に堕《おと》し入れた原因は種々あろう。だが其の何れもが往時の為政者の罪悪であり社会の欠陥である。けれど死児《しご》のよわいを数ふるの愚は止めよう。私共アイヌ民族は、自分達こそは真正日本人である自覚の下にアイヌ民族の誇をもって平和日本建設の為にスタートを切ろう。嘗《かつ》て侮蔑《ぶべつ》の代名詞として冠《かん》せられたアイヌ——自分達もさう呼ばれる事に依って限りない侮辱感を抱かされた此の民族称を、今度こそ誇を以て堂々名乗って歩かう。

（森竹「アイヌ民族の明確化」、『北の光』、『近代の記録5　アイヌ』所収）

5. 逆境から起ち上がる

◆知里幸恵と真志保

知里《ちり》幸恵《ゆきえ》（一九〇三〜一九二二）と真志保《ましほ》（一九〇九〜一九六一）のきょうだいは、アイヌ口承《こうしょう》文学とアイヌ語の研究に優れた業績を残した。二人は胆振・幌別（現・登別市幌別）で高吉《たかきち》、ナミ夫妻の長女と次男として生まれた。母・ナミは、アイヌ歌人のバチラー・八重子が憧れた伝道師・金成マツの妹である。マツ、ナミ姉妹は、ジョン・バチラーらがつくった「函館愛隣学校」で学んだクリスチャンだった。

幸恵については、違星北斗の項で『アイヌ神謡集』の美しい序文を引用しておいた。北斗が同人誌で幸恵の夭折《ようせつ》を心の底から惜しみ、その北斗に姉のように慕われた八重子が幸恵の伯母《おば》の金成マツに憧れて伝道の道へ入るなど、この時期に綺羅星《きらぼし》の如くに才能を発揮した人たちは現実の上でも、お互いに強い結びつきを持っていた。八重子と幸恵の間にも印象的な出会いがあった。八重子が幌別のナミ宅を訪問した時のこと。二一歳の八重子に三歳の幸恵が、「私は明治何年何月何日生まれの知里幸恵と申す者です」ときちんと挨拶《あいさつ》し、その利発さと躾《しつけ》のよさに、八重子が驚いたという。

その三年後、幸恵は六歳で伯母マツ宅に引き取られている。一九〇九年（明治四二年）春、伝道師のマツは平取から旭川・近文へ転任した。あの給与予定地紛争のあったコタンであり、第二次紛争のころだ。幸恵がマツの元に身を寄せたのは、この年秋である。幸恵はここで小学校へ上がり、旭川区立女子職業学校へ進学し、多感な少女時代の一三年間を送った。伯母マツ、祖母モナシノウク（金田一京助が「私が会ったアイヌの最後の最大の叙事詩人」と言った人）に育てられてアイヌの口承文学を学んだことが、幸恵の天分開花に大きな影響を与えたことは間違いない。

だが、幼い幸恵の旭川行きには、複雑な背景があったようだ。在野の研究者・藤本英夫は幸恵の評伝『銀のしずく降る降る』（新潮選書）で、これには父高吉の鉄砲事故がからんでいたのではないかと推測している。一九〇六年（明治三九年）、高吉が村の共同牧場で笹竹の子をとっていた人を鉄砲で誤射《ごしゃ》してしまい、撃たれた人は致命傷《ちめいしょう》ではなかったけれど、それがもとで数か月後に亡くなったという事件だ。高吉が日露戦争から帰って間もなくのことで、翌一九〇七年（明治四〇年）に長男・高央《たかなか》（一九〇七〜一九六五。小樽高商・現小樽商大卒後、中学、高校で英語教師を務め、著書に『アイヌ語彙《ごい》記録』がある）が生まれ、続いて一九〇九年（同四二年）には真志保も誕生、事故の補償もかさなって経済的に重荷になっていたのだろうというのだ。

一九一八年（大正七年）夏、マツに預けられていた幸恵に、有名な「近文の一夜」が訪れる。新進気鋭のアイヌ研究者として認められつつあった金田一京助が、モナシノウクに会うためにマツ宅に立ち寄ったのだ。金田一は三六歳、幸恵は一五歳で女子職業学校の二年生だった。電気もない貧しいマツ宅でランプを灯《とも》し、四人が炉を囲んでアイヌの言葉や伝説、今昔咄《こんじゃくばなし》などを話題に談笑にふけった。初対面ながらすっかり打ち解け、その夜、金田一はマツ宅に泊まっている。第一次世界大戦がこの年一一月に終わっているが、八月にはシベリア出兵にからんで米価が騰貴《とうき》して米騒動《こめそうどう》が広がるなど、世情が騒然としていた。マツ一家は遠来の客をもてなす食料もなく、悟られないようにアイヌ語で内輪話をしていたのが実は筒抜けで、恐縮した金田一がジャガイモを所望《しょもう》したという話が残っている。

この四人の出会いが幸恵だけにとどまらず、日本のアイヌ研究に大きな意味を持ったことを、藤本は次のように書いている。

この「近文の一夜」は、その後の知里家にとって重要な意味をもっていた。幸恵の短い生涯を宿命的なものにしたし、また、さらに弟の真志保の一生をも決定することになり、マツが筆録《ひつろく》するユーカラ・ノートのことをも考えると、この一夜は、知里家だけでなく、アイヌ研究史にとっても忘れがたい夜といえるのかもしれない。

（藤本英夫『銀のしずく降る降る』新潮選書）

金田一はこの出会いですぐ、幸恵の非凡《ひぼん》な才能に注目した。二人はしばらく手紙でやりとりを続け、金田一の勧めに応じて幸恵はアイヌ神謡の日本語翻訳に取りかかる。これがローマ字表記の、幸恵独自の工夫が凝らされた原文対訳につながるのだが、驚くことにこれに取りかかるまで彼女はローマ字が書けなかったという。幸恵は仕事に向かう気持を、金田一にこう書き送っている。

5. 逆境から起ち上がる

私はローマ字を学校では教はりませんでしたので、読むにはよみますが、書くことが出来ませんのです。それで此の間から練習をして居りますが、なか〳〵書けません。今暫《しばら》くして少し書けるやうになりましたら、すぐにアイヌ語を書く事にいたします。私は後世の学者へのおきみやげなどといふ大きな事は出来ませんけれど、ただ山程もある昔からのいろ〳〵な伝説、そういふものが生存競争のはげしさにたえかねてほろびゆく私等アイヌ種族と共になくなってしまふことは、私たちにとってはほんとうに悲しい事なので御座います。ですからさういふ事を研究して下さる先生方には私たちは、ふかい〳〵感謝の念をもってゐるので御座います。私の書きます中のウエペケレ（注・物語）の一つでもが、先生の御研究の少しの足しにでもなる事が出来ますならば、それより嬉しい事は御座いません。そのつもりで私の知ってゐる事は何でも、オイナ（注・口伝えの神話）でもユカラ（注・伝承叙事詩）でも何でも書かふと思ふて、それをたのしみに毎日、ローマ字を練習して居ります。あのノートブック一ぱいに書きをへるまで幾月かゝるかわかりませんけれど、きっと書きます。

（『銀のしずく降る降る』）

「後世の学者へのおきみやげ」というのは、金田一が幸恵に希望したことだ。だが、幸恵はそんなことより、アイヌの文化的財産が「なくなってしまふことは、私たちにとってはほんとうに悲しい事」と、より切実な思いを訴えている。この思いがあってこそ、ローマ字のイロハから独習し、命を削る思いで翻訳に打ち込んだのだ。一九二二年（大正一一年）五月、幸恵は金田一の再三の誘いにようやく応じて上京し、研究を手伝い始める。幸恵の才能は金田一の研究を飛躍的に進展させたようだ。「故知里幸恵さんの追憶」という文章に、こう書いている。

私の書斎にいてもらって、アイヌ語の先生になってもらうと同時に、私からは英語を教えてあげつつ、お互いに教えつ教わりつして、本当にお互いに心から理解し合って入神《にゅうしん》の交《まじわ》りをしました。涙を流してアイヌ種族の運命を語り合うことなどが習慣のようになりました。併《しか》し、幸恵さんは何時でもその悲しみの嗚咽《おえつ》の下から、感謝の祈りを神に捧げ捧げされました。（同）

「入神の交り」とまで言わせた幸恵との交流は、金田一にとっては天啓といってもよいものだろう。幸恵の天才ぶりについて、金田一はいろいろと書き残している。たとえば、アイヌ語の動詞にある複数形を金田一が使うと幸恵がいつでも直した。不思議がる金田一に幸恵は、「はっきり一人じゃないとわかっているのに複数形を使うと、『馬から落馬』と同じ言い方です」と言って、ふんだんな例を挙げて説明してくれたという。

また、単語の綴《つづ》りの終わり方にも、幸恵の独創的な工夫があった。それまではバチラーの辞典の綴りにならって金田一らも「ｙｕｋａｒａ」と書いていたところを、幸恵は「ｙｕｋａｒ」と書いたのだ。これには金田一はすっかり感服してしまうのだが、「ａ」をつけないのがなぜ優れているかを、藤本は、幸恵の弟の真志保の『アイヌ語入門』の説くところを借りて、次のように説明している。

アイヌ語には、日本語とちがって、閉音節がふんだんにあるが、たとえば、閉音節の尾音の—rは、それに実在しない母音を加えてユーカラをyukaraとかく人がある。これは間違いであって、らraと聞こえたのは、直前の母音のaが響いたからである。この場合、語尾のaはアイヌの意識には存在しないものである、というのである。（同）

5. 逆境から起ち上がる

母語としてアイヌ語を話す人ならではの工夫であり、それを独習したローマ字で見事に表記した幸恵の、卓《たく》越《えつ》した語学的才能を象徴する話だ。わずか一九歳の、特別な教育も受けていないアイヌ女性が、やがて学界の頂点に立つ気鋭学者の「先生」となったのだから驚くし、痛快でさえある。「私が一〇年わからずにいた難問題を捕えて、幸恵さんに聞くと、実に、袋の中の物を取り出すように、立派に説明してくれる」と感謝されたという。だが惜しいことに、幸恵は上京五か月後の一九二二年（大正一一年）九月、心臓病で急逝《きゅうせい》した。今、岩波文庫で手軽に入手できる『アイヌ神謡集』は、アイヌ自身が文章化して市販された、最初のカムイユーカラといわれている。

弟の真志保も、高等科一年の時に、旭川の伯母マツのもとに身を寄せている。父高吉が弟の詐欺《さぎ》事件に巻き込まれて有罪になるという家庭の事情が背景にあったのではないか、と藤本は推測している。その後の真志保は一高、東京帝国大学（文学部）というエリートコースを進み、やがて北大文学部教授になった。一九五五年（昭和三〇年）には、名著『分類アイヌ語辞典』出版の功績で朝日文化賞を受賞、学者としての名声を確立した。だが、そこに至るまでの道のりは苦労の連続だった。一高入学時の象徴的エピソードを、藤本が『知里真志保の生涯』（新潮選書）の中で披露《ひろう》している。

それによると、一九三〇年（昭和五年）、真志保が受けた一高入試試験の日本史第一問は「蝦夷《えぞ》征服の経過を記せ」だった。怒った彼は、自分の顔を書いて「この人をみよ」と書いておいたという。一高の寮で同室となり、この話を本人から聞いたという作家の杉浦明平《みんぺい》は、真志保が亡くなって間もない六一年（昭和三六年）八月三日の『北海道新聞』に「知里博士とわたし」と題し、寮での似たような体験も紹介している。

寮での自己紹介のときIという男が、「知里君、北海道ならアイヌを見たかい」と高い声でどなった。するとみ知里はむっとして、「アイヌが見たかったら、このおれがアイヌだよ」と答えて、からだをIの方へ乗りだした。

（『知里真志保の生涯』）

こんなことの連続だったようだ。藤本によれば、真志保の父高吉も軍隊で同じ目に遭っている。高吉は日露戦争に輜重兵《しちょうへい》として従軍した。輜重兵は糧食《りょうしょく》・被服・武器・弾薬などを輸送する兵で、裏方として軽んじられていたが、高吉はこの戦争の後に金鵄勲章《きんしくんしょう》をもらっている。相当に高い生命の危険がないともらえない勲章である。その彼が、旅順《りょじゅん》の攻撃に参加する時の話である。

旅順にいく途中、広島で集結したときのこと。高吉は上官から、「お前はどこからきた」と、聞かれた。「北海道だ」と答えると、「北海道にはアイヌが多いというが、アイヌとはどんな人間か」と聞く。「この俺がそうだ」というと、上官は、「そうか、日本人となにも変わらんな」といいながら、まじまじと彼の顔をのぞきこんでいた。

（『銀のしずく降る降る』）

親子二代にわたっての酷似《こくじ》体験であるが、このような例は他のアイヌの人たちの話にもふんだんに出てくる。無知にもとづく剥《む》き出しの好奇心が、アイヌに容赦《ようしゃ》なく向けられていたのだ。こうした体験を克服しながら学問を極めた真志保は、非アイヌの先学や同輩研究者らに火のように熱い批判を向けた。一九五六年（昭和三一年）に出した『アイヌ語入門』（楡《にれ》書房）は、とりわけ舌鋒《ぜっぽう》が鋭い。

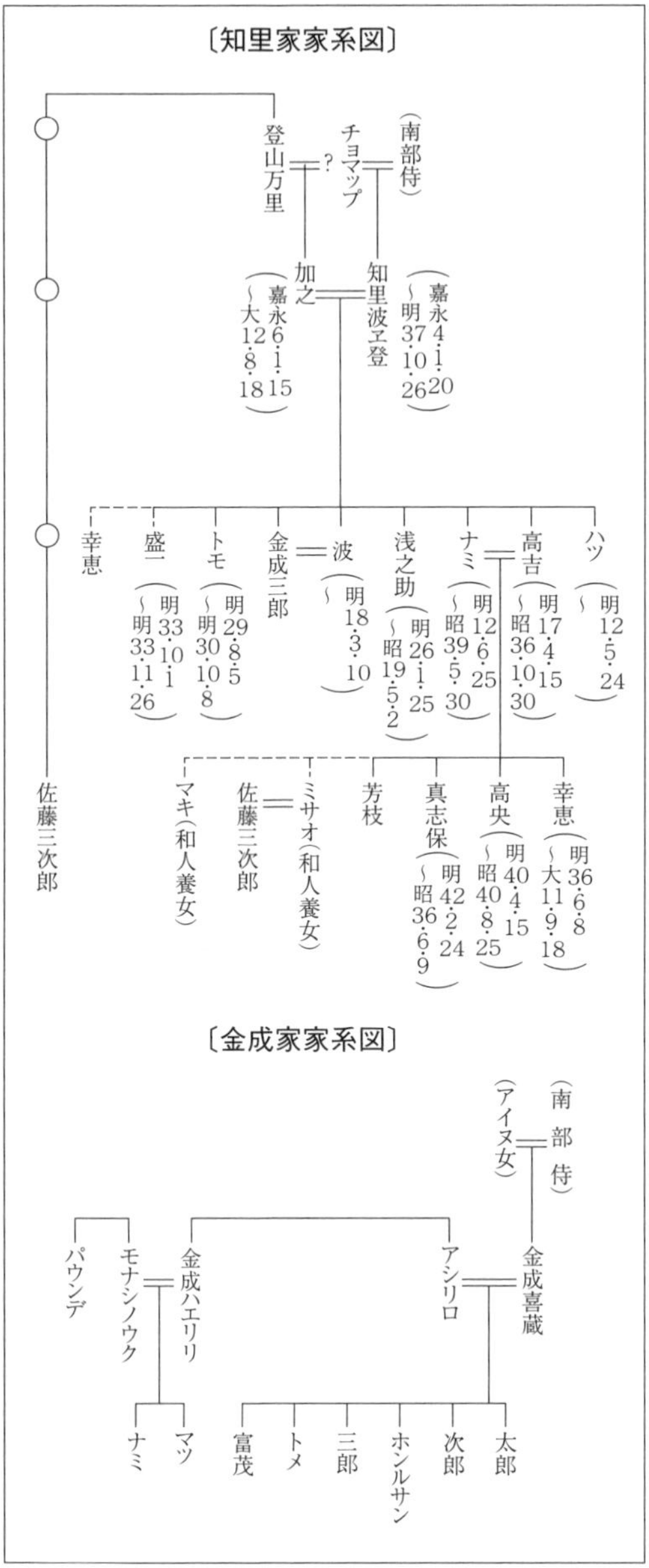

出所）藤本英夫『知里真志保の生涯』新潮選書

この本の第四章では「メイ（?）著『北海道蝦夷語地名解《かい》』」と題し、道庁の役人から研究者となった永田方正の『北海道蝦夷語地名解』を徹底的にこきおろしている。その批判に入る前に、真志保の恩師でもある金田一京助が同書を高く評価したことも紹介している。「八年の歳月を費し、殆《ほとん》ど全道に亘って具《つぶ》さに古音を尋ね、地形を考え、土地の古老の説を参考して一語苟《いやし》くもせざる本当に血の出るような本である」といった具合なのだが、それを受けて真志保は次のように展開する。

「一語いやしくもせざる本当に血の出るような本である」かどうかは、本章を読み終わったあとで読者諸氏にゆっくりと御判断願うこととして、この本は当時としてはやはり名著の名に恥じない立派な本であったとわたくしも思う。しかし、今のわたくしどもの目から見れば、ずいぶん多くの欠陥が目につく。それらの欠陥の中には、地名解としてまさにチメイ的欠陥も多いのである。そういう欠陥のある所を充分にわきまえている人には、この本は依然としてメイ著——立派な本という意味の名著として、今なお参照の価値をもつだろう。しかしながら、そういうチメイ的な多くの欠陥のあることを知らずして、この本の説くことだからと一もなく二もなくそれを信用して鵜呑《うの》みにするならば、この本は俄然《がぜん》、人を迷わせる本という意味のメイ著——迷著に堕《だ》してしまうにちがいない。

（知里真志保『アイヌ語入門』）

ご丁寧《ていねい》に「迷わせる本」の所に＊印で脚注《きゃくちゅう》をつけ、「柳田国男先生などもこれに迷わされた一人である」と具体的な例を挙げている。さらに、この後には「でっちあげられた幽霊《ゆうれい》地名」「連声《れんじょう》の約束など蹴《け》とばし」「音《おん》韻《いん》変化のきまりなど踏みにじり」「閉音節《へいおんせつ》はどしどし開音節にして」など、専門的な批判に入り、完膚《かんぷ》なきまで欠陥をあばいている。そして、批判は永田方正にとどまらず、バチラーの『蝦・和・英辞典』の欠陥も突き、イニシャルながら友人の学者河野広道《こうのひろみち》や詩人の更科源蔵《さらしなげんぞう》も批判の対象にされている。さらには、『アイヌ語分類辞典』では恩師・金田一京助までも俎上《そじょう》に載せられている。

向かうところ敵なしと言ったらよいのか、逆に、敵ばかりと言ったらよいのか、いずれにせよ快刀乱麻《かいとうらんま》の切れ味である。この永田本批判については、本多貢《みつぎ》『北海道地名漢字解』（北海道新聞社）の中に面白いエピソードが紹介されている。アイヌ語地名研究の第一人者だった山田秀三が、「知里さんは、私と一緒に地名調べに行く時はいつでも永田本を持っていた。〝迷著〟だとけなしているのに、と言ったら『よく知っているものが使えば良い本だ』といっていた」と教えてくれたそうだ。まるで笑い話である。

だが、その批判は単に感情的に発せられたものではなかった。アイヌの生存を支えた川や植物などの自然に対するアイヌの根本的考え方、生き方を無視した解釈などを、徹底的に叩いたのである。「アイヌの研究はアイヌの手で」という違星北斗ら同胞の期待と同じ望みを、真志保も持っていた。その思いを踏みにじるようなエセ解釈を嫌ったのだ。彼が『アイヌ語入門』などで見せた戦闘性について、若き日のノーベル賞作家大江健三郎が『文芸』（一九六七年三月号）でこんな好意的批評をしている。

知里博士が戦いをいどみ、そして絶対に全滅させる敵は、一般的にはよきアイヌ理解者と目されている学者たちである。博士はそうしたアイヌ理解者の精神の奥底にアイヌへの見くびりや、安易な手をぬいた研究態度を見つけだしてそれを叩きつける。しかもその怒りの声の背後からは切実な悲しみの声も聞こえてきて、それはわれわれをうたずにはいない。

（『知里真志保の生涯』）

その大江の「欺瞞性《ぎまんせい》」を折りにつけ批判しているジャーナリスト・本多勝一《かついち》が、藤本の『知里真志保の生涯』裏表紙に推薦《すいせん》文を書いている。これまた、真志保の一面を実に的確に掬《すく》い取っているので、引用させてもらう。

アイヌ民族出身の英才・知里真志保北大教授は、被圧迫少数民族としての反体制側に自動的に属していた。それが旧帝大の教授に迎えられながら、よくある「体制側への転向《てんこう》知識人」にどうしてもなれず、かといって反体制に徹して民族的アイデンティティを確立する方向へもゆけず、苦悩の日々のうちに学業なかばに憤死《ふんし》する。民族の血の怒りと、民族に徹しえぬ自分自身への怒り。それはアイヌ民族全体が何世紀も抱いてきた苦悩や矛盾を一身に凝縮《ぎようしゆく》したようなものであった。

真志保の苦悩は、この引き裂かれ状態にあったのかもしれない。藤本はこの本を書くために北大図書館内の「知里文庫」で真志保の蔵書を繰っているときに、こんな一片《いつぺん》のメモを見つけ出している。「アイヌ協会〇〇支部総会、於〇〇宅。会ヒ二五〇。ただ投げたようなもの。宴会ごとにこの連中の精神の低さが目につく。今年は酒の席はできるだけ避けたい」。これは戦後のことだが、同胞に対してもこうだったとしたら、ましてや学界の中に真志保が心を許せる友はいなかったことだろう。真志保もまた心臓疾患により、五二歳でこの世を去った。

◆アイヌ協会設立へ

大正の後半から昭和のはじめにかけてアイヌ民族内部で多彩な才能が開花し始め、和人の差別・偏見を厳しく批判するとともに、同胞の自覚を求める機運が高まってきた。その動きは組織化へ向かう。

一九二七年（昭和二年）、帯広町（現・帯広市）伏古《ふしこ》の伏根弘三《ふしねこうぞう》ら十勝の青年アイヌが中心となって「十勝旭明《とかちきょくめい》社」を結成した。ただし、社長には帯広町役場吏員から河西《かさい》支庁第一課社会係主任に転じていた喜多章明《きたまさあき》が就いたことからもわかるように、道庁の肝入《きもい》りでつくられたものだった。同社はアイヌ民族の教化と生活改善を目的とし、具体的事業として講演会、農事講習会、弁論大会などを開いた。これが刺激となって、十勝地方の幕別《まくべつ》村、池田町、士幌《しほろ》村などで各種の教化団体が誕生している。

一九三〇年（同五年）、「十勝旭明社」を母体にアイヌ民族初の全道的組織「北海道アイヌ協会」が生まれた。これも、この年に道庁社会課に転任した喜多が会長におさまっており、喜多の働きかけによる面が強かった。こんな道庁主導に反発してか、当時、近文の給与予定地問題（第三次紛争）で道庁と対立していた旭川のアイヌは参加しなかった。

同協会の機関誌が『蝦夷の光』で、同年一一月五日付で創刊されている。創刊号の編集人も喜多が務め、彼と、彼の上司・竹谷源太郎の二人の文章が巻頭に置かれ、その後に各地のアイヌ代表の文章が並んでいる。釧路の小信小太郎「同族の喚起を促す」、十勝の吉田菊太郎「後進青年諸子に禁酒を勧む」、胆振の向井山雄《やまお》（バチラー・八重子の弟で、牧師）「教育なき者は亡びる　アイヌ人には教育が急務」という題からもわかるように、アイヌの自主的な教化、生活改善を全道的に連携して進めようというのが、協会の大きな目的であった。だが、喜多の巻頭言にはやや異質な要素も含まれる。

　吾人《ごじん》（注・喜多）は常に斯《かか》る社会的疾患の尠《すくな》からんことを思念するものであるが、社会の実情は之に反して、吾人の顔を顰蹙《ひんしゅく》せしむべき事柄の続出するを悲しむものである。見よ、現時社会の各方面に起れる忌むべき事象を。殺人、強盗、不義、不正、左傾《さけい》団の出没等枚挙すれば遑《いとま》がない。世人《せじん》は、酒呑みと低能がアイヌ民族の専売特許の如き概念を有せられるが、果して何人が酒呑みと低能がアイヌ人にのみ有する習癖と言ひ得ようか。寧《むし》ろアイヌ人には一の難波大助なく、一の左傾犯を出さず、未だ同族中より乞食《こじき》の徒を出さゞる点に於て消極的に一歩の長を誇るものである。

（中略）

　本誌は即ち此使命を担《にな》ふて生れ出た。将来同族青年の修養上の友となり、旁々《かたがた》道内各コタン方面の紹介機関となり、共に相携《あいたずさ》へて進歩向上の道を辿《たど》らうとするものである。そして、延《ひ》いては忠良なる臣民となり完全なる社会人となって、既往《きおう》多年に亘《わた》る御仁慈《ごじんじ》に報ひん事を思念するものである。

（『蝦夷の光』創刊号、『近代民衆の記録5　アイヌ』所収）

「左傾犯」を出さないことと、「乞食の徒」を出さないことを同列に論じ、それが素晴らしいのだと強調し、さらには「忠良なる臣民」から「完全なる社会人」となって「多年に亘る御仁慈に報ひん事」を願うというのだ。喜多、あるいは道庁側の意図が、協会活動を通じてアイヌの左傾化を防ぎ、明治維新以来の「忠良なる臣民」化を推進することにあったことは間違いないだろう。

『蝦夷の光』は翌年三月発行の第二号から「編集兼発行人」がアイヌの吉田菊太郎に変わったが、第四号で廃刊されている。吉田は、違星北斗、辺泥和郎《べてわろう》とともに「アイヌ一貫同盟」を名乗って、全道を回って同胞に奮起を呼びかけた人物である。機関誌はまさしく、俗に言う「三号雑誌」に終わってしまったが、そこに載せられたアイヌの声には注目すべきものもあった。二人の意見を紹介しておきたい。

或学者は多年に亘って、吾々《われわれ》を材料として人類学を研究し、又学者は吾々を人類学の標本として保存したい等と言ふ事を白昼公然と高言してゐる。人類学術の研究固《もと》よりよし。吾々は研究其ものに対して異存を有するものではないが、識者の脳裡《のうり》に潜在する一種の研究材料的、動物的心象《しんしょう》に対して満腔《まんこう》の遺憾《いかん》を表わするものである。吾吾は僭越《せんえつ》乍《なが》ら人間であって物的研究材料ではない。多数民族と少数民族との差に依って和人に比して聊《いささ》か遅れをとってゐるけれど若《も》し同一の環境、即ち同じ文化、同じ社会組織、同じ伝統同じ数的勢力範囲に於て競争した時に、優劣果して何《いず》れにあらうぞ。

（中略）

もうアイヌ救済の名は真平《まつぴら》だ。殊に名をアイヌ救済の美名に仮りて、其実他に事を構ふる様な偽《にせ》社会事業家の存在は希望せぬ。吾吾は今何を求む？　夫《そ》れは世人の誠意のみ。ウタリーよ、前号に言った様に、斯《か》く叫ぶと共に自己の改造に猛進しようではないか。「精神一到《いっとう》何事か成らざらん」此意気を以て直進しよう。萎縮退嬰《いしゆくたいえい》、長蛇《ちようだ》の迷夢《めいむ》より覚醒《かくせい》して――。起《た》たう、ウタリーよ。何時《いつ》迄も学者の研究材料たる勿れ。劣等民族の代名詞たる勿れ――。さらばウタリー。

（小信小太郎「いつまでも学者の研究材料たる勿れ」、『蝦夷の光』第二号）

アイヌとしての自信さえ感じさせる文章だ。小信は、アイヌを研究対象とした学問、とりわけ人類学について批判の矛先《ほこさき》を向け、研究そのものより学者の姿勢を問題にしている。だが、小信がそのように一歩引いて「研究其のものに対して異存を有するものではないが」と言った人類学や民族学は、今、学問自体に内在する差別性が問われている。学者が悪いという以前に、学問自体に誤りがあるというのだ。この点については、次

5. 逆境から起ち上がる

章で一項を立てて他の事例とともに論じたい。ここでは、既に昭和の始めに小信の先駆的な問題提起があったことを、押さえておくにとどめる。もう一人の論者は貝沢正《かいざわただし》である。小信が「もうアイヌ救済の名は真平だ」と訴えたのに呼応するように、旧土人保護法の存在に疑問を投げかけている。

　農業に従事せざる者は何等の保護がなきのみならず、和人には十町歩を給与し乍《なが》ら、保護民たる土人に対し五町歩しか給与しないと言ふ理由は如何《いかが》なるものでありませう。殊に適農地であるべき給与地が往々《おうおう》山岳湖沼であって、如何《いか》に人工を加ふるも開墾が出来ず、其儘《そのまま》にしてゐる間に成功期間が満了して没収処分に付されつゝあるのを見る時に私は余りの不合理を叫ばざるを得ませぬ。そして再下附を出願すると、お前達は農事に不熱心であるからやらぬ、と言って一蹴《いしゅう》されまするし、一般規定に依って出願をすればお前達には特別の保護法があるから一般規定に依って土地をやる事はならぬと言って一蹴されます。強いて求めれば保護民に理屈を言ふ権利なしと言ふ権幕《けんまく》、本当に私共は保護法がある為めに非常に迷惑を蒙《こうむ》る事があります。以上観じ来れば現行保護法は吾々の向上を阻害し、経済生活の進歩を阻害するものと存じまするが故に、速《すみ》やかに撤廃《てっぱい》されん事を希望するのであります。

（貝沢正「土人保護施設改正に就いて」、同）

後に「二風谷ダム」用地買収に萱野茂とともに闘った貝沢正、二〇歳の時の文章である。
また三一年（昭和六年）八月二日には札幌市内の堯祐《ぎょうゆう》幼稚園で第一回全道青年アイヌ大会が開かれている。これはジョン・バチラーが主催したもので、全道から七八人の青年アイヌが集まった。この大会を報じた新聞の見出しは、大会の熱気をそのまま字にしたようなものが多い（『アイヌ民族近代の記録』所収）。

「アイヌの声　彼等の代表は叫ぶ　現在の差別待遇」（『東京日日新聞』北海道樺太版）

「伸びんとする民族意識に　焔《ほのお》と燃えた反撥心《はんぱつしん》　アイヌ大会に数々の絶叫」（『報知新聞』北海道樺太版）

「若きアイヌは叫ぶ　全道一八ケ所に支部を設け　保護法の改正運動」（『東京朝日新聞』北海道樺太版）

『東京日日新聞』は発表者七人の意見要約を、紹介している。いずれも各地で活躍しているメンバーであり、その名前と見出しを見ただけで、大会の熱い雰囲気が伝わってくるようだ。以下に並べてみる。

「普通教育普及が先決問題」浦河・小川佐助
「禁酒が第一だ」帯広・伏根弘三
「差別待遇撤廃」伊達・向井山雄
「土人学校廃止」門別・森竹竹市
「曲解をおそる」旭川・川村才登《さいと》
「自己完成に努力」美幌・貫塩《ぬきしお》喜蔵
「日本人として取り扱へ」音更《おとふけ》・早川政太郎

先の貝沢の論にも、そして青年の主張にも見られるように、もうこの時期にはアイヌの間で「北海道旧土人保護法」は不要であるとの主張が高まってきていた。残念ながら完全撤廃まではまだまだ長い年月が必要だったが、この機運は同法の大幅な改正へとつながってゆく。

改正運動は、ちょうど近文給与予定地の第三次紛争の運動と重なり、全道のアイヌ勢力が大きく結集されていった。アイヌ代表らは上京し、各界に陳情して回るとともに、道内でも活発に世論を喚起した。この動きに道庁も押され、一九三五年（昭和一〇年）七月には札幌市内のホテルで「旧土人保護施設改善座談会」を開いている。

座談会には、道内の学者（ジョン・バチラー、犬飼《いぬかい》哲夫、河野広道、高倉新一郎ら）、教育者（吉田巌《いわお》、白井柳次郎ら）、アイヌが多く住む町村の長、役場吏員《りいん》（静内、厚岸《あつけし》、美幌、白老、平取など）、アイヌ代表（幕別・吉田菊太郎、静内・森竹竹市、浦河・小川佐助、伊達・向井山雄、荻伏《おぎふし》・江賀《えが》寅三ら）が集められ、アイヌの生活実態から差別問題、「北海道旧土人保護法」の問題点などが活発に話し合われた。この意見も汲《く》み上げて、道庁は「北海道旧土人保護法」の改正要綱づくりにかかり、国会に法案を上程、三七年（同一二年）三月、一部改正にこぎつけた。これには、国会周辺にアイヌのデモ隊が繰り出し、マスコミが珍しがってどっと駆けつける一幕もあったという。

主な改正点は、①第二条の所有権制限条項の適用除外例を追加し、下付から一五年を経て没収されなかった給与地は、道庁長官の許可を受ければ譲渡と物件の設定ができるようになった、②第四条の「農具及び種子」を「生業に要する器具」と変え、農業だけへの助成から職業一般へ拡大した、③第七条の「授業料」を「学資」と変え、育英制度に切り換えた、④第七条に「不良住宅改善資金」と「保護施設」への補助を追加した、⑤第九条の「旧土人小学校」設置条項を廃止した——といったものである。

勧農《かんのう》一本の助成策から文化経済的助成へと、重点を移した内容である。農業だけをことさらに推奨《すいしょう》しなくなり、「旧土人小学校」も廃止されたということは、維新政府以来一貫して強力に推進してきた「農耕民族化」「皇国の臣民化」による同化がそれなりに達成されたという判断が、為政者側にあったからといえる。ちなみに、③の育英資金が適用された第一号は、知里高央（小樽高商）、真志保（東京帝大）の兄弟だった。

しかし、国と道庁側の判断はそうであったかもしれないが、アイヌ側の意気はいよいよ揚がっていった。残念なのは、こうした高揚が、日中戦争（一九三七年）、第二次世界大戦（三九年）、太平洋戦争（四一年）と泥沼的に戦争が拡大するとともに、消沈《しょうちん》させられていったことである。もちろん、これはアイヌの運動に限ったことではないが、すべてが戦争一色に塗り込められた体制下、アイヌ民族の真の覚醒《かくせい》は日本の敗戦を待たなければならなかった。

5. 逆境から起ち上がる

◆戦争とアイヌ

日本は今次大戦だけでなく、明治維新以来、日清戦争（一八九四年～一八九五年）、日露戦争（一九〇四年～一九〇五年）、第一次世界大戦（一九一四年）と計四回もの大きな戦争を経験している。法律上一般日本人並みの扱いをされたアイヌもまた、戦争に駆り出されている。ここで、アイヌと戦争との関わりを概観しておく。

徴兵《ちょうへい》令は北海道では、一八七七年（明治一〇年）に函館、福山（現・松前町）、江差の三市街で施行されたのを始めとし、九六年（同二九年）には渡島、後志、胆振、石狩に広げられ、九八年（同三一年）に全道に及んだ。アイヌは九六年に一人が初めて徴集され、以後一九一〇年（同四三年）までに現役一三六人、補充兵三八二人が徴集されている。このうち軍人として出征《しゅっせい》したのは六三人で、うち戦死三人、病死五人、廃兵二人、戦功で金鵄勲章《きんしくんしょう》を三人、他の勲章を五一人が受賞している（河野常吉『北海道旧土人』一九一一年、河野本道選『アイヌ史資料集』第一巻所収、北海道出版企画センター）。

アイヌを初徴集した九六年は日清戦争の翌年である。この統計期間中にあった戦争は、一九〇四年～一九〇五年の日露戦争のみなので、出征者と勲章受賞者はいずれも日露戦争時のものである。注目すべきは、六三人の出征者中五四人（八六％）までもが勲章を得ていることだ。三人の金鵄勲章叙勲《じょくん》者には知里高吉も含まれるが、アイヌは総じてかなりの働きをしたと見られる。兵士としての地位が低かったことも考え併せると、一般和人以上に「皇国の臣民」としての自覚を強めて参戦した結果なのではないだろうか。

その代表が北風磯吉《きたかぜいそきち》だ。彼は旭川の第七師団に応召し、「日露戦争の関が原」といわれた奉天会戦《ほうてんかいせん》に参加した。約二五万人の日本軍と約三二万人のロシア軍が戦い、日本軍七万人、ロシア軍九万人が死傷したといわれる最大の戦闘だった。北風はこの戦闘中に決死の伝令（連絡兵）を志願し、「勇敢なる旧土人」として新聞等で賞賛され、戦後には中学生向けの雑誌にも北風の物語が掲載されるなど、皇民化教育に利用されたという。

また、日本国内でのことだが、「八甲田山《はっこうだざん》、死の雪中行軍《せっちゅうこうぐん》」として知られる耐寒雪中行軍でもアイヌが活躍している。これは一九〇二年（明治三五年）一月、対露戦争に備えて弘前の第八師団に属する二つの連隊が訓練で行なったものだが、厳寒期《げんかんき》の雪深い山中で猛吹雪《もうふぶき》に遭い、行軍の一隊二一〇人中一九九人もの死者を出す大惨事となった。この遭難の捜索《そうさく》隊長になったのが、落部《おとしべ》村（現・八雲《やくも》町）のアイヌ弁開凧次郎《べんかいたこじろう》だった。捜索終了後、弁開は「野蛮の心身を顧みず」との弁明をつけたうえで、アイヌ隊編成の陳情書を陸軍大臣宛に提出し、日露戦争が起きるとすぐに従軍志願もしている。こうした行動を、榎森進は次のように分析している。

> 国家にたいしてみずからを「野蛮」と卑下《ひげ》しつつ、「野蛮」なるがゆえに一般和人とは異なった能力を有していることを強調し、その能力をいかすためにアイヌ独自の軍隊を編成し、そのことをつうじて帝国の臣民として国家に奉仕し、同時に他地域のアイヌの開明化をはかろうとしている。こうした発想のなかに、近世以来和人との接触がもっとも強く、かつ近世に松前藩によって「御味方《おみかた》蝦夷」と位置づけられてきた道南地方に住むアイヌの、とくにこうした地域の指導層のアイヌの思想状況を垣間《かいま》見ることができる。
> （榎森進『アイヌの歴史　北海道の人びと〔2〕』三省堂）

日露戦争後はアイヌの徴兵も一般化し、第二次大戦にも多くのアイヌが参加している。軍隊内部におけるアイヌ差別も相変わらずで、たとえば平取の浜田寛は「軍隊でも俺はアイヌだということでずいぶん差別されたことがあったなあ」と前置きし、次のような体験を語っている。一九四一年（昭和一六年）一月、大阪から輸送船で満州へ渡り、牡丹江《ぼたんこう》の兵舎に入った時の話である。

> そして、入隊間もなくだった。二〇〇人の新兵を営庭で整列させて、連隊長が閲兵《えっぺい》するんだよ。その時中隊長が軍刀を抜いて胸のあたりに捧《ささ》げ持って、右翼の方から連隊長を案内してくるんだが、俺の前まで来たら、大きな声で「貝沢（注・浜田）二等兵一歩前へ」と号令をかけたんだ。俺はびっくりして一歩前へ出る

と、中隊長は連隊長に「これが北海道からきたアイヌの兵隊であります。日本語もわかるそうであります」と言ったら、連隊長は「ほうなかなかいい兵隊だ。どうだ、おまえ、軍隊のめしは食えるか。生肉を食わなくとも大丈夫か」とぬかしやがった。

俺は相変わらず、ハイ、ハイさ。

まあ奴らは、当時アイヌというものの認識は全然なかったんだよ。そのころでもアイヌは熊や鹿の肉を食って、原始的な生活をしているもんだと思っていたんだ。

ところが俺は軍隊での成績は負けなかった。シャモ（注・和人）の同年兵たちをじゃんじゃん追い越して、一選抜上等兵になったし、上等兵になってからは、もうあまり苦労しないで下士官《かしかん》になって、終戦の時には満州の国境近くにいたが、その当時は曹長《そうちょう》になっていたよ。（川上勇治『エカシとフチを訪ねて』すずさわ書店）

時代錯誤《さくご》もはなはだしいが、これが最近までの和人側の認識だった。兵隊となったアイヌ本人が隊内の訓練はもちろん、実際の戦闘になっても余計に頑張るのは、日露戦争以来変わらない。被差別体験が逆バネとなって働くのだろう。

第二次大戦といえば、米軍との沖縄戦に参戦した、屈斜路《くつしゃろ》コタンの弟子《てし》豊治の話も忘れられない。橋本進『南北の塔　アイヌ兵士と沖縄戦の物語』（草土文化）に感動的な逸話《いつわ》が紹介されている。

弟子屈《てしかが》郵便局で郵便配達をしていた弟子は、日本軍の敗色が濃厚となった一九四四年（昭和一九年）二月、旭川第二四師団に入隊し、一週間後には満州・東安の関東軍に送られた。ちょうど二〇歳だった。この年七月には米軍はサイパン島を占領し、台湾、沖縄から日本本土に迫る勢いを見せた。そこで弟子が所属する第二四師団は沖縄や南西諸島を守る軍に編入され、八月、弟子も沖縄へ回された。

翌四五年四月、米軍が沖縄本島に上陸。日本軍は本土決戦のための「捨て石」として沖縄を位置づけ、時間かせぎの持久戦《じきゅうせん》を沖縄で展開しようとした。そのため、沖縄の県民、物資のすべてが動員され、沖縄全島挙げての臨戦体制となった。そして、米軍と日本軍の死闘、米軍の住民虐殺《ぎゃくさつ》、友軍であるはずの日本軍の住民虐殺、住民の集団自決という数々の惨劇を招くことになった。ちなみに、沖縄戦戦没者総数は約二〇万人、うち沖縄県民約一二万二〇〇〇人（一般住民約九万四〇〇〇人、県出身兵士・軍属約二万八〇〇〇人）、本土出身日本兵約六万六〇〇〇人に上り、さらに飢餓《きが》死、集団自決、日本軍による虐殺を含めると県民三人に一人が戦争で殺された勘定という。

弟子も前線に投入され、首里《しゅり》攻防戦に第一大隊本部の伝令として加わっている。大隊本部は生き残り者がわずか十数人という壊滅《かいめつ》状態になったが、弟子は難を辛《から》うじて逃れる。この戦闘の間にも弟子は、退避壕《たいひごう》の中で死んだ母にとりすがっている少年を助けたり、やはり死んだ母の胸でしゃくり上げている赤ちゃんを救い出すが、目にするものは悲惨な光景ばかりだった。弟子は敗戦後の一〇月、米兵に発見され収容所に入れられたが、一年後にハワイへ移送されるまえに脱走、故郷の弟子屈《てしかが》へ戻った。

この弟子が再び沖縄を訪れたのは、戦後二〇年経った一九六五年（同四〇年）だった。アイヌの舞踊や歌を沖縄の子供に披露《ひろう》してほしいという、八重山《やえやま》教育委員会の依頼に応じたものだった。弟子は三か月をかけて六島を回ったが、沖縄本島では自分たちが陣地を構築した八重瀬岳《やえせだけ》近くの真栄平部落を訪れた。彼にとっては思い出の多い土地だった。そこの自然壕の中に周辺の遺骨が集められており、それは約四五〇〇体にも上った。

この白骨の山を那覇《なは》の墓地へ移送する計画があったが、弟子は「みんなここで亡くなった人ではないか。土地の人もいれば他県の人もいる。死んでからまでトラックで運ばれ、関係のない土地へ埋められるのはおかしい」と反対し、住民の拠出《きょしゅつ》金で納骨堂を、弟子らの拠出でその上に塔を建て、「南北の塔」と名付けた。六六年（同四一年）一二月、除幕《じょまく》式が行なわれ、以後、犠牲者の霊を慰めている。この碑の意味を橋本はこう書いている。

5. 逆境から起ち上がる

南北の塔には碑文はありません。しかし、その建てられた経緯《いきさつ》が、この塔のもつ意味を十分に説明してくれます。ここには、弟子さんの言葉のように、住民と兵士がともに眠っています。建てたのは、アイヌ元下級兵士と住民です。もし碑文が書かれるとしたら、沖縄戦で多数の住民が戦争にまきこまれ、ここ真栄平では三分の二近くの人が亡くなったことが書かれるでしょう。どれだけの一家が全滅させられたかが書かれるでしょう。そして、日本社会で差別されて育ったうえで、若い生命を散らしたウタリへの思いが書きこまれるでしょう。一九四五年六月二十一日未明、友軍によって虐殺されたいたいけな子どもたち、お母さん、お父さんの悲劇が書き込まれるかもしれません。

なぜなら、この墓が建てられたのは、「本土」の権力者によって、被差別の底辺民衆と位置づけられたアイヌと〝琉球人〟の心の通い合いからであり、その動機は「殉国《じゅんこく》」への賛美ではなく、「南の人、北の人」すべて、無残に生命をうばわれた人たちへの哀惜《あいせき》であるからです。

（橋本進『南北の塔』）

本書でも明治維新以来、ともに「内国植民地」として差別的な立場を強いられた北海道と沖縄、アイヌと琉球人のことについて何度か触れてきた。『南北の塔』では戦時中の、この人たち同士の「心の通い合い」が描かれている。住民を虐殺した友軍の兵士がいた中で、弟子が沖縄の人々の惨状に限りない共感を寄せたのは、自らが背負っていたアイヌ民族の歴史を抜きにしては考えられないことだ。

6.

民族復権の新しい波

一九四五年（昭和二〇年）八月一五日、日本がポツダム宣言を受諾《じゅたく》することが、天皇の玉音《ぎょくおん》放送で国民に知らされた。日本は第二次世界大戦に敗け、無条件降伏《こうふく》したのである。マッカーサー元帥《げんすい》が率《ひき》いるＧＨＱ（連合国軍最高指令官総司令部）の強力な指導により、全体主義国家から民主主義国家へと一八〇度の国体転換が図られ、憲法を始めとする社会制度が根本的に改められた。日本人はあらゆる面で、ゼロからの出直しを迫られたのである。この中でアイヌもまた、民族復権への道を求めて再出発する。

◆再生アイヌ協会と農地改革の嵐

四六年（同二一年）二月二四日、全道のアイヌ約二〇〇〇人が日高の静内《しずない》町に集まり、「北海道アイヌ協会」を設立した。戦前の同名の協会の流れを汲《く》むものではあるが、今回は社団法人化され、以前は加わっていなかった旭川のアイヌも参加した。道庁主導により札幌で生まれた前協会には「御用《ごよう》協会」との批判があったが、今度は全道的にアイヌの力が結集された。静内は、アイヌの英雄シャクシャインが松前藩の暴政に蜂起した際に砦《とりで》を築いた、ゆかりの地である。だが、明治維新後には徳島藩淡路洲本《あわじすもと》の城代家老・稲田邦稙《くにたね》一族と家来が集団入植し、「稲田の殿様」の伝統が今でも生きる、アイヌ差別の強い土地だった。こうした二重の意味合いが含まれる土地での、アイヌ協会再生であった。

設立大会は、理事長に向井山雄（バチラー八重子の弟）、副理事長に吉田菊太郎、鹿戸才斗《しかとさいと》、常務理事に小川佐助らの役員を選び、教育の充実、福利厚生施設の共同化、農事の改良や漁業の開発などを事業目的に決め、当面の大きな運動目標として旧土人給与地への農地改革適用除外、新冠御料《にいかつぷごりょう》牧場と日高種馬牧場の返還を掲げた。この二つの運動について順次、説明しよう。

ＧＨＱによる改革は社会のあらゆる分野に及び、農業改革は経済政策の大きな柱とされた。寄生地主制と高率小作料から農民を解放し、自作農を創設するのが目的だった。政府は四六年二月から着手したが、ＧＨＱから「改革不徹底」とダメを出され、同年一〇月、第二次改革として自作農創設特別措置法と第二次農地調整法改正法（両方を合わせて「農地改革法」と便宜《べんぎ》的に呼称《こしょう》）を成立させた。これで、不在地主の貸付農地（小作地）はすべてを、在村地主の小作地は一町歩（北海道は四町歩）を超える分を、それぞれ政府が強制的に買い上げ、小作人に優先的に売り渡す、また小作料はすべて金納として全収穫の二五％以内にすることが決まった。

従来の在り方を根本的に覆《くつがえ》す内容だったので、反対する農民運動が全国で起こった。「北海道アイヌ協会」も熱心に反対運動を繰り広げたが、その趣旨は道外の運動とは異なる。「北海道旧土人保護法」で給与された土地の多くは農耕不適地であるうえに、ずるい和人にだまし取られてしまったものも多かった。こんな場合のアイヌも、形の上では農地改革で敵視される「不在地主」だったが、実質的にはむしろ最も救いの手を差し延べなければならない人たちである。しかも、国策に沿って強制的に農耕民族化を強いられ、慣れない農業に努力して従事してきたというのに、今度は逆に強制的に農地を取り上げようというのだ。

四七年（同二二年）五月、同協会は札幌で大会を開き、農地改革法の適用除外を道農地委員会に要求することを決議するとともに、協会代表が二回にわたり上京して厚生省や農林省に陳情《ちんじょう》している。さらにこれと前後して、帝国議会衆議院（注・北海道ウタリ協会『アイヌ史』資料では「帝国議会」とある。四七年四月の国会法公布以前だからか）への請願書、マッカーサー総司令官宛《あ》ての嘆願《たんがん》書までも提出している。これら陳情書、請願書、嘆願書など（北海道ウタリ協会『アイヌ史』資料編３所収、北海道出版企画センター）に書かれた同協会側の反対理由をまとめると、次のようになる。

(1) 北海道では専業農家として経営を維持するには、農地五町歩が必要というのが常識だが、「北海道旧土人保護法」で土地を給付されたアイヌの一戸当たり平均農地は一町五反歩しかなく、極度に生活が苦しい。

(2) その土地も、ずるい和人にだまされて賃貸《ちんたい》しているものが大部分で、借りている和人が豊かな生活をしているのに、貸しているアイヌが貧しい現状にある。農地改革法では、このような貧しいアイヌが豊かな和人の土地を取り戻せなくなるという矛盾が生じ、アイヌはますます貧しくなる。

(3) アイヌの窮状《きゅうじょう》を救うため、道庁は一九二四年（大正一三年）に各市町村に互助《ごじょ》組合を設立し、土地を賃貸する場合には組合経由で行ない、地主のアイヌがいつでも自作できる事として土地を保護し、アイヌが安心して他の仕事も出来るようにした。道庁農務部により、こうした不在地主の土地は一九四八年（昭和二三年）三月まで買収の対象外とする了解を得て、他の仕事のアイヌを帰省《きせい》させて自作させるようにしていたのに、急に四七年六月から買収計画に入れられてしまった。この対象面積は約二〇〇〇町歩で、アイヌに給付された農地の四〇％にも上る。一般日本人のように、土地が余っていたり、小作料だけで生活できるから土地を貸しているのではなく、アイヌの場合は道外とは逆の立場にある。これが実施されれば、アイヌはいっそう窮地に立つ。

(4) 「北海道旧土人保護法」は農地改革法に対して特別法であり、前者が優先する。

(5) 「北海道旧土人保護法」が存在する限り、アイヌは要保護民である。

生活を維持するための最低限の要求であり、これまでの国策との矛盾《むじゅん》を突くものでもあった。この訴えに道庁では、喜多章明がいた社会課はアイヌの主張に同調したが、肝心の農務部は全面的に否定する見解を出し、四八年（二三年）一月、農林省農政局長から北海道知事宛に「一般農地と同様に取り扱え」との通達が出されたことで、アイヌ側の努力は水泡《すいほう》に帰《き》した。この挫折《ざせつ》は、再生北海道アイヌ協会の出鼻《でばな》をくじくものであり、ショックの大きいものだった。

この結果、四八年六月現在、アイヌへの全給与地五三八五町歩（自作地三〇八九町歩、貸付地九八六町歩）のうち、一二一二町歩（二三％）が農地改革により買収《ばいしゅう》された。さらに、九八六町歩の貸付地は回収の見込みがなく「準買収」とみなせるので、これを加算した二二〇一町歩（全給与地の四一％）がアイヌから失われてしまったといえる（『北の光』四八年一二月創刊号、喜多章明論文）。アイヌ側の懸念がそのまま現実化したのだ。借金のカタに賃貸《ちんが》しさせられていたような給与地が「不在地主」ということになり、地主のアイヌよりずっと豊かな和人小作人へ「農地解放」されたのだ。一つのコタン（アイヌ部落）の土地がほぼ全部、和人の手に渡ってコタンが壊滅した例も、少なくなかった。バチラー・八重子は次のような詩を作って批判した（一二三番まである中の一番）。

農革法の旋風《せんぷう》に
哀《あわ》れアイヌの人々は
祖先このかた伝はりし
田畑を失ひ住み馴《な》れし
コタンを追われ散々に
流転《るてん》の旅に迷ふ身と
今にははかなくなり果てぬ

6. 民族復権の新しい波

この農地改革実施と前後して「北海道旧土人保護法」も、四六年（同二一年）の第三次、四七年（同二二年）の第四次という二回の改正を行なっている。主な内容は、第四条（職業一般への助成）、第五条（疾病《しっぺい》者らの救療など）、第六条（死亡者の埋葬《まいそう》料給与等）の削除であり、結局、給与地の譲渡《じょうと》制限と共有財産管理の条文を残し、他は全廃されることとなった。第四条から第六条までの対象者には、今後、生活保護法などの一般社会制度を適用するというのだ。「北海道旧土人保護法」はいよいよ存在意義を失ったわけである。喜多章明は、「農地改革法の施行に伴い、明治政府の樹立した土人政策（勧農政策）は完全に空文《くうぶん》に帰《き》した」と言い切り、その矛盾《むじゅん》をこう批判する。

本法は全く死文と化した。而《しか》のみならず旧土人に取っては土地の喪失《そうしつ》は農革法に依《よ》りて網の目から流れ出《い》ずる水の如《ごと》く流れ出るが、反対に自ら有利に土地を処分せんとする場合は、農地にありては二重――保護法と農調法（注・農業調整法）――の許可を要し、時には農地以外の場合一般人にありては何等の制限なきに拘《かかわ》らず、保護法に依《よ》って許可を受けなければならぬと言う有害無益な立法となり終った。斯《か》かる立法は徒《いたず》らに旧土人の私権を拘束《こうそく》するのみならず、（中略）。兎《と》に角《かく》にも現行の保護法は速《すみ》やかに撤廃《てっぱい》されん事を要求する。

（『北の光』喜多章明論文）

アイヌを「保護」するどころか、土地は奪われ、処分しようとすれば制限だらけと、マイナス面ばかりが露《あらわ》になってきたのだ。しかし、法そのものが全廃されるまでには、もう半世紀の時間が必要だった。また、旭川市近文のアイヌたちは共有地の返還運動を行なったが成功せず、四九年（同二四年）に道知事が借地人の和人に売り渡し、その代金三五〇万円を地主アイヌに一戸当たり七万円ずつ配分している。これで「旭川市旧土人保護地処分法」も存在意義を失ったはずだが、こちらも形ばかりの命を永らえている。

◆新冠御料牧場の返還運動

日高地方は、競争馬・サラブレッドの産地として名高い。中でも新冠《にいかっぷ》は、伝説のスター・ハイセイコー号の故郷でもある。日高と馬との縁は古く、幕末に東蝦夷地が幕府直轄《ちょっかつ》となった時に様似《さまに》地方に南部馬六〇頭が導入されたのが、最初だった。漁場での運搬用に使われ、漁期が終わると山野に放牧された。それが自然改良され、あのずんぐりむっくりした独特の体型を持つ農耕馬・ドサンコになっていったという。

一八七二年（明治五年）、開拓使長官の黒田清隆が顧問《こもん》ホーレス・ケプロンの提案を入れて、新冠《にいかっぷ》、静内《しずない》、沙流《さる》の三郡にわたる約七万町歩の広大な牧場設置を決め、翌年エドウィン・ダンの設計による牧馬場を設けた。七七年（同一〇年）、牧場は名前を「新冠牧馬場」と変え、事務所が静内に移された。さらに八八年（同二一年）には牧場の所管が宮内省へ替わり、「新冠御料《ごりょう》牧場」と改められた。天皇家の財産にされたのである。このころから和種馬だけでなく、外国種の種馬も導入しての改良品種の増産がなされるようになった。北海道の洋式農業には外国種が適していたためと、軍馬の改良、生産も大きな目的だった。明治末には、一八万頭余りの馬が飼われるほどに増産されている。

この御料牧場化が、牧場内にもともと住むアイヌたちには悲劇となった。牧場から土地を「貸与《たいよ》」されて小作人となっていた約四〇〇人のアイヌは、散在して住んでいたのに、牧場内の姉去《あねさる》地域（現・新冠町大富）へ強制的に集められた。そればかりか、皇室財産の土地内にアイヌが住んでいてはいけないというのか、一九一六年（大正五年）には七〇戸三〇〇人のアイヌが「貸与地」を返還させられ、姉去からさらに五〇キロも離れた山奥の上貫別《かみぬきべつ》（現・平取町旭）に追いやられてしまった。二度目の強制移住だ。姉去の家は牧場側の手で焼き払われ、移った先は土地条件が悪く大半の人がそこから離散《りさん》したという。

北海道アイヌ協会が再生後、最初の運動目標にしたのは、この牧場をアイヌの手に取り戻すことだった。一方、地元でも牧場の一般への解放運動（当時の資料では「開放」が使用されているが、事の内容から判断して私は「解放」を使う）が起こり、地元の新冠村は四六年（昭和二一年）二月、村議会の決議を受けて村長や議員らが上京し、宮内庁や農林省に請願している。また、牧場の幹部職員らが新冠御料牧場帰農期成同盟を、小作農家たちが御料牧場解放期成同盟をそれぞれ結成し、この年八月、静内・新冠両町村民大会を開き、これには北海道アイヌ協会も参加した。また、アイヌ協会代表の小川佐助、文字常太郎、森久吉の三人は上京して高松宮《たかまつみや》に直接訴えている。この時の様子を小川佐助は次のように語る。

そしてその宮内省の一番偉い人に頼んで、天皇陛下に会わせてくれと言うたんだよ。そうしてその明けの日の回答は、天皇陛下はなかなかお忙しいおかただから高松宮殿下ではどうだろうと話が出たんで、ではそれでも結構ですということでね。その次の日に宮内省へ行ったんだよ。だいぶ早い時間でね、九時ごろだった。そうしたらさっそく車準備しておってくれてね、高松宮邸まで送ってもらってね。高松宮様との面会時間は五分間だけという約束で行ったんだよ。

そしてまあ、高松宮様にお会いした。

宮内省の偉い人は部屋の入口のところに立って、僕らその宮様のそばに座って。なにせおまえ五分間どころか、話好きなものだものな、高松宮殿下は。えんえん三時間かかったよ。僕らは一生懸命アイヌの窮状《きゆうじよう》を訴え、アイヌをもう少し優遇《ゆうぐう》して欲しいということを頼んだんだよ。

（小川佐助「馬師一代」、川上勇治『エカシとフチを訪ねて』所収、すずさわ書店）


最初は天皇陛下に直接会うよう求めたというのだ。戦前にはありえなかった光景かもしれない。アイヌ協会幹部の意気込みが伝わる話だ。こうした地元の運動の成果があったのか、四七年（同二二年）、御料牧場は農林省所管に移され、名前も「新冠種畜牧場」と変えられ、農耕地一万七〇〇〇町歩の解放が決められた。翌四八年（同二三年）には希望するアイヌ二二戸の入植が決まっている。

これで運動が一部実ったとも言えるが、もともと住んでいたアイヌの数から比べるとほんの一部であり、土地を強制的に取り上げておいて「貸与《たいよ》」し、それから一か所に集め、次には追い出し、――という経緯《いきさつ》を振り返ると、成果は必ずしも十分ではない。アイヌへの優先的解放を求めた協会の強い要求も考え合わせると、農地改革法に続くもう一つの柱についても、運動は挫折《ざせつ》したと言えるかもしれない。

新冠御料牧場のようなアイヌの強制移住は明治期の北海道では決して珍しくなく、旭川・近文《ちかぶみ》の例もそうだったし、道東の中心都市・釧路《くしろ》でも似た例がある。和人の入植が増えるにつれ、市街地に住んでいたアイヌを邪魔者《じゃまもの》視して強制移住させたものである。
『釧路市史』では「釧路アイヌの移転」という一節を設けて記述しているが、冒頭から「開墾授産《かいこんじゅさん》のための釧路アイヌ移転は、宮本郡長の英断によって行われたものである」とずいぶんと手前勝手な書き出しである。一八八五年（明治一八年）に宮本千万樹釧路郡長から湯地定基根室県令《ねむろけんれい》に出した「開墾授業のため釧路土人を移転せしむるの儀伺《ぎうかがい》」によると、強制移転の理由は次のようなものだった。

市街は追々《おいおい》戸口増殖商売繁盛《はんじょう》の地と相成《あいなる》べき景況《けいきょう》にて、目下諸方《もっかしょほう》より夥多《かた》の人民も入込居候《はいりこみおりそうろう》の仕合に付《つき》、土人をして其儘《まま》土着為致置候《いたしおきそうろう》は土地のため最も宜《よろ》しからず、また土人撫育《ぶいく》上にとっても頗《すこぶ》る不便の極《きわみ》と存候に付、追々は釧路を引き払わせ一方に寄せ集め授産の効を相立度存居《あいたてたくぞんじおり》候処《ところ》、（以下略）

「開墾授業のため」と、あたかもアイヌのことを思っているような名目《めいもく》をつけてはいるが、何のことはない、市街発展のためにアイヌの存在が邪魔《じゃま》だ、だから市街から離れた一か所に集めて農業をやらせることにする、というのだ。市史ではこの伺書のあとに、移転理由書もつけているのだが、そこに「今日から見ればきわめて批判に価《あたい》するものではあるが、往時《おうじ》の和人あるいは官吏《かんり》のアイヌ民族に対する、時代的な考え方を彷彿《ほうせつ》せしめるものがあるので」と再録の理由を述べている。先程の「宮本郡長の英断」と矛盾《むじゅん》する見方であり、市史執筆者の神経を疑う。行政が作る悪しき「正史」の典型だろう。

6. 民族復権の新しい波

釧路は松前藩の久寿里《くすり》場所が設けられた交易《こうえき》所だった。維新前後には二〇〇戸に上るアイヌが点在して暮らしていたが、和人はわずか一〇戸五〇人に過ぎなかった。しかし、やがて鳥取県からの一〇五戸五〇〇人もの和人開拓団が入植し、様子ががらっと変わってきた。市史によれば、一八七二、三年（明治一五、六年）頃を境に、鹿がほとんど捕れなくなり、浜の昆布も流氷にさらわれて、アイヌは「食糧は山野へ放棄せし、鹿の筋骨を雪中より掘り砕《くだ》いて汁とし、楢《なら》の実の上皮は砕いて中実を煮て朝夕一椀《わん》を食するのみ、ある者はそれすら全く絶えて絶食数日におよび加うるに虐病が蔓延《まんえん》して惨憺《さんたん》たる状をなし」（厚岸警察署巡査の復命書）という惨状だった。
結局、釧路のアイヌは二七戸が、三〇キロも奥まったセツリ（雪裡）原野に移住させられた。二町歩の出願をしたのに、給与された土地は一戸当たり五反歩しかなかった。セツリは現在、タンチョウで有名な鶴居《つるい》村のことであり、この強制移転が鶴居村発祥のもととなった。だが、アイヌの行く末を記述する市史の語り口は冷たい。

わずかに一町歩より割渡しにならないことは、当時官庁がいかに地帯的な農業の認識がなかったかを物語っている。食料その他の問題はいかに処理されたかも詳《つまび》らかにできないが、以上にして釧路在住のアイヌ人は雪裡《せつり》に移転させられたのであった。これ実に今日の鶴居村開村の動機で、このことにより雪裡といわれた鶴居村に戸長役場や巡査派出所などができて、また和人の移住も見るようになったのであった。しかしアイヌ人の授産成績は決して好果を挙げたとは言いえられず、明治二十六年雪裡川が鮭《さけ》の天然孵化《ふか》場に指定され、漁獲を禁ずると、この人々はさらに分散したようである。

まるで他人事である。移った先にも和人が進出し、さらに生命の源である鮭の漁獲も禁じられ、アイヌはまたまた追われている。問題の多くは和人側、行政側にあるのに、そこから目をそらしているのだ。ちなみに、改定された『新釧路市史』では、このくだりに「和人による鮭遡上《そじょう》の妨害による飯料の入手難」「天然孵化《ふか》場に指定されてからは、漁獲の制限や監視が厳重になり」「これまで自由であった薪木《しんぼく》に課税されるようになると」などの文言が加えられ、食料難で二戸が死滅したことも明らかにしている。もちろん、現代の目で過去の至らなさを簡単に一刀両断にすることは慎まなくてはならないが、時代状況を考慮した上でも批判すべきことはあるはずだ。かつての官吏と変わらぬ目で一面の事実だけを追認しようとする姿勢は、厳しく糾弾《きゅうだん》されなくてはならないだろう。

6. 民族復権の新しい波

◆アイヌに独立を打診

第二次大戦における日本の敗戦は、日本が侵略し、植民地化して多大な犠牲《ぎせい》を強いられたアジアの人々にとっては、大きな福音《ふくいん》だった。日本国内でも在日の朝鮮人、中国人たちに解放感をもたらした。そして、すでに同化が定着していた感が強かったアイヌの人たちにも、民族の在り方を根本から問い直す新たな息吹《いぶき》となった。

ここまでに見て来たように、アイヌは無理矢理に農耕民へと改造され、市街が発展したり牧場を設けたりする時には邪魔《じゃま》者扱いされて強制移転させられてきた。だが、北海道はもともとアイヌモシリ（アイヌの大地）だったのであり、立ち退《の》かされるべきはアイヌではなかった。現代では、アメリカ合衆国、カナダ、オーストラリアなどで先住民に自治州を認めるようになってきている。実は、日本のアイヌたちの間でも、戦後まもない頃に国として独立しようという話があった。

北海道アイヌ協会が発足する前年の四五年（昭和二〇年）、協会の定款《ていかん》づくりに主要メンバーが集まった時、知里真志保《ちりましほ》の口から「アイヌ独立論」が飛び出した。藤本英夫『知里真志保の生涯』（新潮選書）によると、こんな話である。

彼らが小川（佐助）宅に集まったとき、「本気でなかったかもしれないが、アイヌの国の独立の話も出た」（森竹談）。『アイヌ新聞』の発行人である高橋真によると、真志保は、「アイヌの自治と独立について何冊かのノートをかいていた」というが、そのノートはみあたらない。真偽《しんぎ》のほどはわからない。しかし、これより一年半くらい後、北大法文学部で同僚となる武田泰淳《たいじゅん》も、真志保から「アイヌの土地はアイヌに返せ」という独立論を聞いている。

震源地は真志保であり、他のアイヌたちにも少なからぬ影響があったようだ。『アイヌ新聞』を四六年（同二一年）三月に創刊した高橋真は、創刊号で「不正和人を追放せよ　アイヌモシリ平和のために　ウタリーよ起て」と題して、次のような熱気の溢れた文章を書いている。アイヌがGHQの存在をどう捉えていたのかもわかり、興味深い。

新しい世紀の汐流《ちょうりゅう》は刻々《こくこく》我等の身辺《しんぺん》に迫り来る‼　マッカーサー元帥の温情は、自由の為に日本人を解放してくれた。アイヌモシリ（北海道）を護《まも》り、平和の促進《そくしん》の為に努めてくれる米軍第七十七師団長エディ・ブルース少将閣下及びランドル代将閣下に対し全ウタリーは深い感謝を捧《ささ》げ以《もっ》て進駐《しんちゅう》軍将兵の武運長久《ぶうんちょうきゅう》を祈らねばならぬと共に、エカシ（注・おじいさん、長老）やフチ（注・おばあさん）達が血と涙とを以《もっ》て開いてくれた我等アイヌの北海道から軍国主義者や人民を苦しめ私腹《しふく》を肥《こや》す悪党不正和人を一人のこらず追放しなければならない。ウタリーよ、静かに瞑目《めいもく》する時、地下のエカシ（先祖）達は「北海道を護《まも》れ‼」と叫んでゐる事を聞けるであらう。我等ウタリーの求むるものは、生活の安定と向上。此の為に働かせろ、食はせろ、家を与へろ、アイヌの土地を返せといふ事以外にはない。

（『アイヌ新聞』創刊号、四六年三月一日、『アイヌ民族　近代の記録』所収）

GHQを救世主《きゅうせいしゅ》として見る眼差《まなざ》しさえ感じられる。敵の敵は味方ということになるのだろうか。『アイヌ新聞』はアイヌ問題研究所（高橋真所長）の機関紙として創刊され、五号を出した後、アイヌ新聞社（高橋真主筆）発行に切り換えて再出発している。また、一九四八年（同二三年）一二月には北海道アイヌ協会の機関誌『北の光』が創刊され、両誌には全道の有力なアイヌらが競って筆を執《と》ったが、やや格式張《かくしきば》った『北の光』に比べて『アイヌ新聞』の方がジャーナリスティックであり、主張もよりストレートだ。第二号（四六年四月一日）でも、山本多助が「全道ウタリーよ蹶起《けっき》せよ」と題して呼びかけている。

> 搾取《さくしゅ》と侵略を天業なりと考へた悪漢《あっかん》共は遂に祖国を滅亡《めつぼう》の一歩前に追ひこんだが、今や彼らは「戦犯」として亡《ほう》びんとしてゐる。自業自得《じごうじとく》だ。日本の平和と民主化はアイヌも希《ねが》ってやまぬ処《ところ》、此《こ》の時此の際全ウタリーよ、真に覚醒《かくせい》し蹶起《けっき》せよ。奮起《ふんき》せずんば吾等《われら》も亦《また》滅亡する。アイヌのため土地の確保、在宅改善、教育の徹底化、共有財産を悪官僚からウタリーに返さす事が必要だ。吾等のエカシ達は本道開拓の大功労者であり、本道はアイヌの国なのだ。此の誇りを保たすためにアイヌは今こそ奮起せよ‼　保護法は改正すべきだ‼　アイヌの発展は大同団結が第一だ。アイヌ協会もアイヌ問題研究所も合同してやって欲しい。アイヌの生活安定と団結のために。

論の基調は高橋のものとほとんど同じだ。日本の敗戦を前向きにとらえ、アイヌモシリを取り戻そう、そのためには奮起しなくてはならない、と燃えていることが伺える。日本の国家体制が完全にひっくり返ったこの時期が、アイヌにとっても一大転機だったことは間違いない。そして、敗戦直後にＧＨＱから考えもつかない打診があった。アイヌ独立を打診して来たのである。「終戦秘話《ひわ》」といってよい話であり、その事実は四〇年も経った一九八九年（同六四年）一月一三日付夕刊『朝日新聞』に載った。

記事によると、四七年（同二二年）春、ＧＨＱ第九軍団司令部があった札幌市の旧北海道拓殖《たくしょく》銀行の旧本店内の一室で、当時七七歳の椎久堅市ら四人のアイヌ代表が、ジョセフ・スイング少将と会い、少将から「独立する気持があるなら今ですよ」と打診《だしん》され、現金一〇万円を受け取ったという。この打診に四人は、「独立する考えは、毛頭ありません。アイヌ民族は日本国民の一員として、祖国の再建と繁栄に尽くします」と答え、それに対して少将は「今、独立しないで、後で日本人とけんかするようなことは絶対にしないように」と釘《くぎ》をさして、会談を終えた。

6. 民族復権の新しい波

この記事は、阿寒湖アイヌ協会長の豊岡征則《とよおかまさのり》が八二年（同五七年）に、存命中の椎久らの話を録音したテープをもとに仕立てられている。そのテープを文字に起こしたものなのか、九一年（平成三年）に北海道ウタリ協会が出版した『アイヌ史』資料編3（北海道出版企画センター）には「話し手椎久堅市」「聞き手豊岡征則・片山龍峰《りゅうほう》」と記された会談記録が収録されている（ただし、記録日は記載なし）。これによると、四人は椎久、小川佐助、森久吉《きゅうきち》、文字《もん》常太郎であり、椎久らが会談を終えて仲間のところへ戻ると会談の内容に半数以上のアイヌが反発したという。大事なことをなんで四人で決めてきたのだという批判だった。椎久はその反発にこう反省している。

なぜ、そういう大事なことはね、我々に相談して、我々の意見も聞かなかったんだってことさ。それが俺たちの馬鹿よ。よったり（注・四人）とも馬鹿さ、ね。大勢が選んだんだから。今のような世の中で言えば、かえるんだけれども、あの当時は、まだ日本の魂は消えてねえんだから、大和魂《やまとだましい》はお互いに。だから日本人だということも正しいことだと思って言ったことが反発を受けた。だから反発した人でさえ今考えて見れば、偉かったなという俺の考え。もう少しね、余裕もってね、話し合いっていうのは民主主義だ。その民主主義がなかった。その当時は。まだ、我々には。うん。俺は、失敗したなということだ――。うん、失敗したなと思った。うん。それをみんなでまたよったりで話し合ったら、なるほど我々は失敗したなということさ。

歴史に「もしも」は通用しないといわれるが、アイヌ側の返答次第では事態が大きく変わったかもしれない。代表以外の仲間の強い反発も、当時のアイヌ内部の意気込みを反映しているようだ。椎久らが「日本国民の一員として」とスイングに答え、会談記録で「大和魂」まで持ち出しているのは、同化の浸透度《しんとう》をうかがわせる。当時は民主主義がなかった、と後の視点で語る反省の弁と重ね合わせると、いっそう興味深い話である。

思いもしない話が思いもしない所から舞い込んで来た、という感覚だったのだろうか。その戸惑いも含めて、戦後まもない時期のアイヌの雰囲気《ふんいき》が伝わってくる。しかし、再生に燃えていたはずの北海道アイヌ協会の活動は、次第に停滞《ていたい》化して来る。『アイヌ新聞』の高橋真は協会にも厳しい目を向けた。

「アイヌ協会は御用《ごよう》協会だ」「いや選挙目的だ」と噂《うわさ》とり〴〵であったが、同協会の幹事森竹竹市は否定してゐるし、氏の情熱を生かして愈《いよい》よ活発化させるといふが、一個人の独善主義化させたり、その一族のみの利用機関たらしむる勿《なか》れ。全アイヌの為の協会たれと希《ねが》って止《や》まぬ。　（『アイヌ新聞』三号、四六年四月一日）

この寸評に続いて、再発足後の第一号（四六年六月一一日）では「アイヌ協会への期待」と題する社説を掲《かか》げて、かなり厳しい見方を示している。

我々北海道一万七千アイヌの福利向上を目指して、社団法人アイヌ協会は注目に価《あたい》する活発な動きを示してゐる。協会組織の中心となった小川佐助、森竹竹市等の功は大いに賞揚《しょうよう》すべきで、日高、胆振《いぶり》、十勝《とかち》、釧路に支部の生れた事は一応アイヌの団結を物語るものなりと称して過言でない。然《しか》し乍《なが》ら事実は決して然《しか》らずして、樺太アイヌ川村三郎が「アイヌ平和聯盟《れんめい》」の設立に拍車《はくしゃ》を加へる一方、名寄《なよろ》生れと称する川本某《ぼう》なる青年は、アイヌ青年同盟の組織化を企《くわだ》てつゝあるのは、といふのはアイヌの鉄の団結と称するには尚早《しょうそう》なりといふ感が深いのである。またアイヌ協会の役員は、例へ其の一部分とは云へ、過去に於て同族を喰物《くいもの》にした所謂《いわゆる》民主主義化への害となるべき、強《し》ひて論ずるなら遠慮すべき人物のゐる事は誠に残念であると、会員自体から警戒と非難の声を注がれつゝあるのは遺憾《いかん》事と云はねばならぬ。

協会役員の中に好ましからざる人物がいるというのだ。さらに、分派《ぶんぱ》活動ともとれる組織化の動きも紹介している。「鉄の団結」で新たな地平を切り開いてゆかなければならないのに、それを阻害《そがい》する要素がすでに内に外に存在しているのだ、ということのようだ。運動目標として掲《かか》げた二つの柱はいずれも挫折《ざせつ》した。こうした中で、知里真志保は参与として参加していた協会を去っている。そして、協会の活動はそのまま沈滞へと向かう。

一九六一年（昭和三六年）、北海道アイヌ協会はその名称を「北海道ウタリ協会」へと変更した。「アイヌ」という言葉は、①（神というグループに対する）総称《そうしょう》としての人間、②男性の敬称《けいしょう》、③妻が自分の夫を話題にするときの呼称《こしょう》、④子供に対して「お前のとうちゃん」と言うときの呼称、⑤平凡な人間一般（男女とも含む）――の五通りの意味がある呼称だ（藤村久和『アイヌ、神々と生きる人々』福武書店）。差別語でもなんでもなく、アイヌの村ではむしろ行ないのいい人に対してしか使わないともいう。他方、「ウタリ」は「同胞《どうほう》、仲間たち、血縁」という意味である。

「アイヌ」から「ウタリ」へ。この名称変更は、アイヌを取り巻く状況がまた悪化してきたことを物語っている。敗戦直後に堂々と胸を張って「アイヌ」と叫ぼうとした、あの熱気は今や冷め、アイヌ差別がまた露骨《ろこつ》に息を吹き返して来たのである。会員の中から「アイヌという名称は差別用語として使われ、抵抗感がある」との意見があり、アイヌ自らその看板を書き換えたのである。

◆鳩沢佐美夫の抵抗精神

優《すぐ》れた才能を持つアイヌに早世《そうせい》する人が多い。平取《びらとり》出身の作家・鳩沢佐美夫《はとざわさみお》（一九三五～一九七一）もその一人である。もともと病弱で一〇歳で脊椎《せきつい》カリエスになり通学もままならず、中学校へ入学してからは肺結核で休学を繰り返すなど、幼少の頃からずっと病気との縁が切れない人生だった。三六歳でなくなった時も、薬代わりに飲んでいた沢水を自宅から一キロ離れた沢に汲《く》みに行く途中、喀血《かっけつ》して果てるという壮絶《そうぜつ》な最期《さいご》だった。

彼が生まれた時、母は既に離婚しており、病弱だった彼は祖母に可愛がられて育った。祖母はアイヌ女性伝統の入れ墨《ずみ》（シヌイエ）をしていた。第二次大戦中、小学校二、三年だった彼は、祖母と一緒に病院から帰る途中の駅で、出征《しゅっせい》兵士を見送る学童の一人に「アッ、アイヌ」と指差された。その言葉に「鈍器《どんき》で殴られたような衝撃《しょうげき》」を受けた彼は、アイヌであることが悪いこと、恥ずかしいことかと思い込み、翌日から祖母との同行を拒否し、二人の間に溝《みぞ》が出来ていった。アイヌとしての苦悩の始まりであり、彼は抑圧され差別される現実を凝視《ぎょうし》し、差別を生み出す日本社会を根本的に問い直し始めた。

『対談・アイヌ』（『日高文芸』第六号、一九七〇年一一月、『近代民衆の記録5』所収）では、福祉事業、旧土人保護法、アイヌ学者、観光アイヌ、差別など、アイヌを取り巻く問題に、鋭く容赦《ようしゃ》のない批判と告発をしている。彼（☆、三五歳）と女性（★、二三歳）との対談の始まりから、アイヌ自らの状況を象徴的に抉《えぐ》り出している。

☆とうとう二人だけになっちゃったな。

★う……？

☆つまりさ、それぞれに時期的に忙しいという事情もあるのだろうが、やっぱりこういった課題に挑《いど》むにあたってはね、なんかこう、出て来たくない、という理由のほうが強いんじゃないかな。○○子（会員・二十六歳）にあんた電話をかけておくったろう。だから行ったらね、僕の顔を見るなり、もう盛んなデモンストレーションさ。「いまさら、アイヌだとか、シャモ（和人）だとか問題にするのおかしい」ってね。――。だから企画内容について、いろいろ話はしたんだ――。けどね、話をしているうち、考えちゃったんだ。変に説得をしてまで、ここに引っぱり出しちゃいけないってね――つまり、われわれがここでこだわりを持つような形で話し合っちゃならないんだ。この企画はもう一年も前から予告してあるだろう。それと、僕もいちおう、アイヌ系会員、四名には前もって協力は要請《ようせい》してあるしね――。ま、そういったなかで、結局今夜は二人だけになっちまった、ということさ――。で、どうする？　あんたも、やっぱりこの対談は匿名《とくめい》を希望するかい――。

★どうしようかな……。

「とうとう二人だけになっちゃったな」という一言が、すべてを象徴《しょうちょう》している。アイヌの中でも、アイヌに関わる問題を話し合うのが憚《はばか》られる雰囲気《ふんいき》が充満《じゅうまん》していた。和人はといえば、「アイヌだ、シャモだとか問題にするのはおかしい」とハナから取り合おうとしない。「同じ日本人じゃないか」というのだろう。同化のブルドーザーをかけた側の、善意を身にまとった傲慢《ごうまん》の押しつけである。そんな和人の典型《てんけい》が、いわゆる「アイヌ学者」だ。対談に耳を傾けよう。

☆アイヌ学者、研究者という連中は、どいつもこいつも、い、い、い、い、い、純粋な植物に寄り襲《おそ》ってくる害虫の一種でしかないと断言したい！――。対象が素朴《そぼく》であれば素朴なほど、朽《く》ち枯れる度合も多いんだ。しかもだ、その屍《しかばね》も、彼たちにとっては恰好《かっこう》の糧《かて》なのだ――。

★……。

☆なぜ、アイヌ自らの手に、何か一つぐらいは残しおいてはくれなかったのかね。世界五大叙事詩《じょじし》の一つといわれるユーカラ。また、その他民族文化の特質など、この地球上に、アイヌ！という固有名詞が、厳然《げんぜん》として存在していたんだ。それが、滅《ほろ》びゆくの名のもとにね、「ほら、今のうち、今のうち――」と、稀少《きしょう》価値のみを狙《ねら》いとして踏み荒らすこと、奪うことに専念する。とるだけとると、あとは、死のうが、偏見の吹きだまりでスラム化していようが、観光地で、猿真似《さるまね》踊りをしていようが、まるで彼たちは、関知しないというふうだ。なぜ、それほど価値ある民族文化ならたった一つでいい、ね――史蹟《しせき》保存、民族文化伝承、という形の、保護育成の手段を、学者の名でとってはくれなかったのか！　――アイヌという魂も奪われてだ、そのうえ、そこに旧土人という名詞を当て嵌《は》められるとだね、いったい、どこにアイヌ系住民の立つ瀬がありますか……。ユーカラ伝誦《でんしょう》の第一人者、アイヌ文化の優秀性。卑下《ひげ》するでない、偏見するでない――。これは奪うための、彼たちのもっとも卑劣《ひれつ》な常套句《じょうとうく》だ！　アイヌ研究者なんちゅうのはね、観光地開きにか、熊祭行事に来賓《らいひん》として祝辞《しゅくじ》を述べてくれれば手のいいほうさ。しかも搾取《さくしゅ》という歴史の繰返しが、現在も、その学者の手で、行なわれているという事実――。

この作品の中で鳩沢は、学者がどんなにひどいことをやっているかの実例も幾つか挙げている。たとえば、道庁の予算でアイヌ語を調査に来たという学者は、老婆《ろうば》相手に話を聞き終えた後に謝礼を払い領収書に判を押させたが、領収書には金額の記入がなかった。一九六二年（昭和三八年）六月、ある町立病院の結核病棟で、「明日、〇大の有名な先生がただで胃を見てくれる」とアイヌ患者九人を指定した。不審に思った患者の追及でこれが大学からの協力要請によるものだったことが判明した。六九年（同四五年）の「日本老年医学会総会」ではアイヌに胃がんの発生率が少ないという臨床例《りんしょうれい》が、〇大医学部第三内科〇〇教授名で発表されたが、これは六一年から六年間のアイヌの胃の集団検診結果に基づくものだという。治療とは別の目的に、しかもアイヌ本人の承諾《しょうだく》もえずにデータを勝手に取り、研究成果として発表されていたのである。

6. 民族復権の新しい波

◆アイヌを食いものにする学者たち

鳩沢が挙げたような例は、私が取材してきた範囲でも聞いているし、文献・資料の中にもさまざまに登場する。そうした事例を、古いものも含めてここで総ざらいしておく。

一九一九年（大正八年）一二月一六日付『北海タイムス』に、国際聯合《れんごう》赤十字西伯利亜（シベリア）派遣《はけん》団長ジョージ・モンダントン医学博士のこんな手記が載っている。

閑暇《かんか》を得て北海道に渡り、人類学の観察点よりアイヌを研究しました。（中略）今回の研究で私の最も喜びとする所は、男女百人の身長及び骨格を精密に調査する事の出来たことです。又記念の為め彼等の細工物を集めました。（中略）私の思ひますには、往時《おうじ》氷の時代に居住せる人に最もよく似てゐる人はアイヌ人であります。夫故《それゆえ》に漸次《ぜんじ》滅《ほろ》びゆく彼等の子孫を古代の証人として、我等は大切に保護すべきであります。日本は日光其他の場所に見る如く、古物《こぶつ》保存の有名なる国なれば彼等の保存も必ず出来ると思ひます。

（河野常吉蒐集《しゅうしゅう》『アイヌ関係新聞記事』、河野本道選『アイヌ関係資料集』第七巻所収、北海道出版企画センター）

「古物《こぶつ》保存の有名なる国なれば彼等の保存も必ず出来ると思ひます」とは、物扱いそのものである。「人類学の観察点より」との表現は、まさに人類学という学問自体が持つ欠陥《けっかん》を端的《たんてき》に物語っている。「人類学が植民地の〈野蛮《やばん》人〉を研究する学問として、植民地支配とその正当化の一翼《いちよく》を担《にな》っていたことは、近年注目されているところである」（小熊英二『〈日本人〉の境界』新曜社）という指摘が、簡《かん》にして要《よう》を得ている。ジョージ博士の言葉には、まさに植民地支配者側のむき出しの奢《おご》りが溢《あふ》れているのだ。

また、近代化が西洋の人間中心主義、それも白人中心主義イデオロギーの押しつけであることも、最近とみに指摘されている。明治維新以後「脱亜入欧《だつあにゅうおう》」のかけ声とともに近代化に邁進《まいしん》した日本の指導者層も同じイデオロギーに染《そ》まり、そこから外れた人たちを「遅れた存在」「劣等《れっとう》なるもの」と見なしていったのである。

最近刊行された『辺境から眺める　アイヌが経験した近代』（二〇〇〇年七月、みすず書房）の中で、著者のテッサ・モーリス＝鈴木は、「人間社会は文明の進歩の途上にある系列的な段階を一歩一歩あゆみ進むものだという人類社会像を描いた」欧米の学者（ヘンリー・トマス・バックル、フランソワ・ギゾー）を紹介し、アーノルド・トインビーの「産業革命」概念や、ヴェール・ゴードン・チャイルドの「農業」革命・「都市」革命という考えがそれを補強したことを明らかにした後、こう続ける。

こうした概念・考えは、人類社会の前方行進がおこなわれてゆくなかで、そのつど別々の時系列《じけいれつ》上に「フロンティア」を定めたからである。こうしたフロンティアを利用しながら、未知のものを過去というはっきりと区画された地域に位置づけることで、差異《さい》のディレンマを解決しえたのだった。つまり、たしかにアイヌは日本人とみなされる。しかし、それもアイヌ以外の日本社会がはるか以前に置き去りにしてきた、別の歴史時代に属する日本人として、である。このようにして、アイヌの差異はひとを魅了《みりよう》し、エキゾチックで、脅威《きようい》をあたえないものにされえた。この主題を扱うある本のタイトルを借用すれば、アイヌは「現在のなかの過去」になった、ということであろう。

もちろん、このアプローチは二〇世紀全般にみられるヨーロッパやアメリカ合州国の人類学および考古学で提示された小社会についての見方にきわめて類似している。

やや難解かもしれないが、ここで検討されている概念は、人類社会がとにかく前に向かって進歩発展している、しかもその最前線に西欧文明があるという前提でもって、それと異なる「小社会」の人々を自分たちの物差しの中に押し込めようとするものである。そしてアイヌのような存在を「私たち自身の過去を映《うつ》す鏡」と見なすことによって、和人は安心し、アイヌ社会とその歴史の実像を見失うのだ。といって、そのアイヌなど小社会の人々のイメージは必ずしも否定的なものではない。

その例として彼女は、梅原猛《うめはらたけし》がアイヌを縄文文化の担い手として定義し、その文化が現代の物質主義的な社会が抱える困難の解決策を含むもの、つまりは「アイヌ社会を先祖の知恵の宝庫」と見なしていることを取り上げている。だが、いくら梅原がアイヌを好意的に見ても、アイヌを「古代日本の生き残り」と固定化することによって、歪《ゆが》んだアイヌ像を世の中に流布《るふ》する弊《へい》は免《まぬが》れないはずだ。「アイヌの知恵に学べ」式の言説《げんせつ》を安易に振り回すマスコミも、その点では同罪だろう。

6. 民族復権の新しい波

人類学に関する例では、幕末に英国人アイヌ墳墓盗掘事件《ふんぼとうくつ》（第二章で紹介）があった。不明となった森村の遺骨《いこつ》四体は今でもロンドンの博物館に陳列《ちんれつ》されていると仄聞《そくぶん》する、と小井田武は『アイヌ墳墓盗掘事件』（みやま書房）に書いている。また、事件の舞台となった道南の森村、落部《おとしべ》村にあるアイヌ墓地の遺骨《いこつ》はすべて、一九三五年（昭和一〇年）北海道帝国大学医学部の児玉作左衛門《こだまさくざえもん》教授によって掘り起こされ、同大のいわゆる「児玉コレクション」に加えられた。

同教授は、日本学術振興会学術部「アイヌの医学的研究」小委員会の解剖《かいぼう》学担当委員として、同大医学部の山崎春雄教授とともに、一九三四年（同九年）から三八年（同一三年）にかけて道内、旧樺太《からふと》、千島《ちしま》の各地で、五六年（同三一年）には静内《しずない》地方で、アイヌの人骨を半ば強制的に墓地などから発掘《はっくつ》、収集している。その数は、道内の八二二体をはじめ全部で一〇〇四体に上る。この中には、道南の一件のもののほか、旧樺太から江別・対雁《ついしかり》へと強制移住させられた人のものも含まれる。児玉は遺族側に研究後には返還することと慰霊碑《いれいひ》を建てることを約束していたが、約束を果たさず故人になった。現在は北大医学部の敷地一角に慰霊堂が建てられ、毎年供養が行なわれている。

学者の墓地発掘では、もっとひどい例がある。縄文人《じょうもんじん》をめぐって、縄文人はアイヌの伝説に出てくる小人のコロポックルであると唱えた坪井正五郎《つぼいしょうごろう》（東大に人類学教室をつくった初代教授。東京人類学会会長）を相手に、縄文人＝アイヌと主張して一大論争をした小金井良精《こがねいよしきよ》（日本人解剖学者としては東大の初代教授。形質人類学の始祖《しそ》）は、一八八八年（明治二一年）アイヌの生体計測と頭骨・骨格の収集のため道内を回り、墓を無断で掘り起こしている。「アイノ（注・アイヌのこと）がまだ附近に居る様なところは避けて、成るべく古い無縁《むえん》の墓地を探しもとめるのが大切」といい、余市《よいち》で屋敷内の墓を掘っていて見つかった時には「屋敷《やしき》内に墓があるのは嫌だから取り除く」と言い訳してにわか祭壇《さいだん》をこしらえてごまかしたり、十勝では昼間ねらいをつけておいた墓を夜陰《やいん》に乗《じょう》じて掘ったという。身体の計測は診療と偽《いつわ》って行なったという（『ドルメン』四巻七号、一九三五年七月、榎森進『アイヌの歴史』より）。

一方の坪井正五郎にも、「人類館事件」がある。一九〇三年（明治三六年）三月一日、第五回内国勧業博覧会が大阪で開かれた。八年ぶりの開催とあって、五か月間の開催期間に予定の三〇〇万人を大幅に上回る四三五

6. 民族復権の新しい波

万人もの観客が訪れる盛況だった。そのパビリオンの一つに、坪井が企画して設けた人類館がある。

海保洋子『近代北方史』（三一書房）によると、これは、世界人種地図に世界の五〇人種の人形を男女各一体ずつ付着させ、さらに「琉球《りゅうきゅう》人、台湾土人、熟蕃《じゅくばん》（注・高砂族中、漢族に同化した者）、生蕃《せいばん》（注・高砂族中、漢族に同化しなかった者）、アイヌ、マレイ人、ジャヴァ人、マドラス人、トルコ人、ザンジバル人」は実際の人が陳列《ちんれつ》に雇《やと》われ、おのおのの風俗をさせられ、おのおのの住居に住まわされ、産物を売り、楽器を演奏するなど

東京朝日新聞

路透電報

内國電報

臨時總選擧

博覽會開場

東京市當選議員

博覽會畫報

第5回内国勧業博覧会を報じる新聞　（『東京朝日新聞』1903年3月2日

一種の見せ物興行的演出を強制された。

　これにはさすがに内外から批判が起こり、当初計画では中国人も陳列する予定だったが、当時の中国（清国）公使の異議申し立てで取り止めになり、朝鮮婦人についても朝鮮志士による撤回《てっかい》運動が起こされた。国内からは、沖縄県民から猛烈《もうれつ》な抗議があった。たまたま陳列を見た沖縄の女性が新聞に投書したのがきっかけで、『琉球新報』の太田朝敷《ちょうふ》主筆は「是《こ》れ我を生蕃《せいばん》アイヌ視したるものなり」と猛反発し、「本県の強化今や駸々《しんしん》として上進し服装の如《ごと》きも男子は十中の八九は既に之《これ》を改め女子と雖《いえど》も改装するもの年々其数を増加する勢あり」と同化が進んでいることを強調し、アイヌとの同列視を批判した。こうして沖縄を挙げての抗議活動が展開され、「琉球人」の陳列は四月三〇日に中止された。

　この沖縄県民の動きと対照的だったのが、アイヌだった。アイヌは十勝の首長ホテネこと伏根《ふしね》安太郎ら一七人が人類館陳列に参加した。伏根らは当時、十勝の伏古《ふしこ》にアイヌの学校をつくろうと努めており、前年に開校にこぎつけたものの、教師の招聘《しょうへい》や学校維持の資金が不足していた。そこへ人類館の話が舞い込んだので、陳列に参加するとともに、観覧者らにアイヌ学校運営についての協力や同情を求める演説をしたという。新聞などで陳列を批判的に報道することも全くなかったという。

　同じ「内国植民地」の悲哀《ひあい》を味わされてきた同士のはずなのに、沖縄県民の意識からすればアイヌは彼らより下に位置する存在だったようだ。「沖縄学の父」といわれる伊波普猷《いはふゆう》は「琉球史の趨勢《すうせい》」（一九〇七年）の中でこんな発言をしている。


ところが此の琉球民族といふ迷児《まいご》は二千年の間、支那海中の島嶼《とうしょ》に彷徨《ほうこう》してゐたに拘《かか》はらず、アイヌや生蛮みた様に、ピープルとして存在しないでネーションとして共生したので御座います。

（中略）アイヌを御覧なさい。彼等は、吾々沖縄人よりも余程《よほど》以前から日本国民の仲間入りをしてゐます。併《しか》し乍《なが》ら諸君、彼等の現状はどうでありませう、やはりピープルとして存在してゐるではありませんか。不相変、熊と角力《すもう》を取ってゐるではありませんか。彼等は向象賢《しょうじょうけん》（注・琉球の政治家。伊波の言う「三偉人」の一人で「日琉同祖《どうそ》論」の最初の提唱者）も一個の蔡温《さいおん》（注・同、「三偉人」の一人）も有してゐなかったのであります。

（海保洋子『近代北方史』より）

琉球民族はネーションであり、アイヌはピープルだ、と差異を強調しているのは、沖縄県民が問題意識をもって人類館事件を闘ったのに、アイヌはそこまで到達していなかったと伊波《いは》が考えた故か、と海保は推測する。小熊英二によれば、ここでいう「ピープル」は政治的能力の欠如した民族、「ネーション」は国家を形成するだけの能力を有する民族を指す（『〈日本人〉の境界』）。小熊は「現在の立場から、こうした伊波の主張を批判するのは容易である。しかし」と前置きしてから、当時の状況にあった限界を次のように指摘する。

6. 民族復権の新しい波

これは伊波個人の限界というより、当時の状況の限界であった。当時の沖縄世論にとって、「日本人」と同祖であることだけでなく、アイヌや「生蕃《せいばん》」との差異が強調されなければ、「琉球民族」などという言葉を受け入れることはおそらく困難であったと思われる。また、支配者の言説である同祖論を利用した時点で、それにふくまれていた差別をも流入させてしまったことも無視できないだろう。

さらにいえば、これはナショナリズムそのものの限界でもあった。ナショナリズムは自集団のアイデンティティを形成するために、民族的優秀性をうたう歴史を創造するだけでなく、なんらかの比較や排除の対象を必要とする。多くのマイノリティ・ナショナリズムは、支配者を批判し排除《はいじょ》の対象とすることでその条件を満たすが、伊波の場合は日本との差異を強調するわけにはゆかなかった。となれば、アイヌや「生蕃《せいばん》」にしか、排除の対象を求めえなかったのである。

（『〈日本人〉の境界』）

苦渋《くじゅう》の選択を強制された沖縄の人々が、自集団のアイデンティティをつくるために、あえてアイヌを排除の対象とせざるをえなかったという分析である。そして、アイヌにはアイヌの事情があったのだが、これが現在まで続く「観光アイヌ」イメージにつながることを、海保は指摘する。

これらアイヌ民族がとった行動は、（中略）ひるがえって考えると、場所は一見アカデミックな人類館であり、観覧者の同情を集め、義捐金《ぎえん》を集めることができたのも、正にかれらが「ピープル」を強調する場におかれていることへの自己規定が明確でなかったからにほかならない。（中略）「土人学校」設立という正当な理由を看板にしつつ、博覧会の観覧者に「北海のアイヌ」「新開地のアイヌ」等のイメージを強調せざるを得ぬ立場に自らを立たしめている。ここには、アイヌ民族に教育をというきわめて発展的主体的意図と、その成否《せいひ》を観覧者の優越《ゆうえつ》感に期待せざるを得ないというマイナス的要素が混在し、一つのアイヌ観が醸成《じょうせい》される可能性のあるベースを提供している。

これはアイヌ民族の持つ意識云々の問題ではなく、民族独自の主体性ある生き方を否定されたその当時唯一可能であった近代化のなかの悲惨《ひさん》な現実のあり方を示しているといえよう。とにかくこのなかから現在も完全には否定しきれていない見せ物興行的「観光アイヌ」（この際、実際にそれを行っているのが和人であるか、アイヌ民族であるかは問わない）イメージが定着する。事実、以後も博覧会にはほとんどの場合人類館的施設が登場し、多くの場合アイヌ民族が「陳列」されている。

（『近代北方史』）

アイヌが自らを見せ物興行的な売り物にせざるを得ない「発展的主体的意図」があったわけだが、その成否は見る者の優越感に委《ゆだ》ねられていた。海保は、この矛盾した現実をただ悲惨と見るだけでなく、アイヌをそこに追い込んだ日本の人類学のあり方にもメスを入れている。そして、具体的事例の分析を通して、①人類学研究の視野においてアイヌ民族は恩恵《おんけい》的生存権しか与えられていなかった、②人類学研究が必ずしもアイヌの存在を尊重しておらず、その文化、宗教等を一方的に価値のないものとし「未開」「野蛮」視するあまり、こと

6. 民族復権の新しい波

さらその「遅滞《ちたい》性」を強調している、③人類学研究の中のアイヌ研究は、日本自身の「列強《れっきょう》」化と無縁《むえん》でなく、その過程で領域内に取り込んだ植民地諸民族に対する支配を研究の名で合理化する役割を担《にな》っている——と問題点を挙げている。

近代化の中で輸入された人類学という学問が、アイヌを劣等視《れっとうし》する根拠を与えただけでなく、日本の植民地支配を合理化する役割まで担っていた、という指摘である。事実の告発だけにとどまらず、より本質に迫ろうという気持から、アカデミズムの論議にまでやや深入りしてみた。人類学に限らず、民族学、歴史学などが、今後も自己点検して行かなくてはいけない問題であると思う。

アカデミズム批判を続ける。これまで見てきた例は、いずれも学界トップの権威《けんい》者が率先《そっせん》しての蛮行《ばんこう》である。驚くことばかりだが、まだまだ事例には事欠《ことか》かない。私が第四章の「健康を損《そこ》なうアイヌ」で引用した文献『黴毒《ばいどく》史考』の中に、「昨年（注・一九三五年）北大有馬内科教室の人々が平取地方へアイヌの結核を検べに行った尋《つい》でに百人以上の血清を持って帰って検《しら》べて見たら、割合に陽性率が高かったと云ふ話であるが之れは未発表の事であるから、夫《そ》れ以上の事は分からない」という文章がある。陽性率が高いというのは、梅毒についてのことである。つまり、結核の検査をしに行ったのに、「尋《つい》でに百人以上の血清を持って帰って」梅毒の検査をしたというのである。

こうしてコタンに学者・研究者が来て墓をあばく、村人の血液を採《と》る。そればかりか、毛深い様子を調べるために村人の腕をまくり首筋から襟《えり》をめくって背中をのぞく、番号札を下げて顔写真を撮る。こんな例が、萱野茂《かやのしげる》『アイヌの碑《いしぶみ》』（朝日文庫）の中に出て来る。拙著《せっちょ》『しょっぱい河——東京に生きるアイヌたち』（記録社）にも、小学校低学年の時、近くの考古館にアイヌの子供たちが集められ、百円の駄賃《だちん》と引き換えに学者に背中を覗《のぞ》かれた例が登場する。また、ある著名《ちょめい》な学者はアイヌの血液で白血球の型を調べる研究をひそかに行なった、その血液集めの便宜《べんぎ》をある有名医師がはかったという話を、私は一〇年ほど前に関係者から直接聞いている。

学者批判は、新谷行《しんやぎょう》の『アイヌ民族抵抗史』（三一新書）にもふんだんに出てくる。新谷は、歴史学、考古学、アイヌ研究で名高い河野常吉《つねきち》・広道《ひろみち》・本道《もとみち》の三代にわたる「河野コレクション」に触れ、収集した一万数千点のアイヌ文化遺品《いひん》を旭川の「伝承コタン」に年四百万円の四年割賦《かっぷ》で売り渡したことを取り上げている。「河野本道といえば、（中略）アイヌ民族の解放を説く若手の最も進歩的学者といわれている人である。（中略）そのご当人が、三代にわたって収集したアイヌ文化遺品（タダで持ち帰ったという声もある）を売っているのはどうしたことだろう」というのだ。

この件とは別に、今、河野本道はアイヌ有志から民事訴訟を起こされ、札幌地裁で係争中である。第四章の「健康を損なうアイヌ」で私自身も引用した資料なのだが、関場不二彦《せきばふじひこ》『アイヌ医事談』という本がある。同書で関場は、一八九二年（明治二五年）に治療したアイヌの実名、出身地、年齢、病名などを一覧表にしている。現代の人権感覚からはとうてい考えられない神経だ。これと同様な問題点を持つ道庁『余市《よいち》町旧土人衛生状態調査復命書』が関場書や他資料とともに、河野が選者を務めた『アイヌ史資料集』第三巻（北海道出版企画センター）にそのまま収められている。これを「差別図書」として弾劾《だんがい》する有志が一九九八年（平成一〇年）に損害賠償請求事件として提訴したのである。

学者・研究者の著作、収集資料などの扱い、評価についてはとても難しい問題が含まれる、と私は思う。その論議は後にするとして、今しばらくどんな事実があったのかを、追いかけたい。『アイヌ民族抵抗史』には、新谷自身が糾弾《きゅうだん》に関わった事例も出てくる。

新谷主宰《しんやしゅさい》の「北方民族研究所」と結城庄司《ゆうきしょうじ》代表の「アイヌ解放同盟」が連名で、一九七二年（昭和四七年）に札幌医科大学で開かれた「日本人類学会・日本民族学会連合大会」の全参加者たちに、研究目的を問う公開質問状を出した。内容要点は、①大会役員の高倉新一郎、更科源蔵《さらしなげんぞう》がアイヌ民族はすでに滅亡《めつぼう》して日本民族に同化しきっていると繰り返し明言しているが、アイヌは滅《ほろ》びたという認識なのか、あるいは滅びることを拒否しているという認識に立って本大会を行なうのか、②参加者はアイヌ解放の味方なのか、それとも日本国家のアイヌ滅亡、抹殺《まっさつ》の総仕上げの担《にな》い手なのか——という二点である。ところが、このアピールが無視されたため、二人は学会のシンポジウムに乗り込み、学者らの研究姿勢を鋭く糾弾《きゅうだん》した。その糾弾の中身は次の通りである。

香原志勢「アイヌ系中学生の体格と皮下脂肪《ひかしぼう》厚」は日高地方と新冠地方の中学生が研究の客体《きゃくたい》とされた。埴原《はにはら》和郎「アイヌの歯冠《しかん》形質の集団遺伝学的研究」は日高地方の中学生を中心とした石膏《せっこう》印象を五年間に六〇〇個も採取して進めた研究である。尾本恵市《おもとけいいち》「多型性性質より見た日高アイヌの遺伝的起源」も日高のアイヌ四七〇人の、色覚型、味覚型、耳垢《あか》型、血液中の蛋白《たんぱく》などを調べている。伊藤真次「アイヌの生理的寒冷適応能」は、アイヌには「寒冷馴化《じゅんか》動物と同様な代謝《たいしゃ》性適応機能が発達している」という結論で、アイヌを動物扱いしている。

専門用語に目を眩《くら》まされてはならないだろう。こう並べてみると、たしかに「学者系人種」は生身の人を人として見ない、あるいは見ることができない特殊な「適応能」が、先天的な「遺伝的形質」として備わっているか、あるいは後天的に学界という劣悪環境に「生理的に馴化《じゅんか》」して所有されるようになった変異《へんい》種なのかもしれない。こんな言葉遊びでもして皮肉ってみたくなる存在だ。連合大会で役員として基本姿勢を問われた高倉新一郎、更科源蔵《さらしなげんぞう》の二人は後年、「アイヌ肖像権裁判」でも被告の座に座らされている。

6. 民族復権の新しい波

◆アイヌ肖像権裁判

八五年（昭和六〇年）五月、アイヌ女性の内藤美恵子（提訴時。後に伊賀美恵子・チカップ美恵子）は、自分が子供のころの写真を無断でアイヌ関連の学術書（『アイヌ民族誌』第一法規出版）に掲載《けいさい》され、しかもその本の内容がアイヌ民族を滅《ほろ》びゆくものとしてとらえており、「肖像《しょうぞう》権を侵害されたうえ、名誉《めいよ》を著しく傷つけられた」と、出版社と写真を提供したアイヌ研究者・更科源蔵を相手どり、慰謝料三九〇万円の損害賠償と主要新聞への謝罪文掲載《けいさい》を求め、東京地裁に提訴した。一般に「アイヌ肖像権裁判」と呼ばれる訴訟である。

問題とされた写真は、一九六四年（昭和三九年）に内藤がＮＨＫ札幌局制作の映画『ユーカラの世界』に出演し、アイヌの民族衣装をつけて民族楽器ムックリを演奏していた際に、同局嘱託《しょくたく》で番組制作に関わっていた更科《さらしな》が撮影したもので、その後、更科自身が保存していた。それを、六九年（同四四年）に『アイヌ民族誌』を更科ら研究者一一人が出版する時に、更科が無断で提供した。そして、八二年（同五七年）になって内藤がこの本を目にし、出版社と更科に無断掲載の理由をただしたのだが、誠意ある回答がなかったために提訴に踏み切ったという。裁判開始後まもなく、被告の更科が死亡したため、本の監修者だった高倉新一郎と犬飼哲夫《いぬかいてつお》の両・北大名誉教授が被告に追加された。

原告は訴状の中で、写真の無断使用・公表により肖像権が侵害され、この本がアイヌ民族を「滅びゆく民族」視していることにより名誉を毀損《きそん》されたと主張している。後者の論点については具体的に、①『アイヌ民族誌』の内容は、アイヌ民族を「滅びゆく民族」として全編にわたって紹介したものであり、その方法は身体的特質を解剖《かいぼう》的に紹介するなど人間をあたかも標本《ひょうほん》のように扱っている、②同書は北海道が主催する「北海道百年」記念事業の一環として出版されるものだが、アイヌ民族はこの事業を同化完了事業と位置づけ、反対してきた。原告もその一人であり、同書に写真が掲載されたことにより原告が同化政策に賛成する印象を流布された――と訴えている。

これに対して被告側は、①写真撮影時に知っていて異議を述べずに応じた、②学問の自由、表現の自由に基づく社会的に有用な行為だから、肖像権の侵害に当たらない、③本書は同化政策を賛美するものではない、④個々の記述部分については、研究対象とされたアイヌ民族の個人的感情にそぐわない部分があるかも知れないが、学問の自由、表現の自由という法益のために受忍《じゅにん》されなければならない――などと反論した。

結局、裁判は八八年（同六三年）六月、東京地裁から和解《わかい》勧告が出され、九月に被告が「謝罪文」を出し、「慰謝料《いしゃりょう》一〇〇万円」を払うことで決着した。原告の実質的全面勝利といってよい結末である。この訴訟記録が、現代企画室編集部編『アイヌ肖像権裁判・全記録』（現代企画室）として出版されている。口頭弁論の論戦を丹念《たんねん》に読んでいくと、和人の学者たちがどんなアイヌ基本認識を持ち、どう接してきたかが具体的事例を交えて浮き彫りになり、実に興味深い。焦点の「滅びゆく民族」視をめぐっては、原告側弁護士安田好弘と被告高倉新一郎の間でこんなやりとりがあった。

安田　七八ページに「こうして北海道開拓政策それに伴うアイヌ政策は人種として、もしくは民族としてのアイヌはまったく和人の中に解消してしまったのである。社会的な人種偏見《へんけん》は、なおすべて、解消したわけではないが、アイヌ問題は、もはや人種民族の問題としてではなく、むしろ社会経済的な辺境に住むが故の貧困の問題としてとらえねばならない時期にきている」と。

高倉　ええ、そう言ってます。

安田　ここの中では、どういうことが述べられているんですか。

高倉　……

安田　今、私が言いましたところは……。要約していただくと。……

高倉　わかりませんかな。……

安田　ええ

高倉　解消してしまったように、私は見たんです。

安田　人種として、民族としてのアイヌはもうないということなんでしょうか。

高倉　いや、そうでない。大局言えば、まあ、なくなってしまったと。

安田　同じことでしょう。

高倉　……

安田　それから、もうひとつの文章がありますが。

高倉　それから、社会的偏見はなおすべて解消したわけではないが、アイヌ問題は、もはや人種民族の問題ではなく、むしろ社会経済的な辺境に住むがゆえの貧困の問題としてとらえなければならない時期にきている。……

安田　あなた読まれただけですね。

高倉　ええ。

安田　つまり、アイヌ問題というのは人種問題ではない、民族問題ではないということを言い切っていらっしゃるでしょう。

高倉　ええ、そうです。

安田　このお書きになった当初、本当にアイヌ民族というのはなくなってしまっていたんですか。

高倉　いや、私は当時の考え方からゆきますと、アイヌは民族だということに対しては非常な混血がひどくなって、いわゆるコタンとかなんとかいう、これ、私、多少、書いていますけれども混血でないと言い切れる人はいないんです。

安田　混血であれば民族ではないと……

高倉　いや、それですから、人種としての民族ではないということです。

高倉の答弁は、いかにもしどろもどろである。結局は「滅びゆく民族」だと肯定《こうてい》しているのである。人種と民族の認識・識別も充分でない。この高倉の基本姿勢を如実《にょじつ》に表している著作がある。彼の代表的著書『アイヌ政策史』（一九四二年。日本評論社）だ。この本は、日本の植民地政策、つまりは同化政策をいかに合理化してゆくかという視点で書かれたものである。「序論」で高倉はこう述べている。

其等《それら》原住者に対する政策の如何《いかん》は、彼等の生活を左右するのみならず、我が国の植民地経営に至大《しだい》の関係がある。（中略）原住者政策の成否《せいひ》は、大陸経営の成否引いては国家の存亡《そんぼう》に拘《かか》はる重大問題となつてゐる。

而《しか》して植民政策をして最も合理的ならしむるためにはその組織的研究を必要とする如《ごと》く、原住者政策をして最も理想に近からしめんことを望むためには、その科学的な研究を必要とする。

「国家の存亡」がまず先にあるのだ。「彼等の生活」つまりアイヌのことは極めて付随的な問題のようだ。こうした視点で貫《つらぬ》かれた末の「結論」には、アイヌ問題の位置づけが明らかにされている。

　今日アイヌ問題として残されてゐる部分は、其《その》精神的物質的文化の差は或は教育の普及或は社会的教化に依《よ》って次第に除かれ、唯《ただ》其経済的方面のみが色濃く残されてゐるのみである。従って植民地原住者問題として特別に論ぜらるべき問題は次第に消え去って一般の貧乏問題に吸収されつゝあり、旧土人保護法も亦《また》その内容は一般の社会事業と選ぶ所なきに至りつゝある。

「経済的方面」の「貧乏問題」だけが残っているというのである。これを執筆してから裁判まで四〇年余りが経っているが、高倉の基本認識はこの間にほとんど変わっていないようだ。一九八〇年代といえば、すでに民族自立・自決の機運《きうん》が世界的潮流となって日本にも伝わっていたのだが、老権威《けんい》はそうした時代の波からも隔絶《かくぜつ》した旧《ふる》き「象牙《ぞうげ》の塔《とう》」に籠《こ》もりっきりだったようだ。

　ただし、ひとこと付言しておきたい。私はこの本の中で、高倉、更科、河野ら、アイヌの人たちから批判された学者・研究者らの著作・編著書・収集文献なども引用してきた。

　批判された学者だからといって、その学問的成果が全否定されるものではない、との観点からである。要は、内容をきちんと吟味《げんみ》し、その価値判断を誤ることなしに、利用できるものは利用し、批判すべきものは批判することではないか。

6. 民族復権の新しい波

◆北海道百年記念事業とアイヌの闘い

「アイヌ肖像《しょうぞう》権裁判」で問題となった本『アイヌ民族誌』が出版されたのは、一九六九年（昭和四四年）だった。これは道庁が主催する「北海道百年」記念事業の一環として出されたものであったが、この年はいわゆる「七〇年安保」闘争のピークとも重なり、アイヌをめぐる状況にも動きが見られる。

「北海道百年」とは、一八六九年（明治二年）に日本政府が開拓使を設置し「蝦夷地」を「北海道」と改称してから一〇〇年が経った、という意味である。ここには、先住民族アイヌの長い歴史への配慮はない。道内各地では官主導の関連記念行事がさまざまに繰り広げられたが、その中心的モニュメントが札幌郊外の野幌《のっぽろ》森林公園に建てられた高さ一〇〇メートルの「北海道百年記念塔」だった。アイヌのリーダー山本多助がこれを「侵略の塔」と呼んで厳しく弾劾《だんがい》したのをはじめ、和人でも心ある人たちからは批判する声が相次いだ。アイヌ自身や和人による「実力行動」が各地で頻発したのもこの時期である。

七二年（同四七年）九月、日高・静内町真歌《まうた》の丘に建てられた「シャクシャイン像」の台座文字が削《けず》り取られた。削ったのは、この年に札幌医大において学会糾弾をしたアイヌの若手リーダー結城庄司《ゆうきしょうじ》、詩人で文筆家の新谷行《しんやぎょう》、文筆家の太田竜《りゅう》ら五人である。

この像は北海道百年記念事業として札幌在住の竹中敏洋に彫刻を依頼し、アイヌの英雄シャクシャインがかつて砦《とりで》を築いた跡に立てられた。この丘では、毎年シャクシャインが松前藩との和議の場で謀殺《ぼうさつ》された命日・一〇月二三日に地元アイヌが集まり、慰霊《いれい》のカムイノミ（神々への祈り）が行なわれて来ており、七二年には命日を一か月繰り上げて慰霊祭を行なった。これを地元の和人観光業者が観光に利用しようとしたり、作者の竹中がプラスチックでミニのシャクシャイン像を大量に作って観光土産商品として売り出すなど、アイヌの人たちにとって見過ごせない動きがあった。この祭の夜、静内町公民館で討論会が開かれ、本人を前に竹中の行為が厳しく責められた。

台座文字削り取りが行なわれたのは、翌九月二〇日の夜だった。像の台座正面には「英傑《えいけつ》シャクシャイン像」とあり、その下に「北海道知事町村金吾《まちむらきんご》」と刻まれていた。それを削り取ったのである。実行者の一人・結城庄司は「人々の心には『町村金吾』の名前は、侵略者の末裔《まつえい》の代表者として怨念《おんねん》があった。民族の英雄シャクシャインの子孫としては、『町村金吾』の四文字に屈辱感《くつじょくかん》からくる抵抗を感じとったのである。できることであれば、侵略者の名前を削り取りたいものである、という話になった」（結城庄司『アイヌ宣言』三一書房）という経緯《けいい》を明らかにしている。さらには、アイヌの英雄像を建立《こんりゅう》するのになぜシャモ（和人）の手を借りねばならなかったのか、という疑問もあった（新谷行『アイヌ民族抵抗史』三一新書）。

驚くのは、七四年（同四九年）になって、この実行者五人のうち四人までが北海道警に逮捕されたことである。四人も逮捕するほどの大罪なのだろうか。新谷が前掲《ぜんけい》書でこう書いている。「台座の文字を削るということは、法律的にみるなら、隣の窓ガラスを一枚か二枚こわした程度のものである。それが新聞でも大がかりな記事を組んだ。一口にいうなら、三井・三菱の爆弾事件に関連があるとにらんだ、道警というより、警視庁から指令の出たみこみ逮捕である」

6. 民族復権の新しい波

三井・三菱の爆弾事件とは、七四年八月三〇日、東京・丸の内の三菱重工本社前で時限爆弾が爆発し、通行人八人が死亡し、三八五人が重軽傷を負った事件である。「東アジア反日武装戦線〝狼《おおかみ》〟」が仕掛けた一連の企業爆破事件の始まりであり、同グループは地下出版物『腹腹《はらはら》時計』の中で、反日本帝国主義への武装闘争を宣言するとともに、植民地化された地域のアイヌや沖縄人、朝鮮人との連帯を訴えていた。ここから、世界革命浪人を名乗り「アイヌ共和国」建国を主張する太田竜《りゅう》の影響が公安当局で疑われ、結城、新谷、太田らが別件逮捕されたというのが真相のようだ（松下竜一『狼煙《のろし》を見よ』講談社現代教養文庫）。

太田らではなく、「東アジア反日武装戦線〝狼〟」が直接実行した、アイヌ関連の爆破事件もあった。七二年（同四七年）一〇月二三日、旭川市常磐《ときわ》公園内の「風雪の群像」と北海道大学文学部（札幌）のアイヌ関連資料を収めた北方文化研究施設のケースが、同時に爆破されたのである。「風雪の群像」は二年前に北海道開拓記念碑《ちよめい》として著名な和人彫刻家・本郷新《しん》の手で制作され、「朔風《さくふう》・波濤《はとう》・沃野《よくや》・大地・コタン」をテーマに五体の人間像が組み合わされている。四つのテーマを表わす像が若い人間なのに対して、最後のコタンのアイヌ像だけは、腰に手を当てて立つ和人の前に老アイヌが膝《ひざ》をついて何かを案内するようなポーズだった。

この像をめぐって旭川在住の作家・三好文夫と本郷の間で激しい論争が行われ、結局、アイヌが木株に腰を下ろすポーズに変えられた。しかしこれでも、像は屈辱的《くつじょくてき》なものであるとの批判がなくならなかった。彫刻家砂沢ビッキは「朔風・波濤・沃野・大地というテーマはなんと洋々とし蕩々《とうとう》とした空間の中でのびのびとしているかにくらべ、何故アイヌはコタン（部落）という偏狭《へんきよう》な地点に座しなければならないのか。この大自然と大地はわれわれアイヌのものではなかったか！」（宮島利光『アイヌ民族と日本の歴史』三一新書より）と刷《す》った抗議のビラを、旭川の街で道行く人に黙々と配った。

一方、北大の施設はアイヌの文化遺産を収集している施設であり、〝狼《おおかみ》〟グループにとっては、「一方はアイヌの遺産を略奪《りやくだつ》して見世物《みせもの》にしている許し難い施設であったし、ブロンズ像は侵略行為の誇示《こじ》そのものと見える」（『狼煙《のろし》を見よ』）という理由から、旭川と札幌という離れた土地にあるこの二つの施設とモニュメントを、時限爆弾で同時爆発させたのだった。群像は四体が破壊され、北大の施設は被害が軽かった。

これら事件の後も道内各地で、各種の記念像の汚損《おそん》事件などが相次いだ。日米安保の自動継続に反対する「七〇年安保闘争」が結局は敗北に終わり、全国の大学キャンパスには挫折《ざせつ》感とシラケ気分が漂ったが、他方で運動の余燼《よじん》もまだくすぶっていた。七二年（同四七年）には田中角栄の『日本列島改造論』が発表されて地価が暴騰《ぼうとう》、七三年（同四八年）には石油ショックに見舞われ諸物価が急上昇している。

こうした世情が騒然とする中で過激な爆弾闘争などが展開され、結城や新谷らが過激派と誤解され、アイヌ全体の地道な運動も再び沈滞せざるをえなくなった。この時期から私は札幌に本社がある新聞社に勤めだしたのだが、玄関口に警備のガードマンが常駐し、紙面展開のうえでも編集局幹部が〝アイヌ問題〟にピリピリと神経を尖《とが》らせ始めたのを覚えている。

6. 民族復権の新しい波

◆実態調査とウタリ福祉対策

道内のアイヌの人々が現実にどんな生活をしているかを調べる、道庁の「ウタリ生活実態調査」が最初に実施されたのは、一九七二年（昭和四七年）だった。以後、七九年（同五四年）、八六年（同六一年）、九三年（平成五年）にも行なわれている。第四回（九三年）の結果から実態を見てみよう。

道内居住アイヌの全人口は七三二八世帯・二万三八三〇人で、七五の市町村に住んでいる。第一回（七二年）調査では四五五八世帯・一万八二九八人・三九市町村だったので、この二一年間に三項目ともかなり増加している。特に居住市町村は倍増に近く、それだけ分散して住むようになったといえる。支庁別では、日高九二九九人（三九％）と胆振《いぶり》七三三〇人（三〇・八％）で合わせて約七割までを占め、石狩二一七六人（九・一％）、釧路一七六五人（七・四％）などが続いている。

産業別の就業者は第一次産業三四・六％、第二次産業三二・四％、第三次産業三二％とほぼ当分の割合で、業種別では建設業二二・三％、漁業二二・二％、サービス業一三・一％、製造業九・七％、農業九・四％が上位を占めた。前回調査（八六年）と比べると、農業が一五・五％から九・四％に減ったのに対し、逆にサービス業は九・九％から一三・一％へと増えている。農業や中小企業の経営規模は、いずれも零細《れいさい》なものが多い。

生活状況は、三分の一近くの人がとても苦しいと答えており、生活保護を受けている人も四四三世帯・九二五人（人口一〇〇〇人中保護を受けている人の割合＝保護率は、三八・八）いた。世帯・人数・保護率ともに調査ごとに減少してきているが、アイヌの人たちが住む市町村の平均保護率は一六・四であり、それと比べると二・三倍の格差が依然としてある。こうした格差は、高校・大学進学率にも影響している。高校進学率はアイヌ居住市町村の平均九六・三％に対してアイヌ世帯は八七・四％、大学進学率も二七・五％に対して一一・八％と、かなり差がついている。

アイヌ文化の保存・継承について、必要だと思っている人は六六・七％、その普及が必要だと思っている人は五七・五％に上っている。アイヌ文化に対する高い関心をうかがわせるが、他方で被差別体験にも根強いものがある。最近六、七年間に自分が何らかの差別を受けたことがある人は七・三％、他の人が受けたのを知っている人は一〇・一％いた。差別を受けた場面は、学校四二％が圧倒的に多く、次いで結婚のことで二三・二％、職場で一七・九％、交際のことで一〇・七％、就職のとき九・八％などとなっている。

実態調査にはもう一つ、東京都が実施したものがある。なぜ東京都が？　という疑問があるかもしれないが、この調査実施には東京周辺に住むアイヌの人たちの大変な努力があった。アイヌの人たちの組織・東京ウタリ会（現・関東ウタリ会）のメンバーが再三にわたって都庁や都議会に働きかけ、実施にこぎつけたのである。東京にも多くのアイヌが住み、生活上の困難や被差別に苦しんでいる、その実態を行政が把握《はあく》して施策に生かしてほしいとの願いが背後にはあった。調査は七五年（昭和五〇年）と八九年（平成元年）の二回、行なわれている。八九年調査の結果を中心に紹介する。

調査対象のアイヌは、五一八世帯・八六三人で、有効回収数は四〇七世帯・五一四人だった。これをもとに前回調査の実績もふまえて、都内に住むアイヌ総数は約二七〇〇人と推定している。世帯形態で特

■支庁別アイヌ人口と構成比

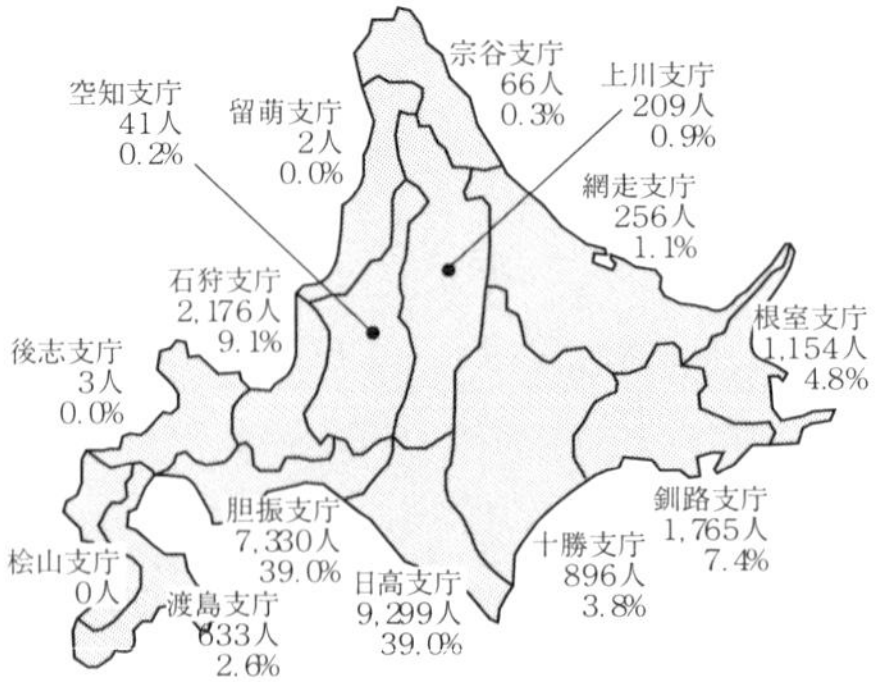

出所）北海道庁「ウタリ生活実態調査」より

6. 民族復権の新しい波

■アイヌ文化の保存・継承

■アイヌ文化の普及

■高校進学率

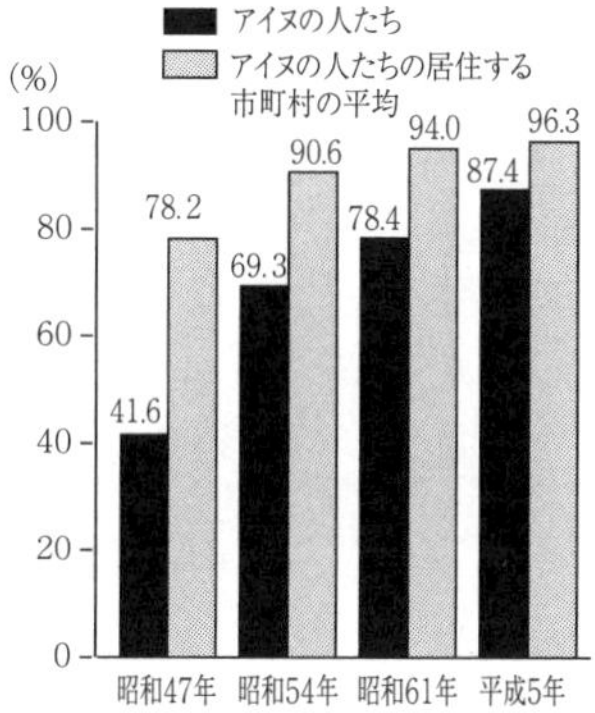

■大学進学率

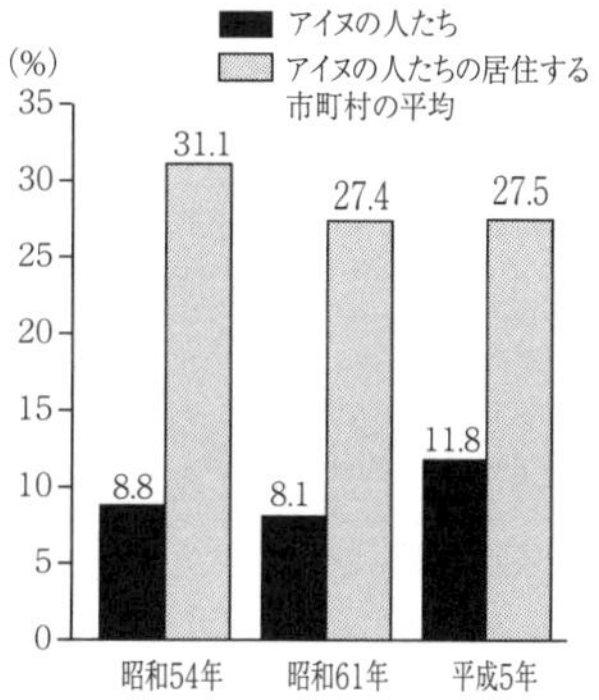

■生活保護の状況
保護率（人口1,000人中、保護を受けている人の割合）

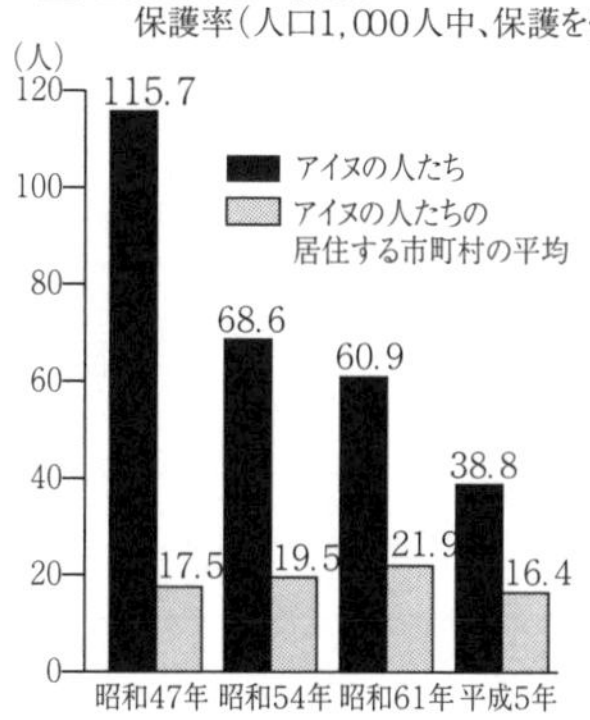

■就職者の状況
（15歳以上の産業別就業者の比率）

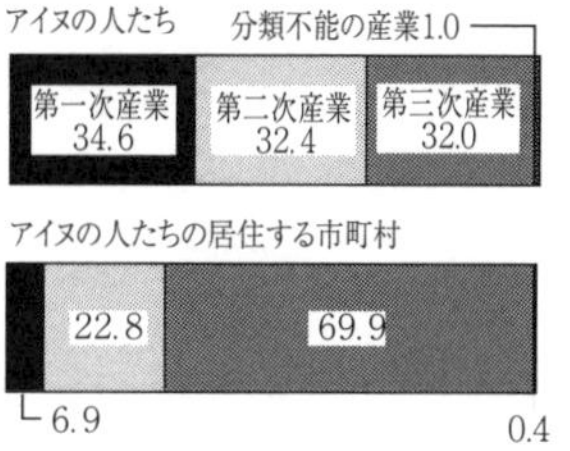

生活保護を受けている人は平均の二倍以上

出所）北海道庁「ウタリ生活実態調査」より

徴的なのは圧倒的に単身世帯が多いことで、全体の四二・三％を占めた。都民世帯が二七・四％なのと比べると、その多さがわかる。

この背景には、在京アイヌの大半が比較的最近になって道内から上京して来たことがある。一九五五年（昭和三〇年）以降に上京した人が、全体の九一・九％に上っている。とりわけ高度経済成長期の上京が目立ち、その理由は道内での生活苦から抜け出したかったことと、差別から逃れたかったことが最多だった。

生活面では、一〇項目中「就職」「収入」「教育・学習」「物価」「趣味・教養」などの七項目で道内より東京の方が暮らしやすいとの回答があり、生活保護世帯も一・三％（道内調査の人口一〇〇〇人比保護率とは異なる）と道内よりずっと低い数値だった。教育では、最終学歴が小学校と中学校を合わせて六六・七％で、都民の二〇・八％の三倍強に上った。高校は二六％（都民三九・四％）、大学は六・三％（同二四・二％）で、都民平均との差がかなりあった。職業では、第二次産業四九・五％、第三次産業四七・二％、第一次産業一・五％と、道内とは際立《きわだ》った違いを見せている。

上京の大きな理由となった差別については、何らかの差別を受けた人は七二・四％に達し、「差別があった」と答えた中で比率が高かったのは、学校（六七・七％）、交際（三八・一％）、職場（三七・四％）、結婚（一九・九％）などだった。この点では道内と似た傾向を示しており、土地が変わってもアイヌの人々が変わらず差別の対象になっていることが浮き彫りにされている。

これらの実態調査でもわかる通り、アイヌの人たちの生活を取り巻く状況は困難に満ちている。道庁は七二年（昭和四七年）の実態調査結果をもとに、七四年度（同四九年度）から「ウタリ福祉対策」をスタートさせた。これまでに、七四年度から八〇年度（同五五年度）までの第一次、八一年度（同五六年度）から八七年度（同六二年度）までの第二次、八八年度（同六三年度）から九四年度（平成六年度）までの第三次、九五年度（同七年度）から二〇〇一年度（同一三年度）までの第四次対策が継続実施されてきている。

この事業の大きな柱は、「文化の振興」（アイヌ語教室や古式舞踊保存会の支援など）「教育の充実」（進学を勧めるための入学支度金、修学資金の助成・貸付など）「生活の安定と産業の振興」（就職資金や住宅資金の貸付、農林漁業の生産基盤の整備など）「アイヌの人たちについての理解促進」（各種啓発活動など）で、国が財政援助し、道庁を主体に各市町村、関係団体が協力して実施する体制をとってきた。

だが、毎年、平均二〇億円前後の予算が注ぎ込まれて来たのに、実態調査結果からもわかるように、その成果はあまり上がっていない。現実には、低所得地域の対策事業として機能している面が強く、アイヌの生活向上にはなかなか結びつかなかった。しかも、東京都をはじめ道外のアイヌにはこうした事業さえまったくなく、道外のアイヌにも実効性のある援助策が必要だとの声が上がっている。生活改善への援助を求める道内外のアイヌの声は、「アイヌ新法」制定への熱い願いとなって結集してゆくのだが、現実に出てきた新法はその願いとはかけ離れたものだった。

6. 民族復権の新しい波

◆「アイヌ新法」を目指して

「北海道旧土人保護法」はこれまで見て来たように、法律制定時から賛否両論があり、施行後も早くからその存廃《そんぱい》がさまざまに論じられてきた。戦後は、農地改革法の施行や福祉対策を生活保護法など別の法律でまかなうようになったことなどで、もはやその使命を終えたという意見がアイヌの中からも強く出されるようになった。国会でも多くの議論がなされて来たのだが、それらはほとんどマスコミで取り上げられることなく、同法は一世紀近い命を長らえて来た。

戦後になって、同法は一九四六年（昭和二一年）の第三次、四七年（同二二年）の第四次に続き、六八年（同四三年）に第五次の改正を行なった。最後となった第五次改正では、第七条一項「学資支給」、第二項「住宅改良資金」が削除され、もう実際には行なわれることのない農地付与のほか、所有権制限、保護施設補助、共有財産の項目だけが残った。共有財産の項は「北海道長官（北海道知事）北海道旧土人共有財産を管理することを得」という条文で、アイヌには金銭管理能力がないから知事が代わりに管理してやるという、いかにも時代錯誤《さくご》的、かつ屈辱《くつじょく》的なものである。

このように現実には死文化した同法について、六四年（同三九年）に行政管理庁が廃止を勧告し、六八年（同四三年）にも再度、廃止について道庁の見解を求めた。これに対して道庁は、給与地を相続しているアイヌ住民がいることを根拠に「時期尚早《しょうそう》」と反対し、北海道ウタリ協会も「即時廃止は、政府に民族対策を要求していく根拠を失わせる」との理由でやはり反対している。道庁、協会ともに消極的姿勢だったのだが、この後、風向きが変わる。

七〇年（同四五年）になると、まず五十嵐広三《いがらしこうぞう》旭川市長が全道市長会に同法廃止を提案して可決、北海道ウタリ協会も態度を変えて廃止を総会決議している。さらに同協会は、八二年（同五七年）に北方領土、北海道における先住権の確認、同法の廃止と新法制定を総会報告した。旧法に代わる「新法」の制定が、ここで初めて具体的目標に据《す》えられたのである。そして、八四年（同五九年）には「アイヌ民族に関する法律（案）」を総会で採択《さいたく》し、新法の中身が明らかにされた。道知事もこれを受けて私的諮問《しもん》機関「ウタリ問題懇話会《こんわかい》」を設け、研究者やアイヌ代表に新法制定からアイヌ福祉政策全般までのあり方を諮問した。

こうして北海道内では、旧法の廃止と新法の制定が新たな運動目標としてクローズアップされて来たのだが、まだ全国的な関心を呼ぶには至らなかった。それを一気に国政レベルの政治課題に押し上げてくれたのは、時の宰相《さいしょう》がふと漏《も》らした失言だった。

八六年（同六一年）九月、中曾根康弘《なかそねやすひろ》首相は静岡県内で開かれた自民党全国研修会で、「アメリカには、黒人とかプエルトリコとかメキシカンとかそういうのが相当おって、平均的に見たら知識水準が日本よりまだ非常に低い」という趣旨の発言をし、これが米国のメディアに取り上げられ、米国内で批判が噴《ふ》き出した。その動きが日本へ逆輸入されると、中曾根首相は「米国は複合民族国家なので、教育などで手の届かないところもある。日本は単一民族国家だから、手が届きやすい」と釈明《しゃくめい》した。

6. 民族復権の新しい波

恥《はじ》の上塗《うわぬり》りというのだろう。失言を釈明するために、また新たな失言をしたのだ。この「単一民族国家」発言に最初に怒ったのはアイヌの人たちだった。さらに在日の韓国・朝鮮人、中国人たちも怒りの声を上げ、この動きはマスコミでも詳しく報道され、全国的な関心事となった。だが、中曾根首相は国会で、「日本国籍を持つ方々で差別を受けている少数民族はいない」とか、「梅原猛《うめはらたけし》さんの本を読むと、アイヌと大陸から渡って来た人々は相当融合《ゆうごう》し合っている。私もマユなんかも濃いし、ヒゲも濃い。アイヌの血が相当入っていると思う」（八六年一〇月二一日、衆院本会議）などと全く反省のない答弁を繰り返し、これが反面教師となってアイヌ差別問題に多くの国民の関心が向き出した。

こうした流れの中で、「北海道旧土人保護法」と「旭川市旧土人保護地処分法」なる時代錯誤《さくご》的法律が現在も生きているという事実が、改めて問われることになった。北海道ウタリ協会は、総理大臣ほか関係大臣に正式抗議するとともに、各方面に向けて活発な運動を展開した。ところが、政府与党は当初、法律名の「旧土人」が差別的なら名称を変えればいい、という基本方針で対応し、同協会側は「名称変更のみでは無意味。新法の制定を」と迫った。

また、アイヌの人々は、国内だけでなく海外へのアピールも活発に行なった。八六年（同六一年）一一月、同協会は国連人権センター宛に「日本政府の単一民族国家論」を払拭《ふっしょく》するための調査・審議《しんぎ》を要請し、同センターはこの要請を「国連人権委員会」と「国連差別防止及び少数者保護小委員会」に付託《ふたく》した。翌八七年（同六二年）八月、同協会の野村義一《ぎいち》理事長らはスイス・ジュネーブで開かれた「国連先住民会議」に民族衣装をつけてアイヌとして初参加し、古式に則《のっと》った挨拶《あいさつ》を交《まじ》えて日本におけるアイヌの現状を訴えた。

これには声明がつけられ、被差別に苦しんだアイヌの歴史を説明したうえで、日本政府が日本には先住・少数民族が存在しないと公式表明していることを強く批判している。これは具体的には、日本政府が八〇年（同五五年）に国連に提出した報告書を指してのことである。この報告書について少し説明しておきたい。

一九六六年（同四一年）、国連第二一回総会は国際人権規約を採択《さいたく》した。この規約のうちA（社会権）とB（自由権）を、日本は七九年（同五四年）に批准《ひじゅん》している。少数民族の権利はB規約の第二七条に「種族的、宗教的、言語的少数民族が存在する国で、少数民族は自己の文化を享有《きょうゆう》し、自己の宗教を信仰、実践し、自己の言語を使用する権利を否定されない」と規定されており、規約を批准した国は批准後一年以内に、その後は五年ごとに報告書を規約人権委員会に提出する義務を負い、問題があれば改善勧告が出される。

この第一回報告書が八〇年に提出されており、北海道ウタリ協会はその内容を問題として訴えたのだった。この報告では「本規約に規定する意味での少数民族はわが国に存在しない」と述べており、さらに人権委員会の審査に外務省の富川人権難民課長が出てゆき、「アイヌ人も『ウタリ人』と呼ぶのが正しい。もう同化は完成してしまった」旨《むね》の無知《むち》そのものの説明をしている。本来はこの規定にあるような少数民族の権利がどのように守られているのか、あるいはいないのかを報告すべきなのに、日本政府はアイヌ民族の存在そのものを否定したのである。同協会のアピールに対して、八七年の「国連先住民会議」に参加していた日本政府代表（中村参事官）は、次のような声明を発表した。

日本では、総ての人々が独自の文化を享受《きょうじゅ》し、独自の宗教を実践し、独自の言語を使用する権利を否定されておりませんし、アイヌの人々は日本の国民としてこれらの権利の享受を同じく否定されてはいなく、同等に日本国憲法の元で保証されています。

（中略）最初の報告については、規約二七条の意味する見地において、この条で定められた権利の享受を否定された少数民族はいないということが、関与する部分の趣旨であります。

（中略）本政府は、日本が単一民族国家と主張するものではない。アイヌの人々の存在を否定するものでもありません。

（北海道ウタリ協会『アイヌ民族の自立への道』）

前回報告では存在を抹殺《まっさつ》していたのに、ここでは初めてアイヌの存在を公式に認め、しかも民族としての権利享受を否定されていないと説明しているのだ。さらに、「ウタリ福祉対策」に七四年度から八六度までに総計三〇九億円の予算を注ぎ込んだこと、一八九九年制定の「北海道旧土人保護法」がアイヌの権利を侵害するものではなく逆に保護するものであるとも強調している。この年一二月に国連に提出された報告書もこれと同じ趣旨で、日本政府の正当性ばかりを強調している。

こんな具合に、ここまでは道レベルの動きが一歩先行し、国レベルの動きはとても鈍いものだった。八八年（同六三年）三月には、道知事の私的諮問機関「ウタリ問題懇話会」が答申を出し、新法制定の必要性を提言した。ここで注目されるのは、北アメリカのインディアン、オーストラリアのアボリジニなど諸外国の先住民の例にならい、法律制定の根拠として「先住権」を持ち出したことだ。この答申を受け、北海道ウタリ協会、道知事、道議会が三者一体となって国に新法制定を要請した。

6. 民族復権の新しい波

これで国もようやく重い腰を上げ、八九年（平成元年）一二月、関係省庁による検討委員会を設置して内部検討に入った。九一年（同三年）には、国連への定期報告書で、アイヌ民族が「少数民族であるとしてさしつかえない」と基本姿勢を転換している。九三年（同五年）は国連の「国際先住民年」であり、翌九四年（同六年）には萱野茂《かやのしげる》が繰り上げ当選でアイヌ民族初の国会議員になり、「世界先住民族の国際一〇年」もスタートした。世界の先住民・少数民族を取り巻く状況が大きく動きだし、これがアイヌにも追い風となって働いた。

そして、九五年（同七年）三月、旭川市長から社会党の国会議員となっていた五十嵐広三内閣官房長官が私的諮問機関「ウタリ対策のあり方に関する有識者懇談会」を設置し、この答申が、九六年（同八年）四月に出された。これは、アイヌが北海道に先住していたこと、近代化の過程でアイヌの社会や文化が破壊され、差別と貧窮を余儀なくされたことを明らかにし、新法制定に向けて大きく踏み出すもとになった答申であるが、問題点も少なくなかった。

まず、アイヌの「先住権」について微妙な立場を取っていることだ。「中世末期以降の歴史の中で見ると、当時の『和人』との関係において北海道に先住していたことは否定できない」と歴史的事実としての「先住」

は認めながらも、「先住民族」「先住権」という表現は避けているのだ。伊藤正己座長は「先住民族と表現することで、そこから特定の権利が出てくることは避けたかった」「（国連などの議論の結果）具体的に取り入れられるようなことがあれば、当然、考慮しなければならない」（『北海道新聞』九六年四月二日付朝刊）と語っており、アイヌの人々が最も求めている先住権については及び腰だ。

また、新たな立法措置が必要であると提言しているのだが、立法の中心を文化の振興に絞っているのも特徴である。要旨を以下に抜き書きする。

・新しい施策の基本理念は、上述のとおり、アイヌ語やアイヌ伝統文化の保存振興及びアイヌの人々に対する理解の促進を通じ、アイヌの人々の民族的な誇りが尊重される社会の実現と国民文化の一層の発展に資することである。

・この基本理念に基づくウタリ対策の新たな展開は、過去の補償、賠償という観点から行なうのではなく、アイヌの人々の置かれている現状を踏まえ、これからの我が国のあり方を志向して、少数者の尊厳を尊重し差別のない多様で豊かな文化を持つ活力ある社会を目指すものとして考えられるべきであろう。

「多様で豊かな文化を持つ活力ある社会」というのは、文化的多様性を尊重する考え方である。さまざまな個性を持った文化が共存してこそ社会が豊かになるし、活気も生まれて来るという考え方で、国際的にも常識化しつつあるものだ。だが、それを目指すことと「先住権」を認めること、補償・賠償をすることは矛盾しないのだが、答申はその点はするりと逃げてしまっている。

この答申を受けて、政府は九七年（同九年）三月、「アイヌ文化の振興並びにアイヌの伝統に関する知識の普及及び啓発に関する法律」（通称「アイヌ文化振興法」、本文一三条、付則三条）を国会に上程し、同年五月八日に成立、七月一日から施行された。これに伴い、「北海道旧土人保護法」「旭川市旧土人保護地処分法」は廃止された。
こうして「北海道旧土人保護法」は九八年間の歴史にやっと幕を下ろしたのだが、旧法は廃止されたものの、新法たる「アイヌ文化振興法」は決してアイヌの人々が望んだものではなかった。施行後四年になる現在、この法律を「アイヌ新法」とは呼べないというアイヌも多く、私も同じ気持でいる。有識者懇談会の答申をそのまま条文化したような同法の問題点は、第一条（目的）と第二条（定義）に集約されている。

第一条　この法律は、アイヌの人々の誇りの源泉であるアイヌの伝統及びアイヌ文化が置かれている状況にかんがみ、アイヌ文化の振興ならびに、アイヌの伝統等に関する国民に対する知識の普及および啓発を図るための施策を推進することにより、アイヌの人々の民族としての誇りが尊重される社会の実現を図り、あわせて我が国の多様な文化の発展に寄与することを目的とする。

6. 民族復権の新しい波

復元されたアイヌの家（北海道二風谷で）

第二条　この法律において「アイヌ文化」とは、アイヌ語ならびにアイヌにおいて継承されてきた音楽、舞踊、工芸、その他の文化的所産《しょさん》およびこれらから発展した文化的所産をいう。

すべてが「文化」に絞り込まれてしまっているのだ。アイヌの人たちが過去や現在に被《こうむ》った迫害や差別に対する補償や賠償を求めたり、先住民ゆえの先住権を楯に新たな施策の実施を求めたり、現状のアイヌへの福祉対策が不十分なのでその充実を要求しようとしても、この法律は何らの根拠にならない。また、道外のアイヌがほとんど恩恵に浴さない点も問題である。八四年（昭和五九年）に北海道ウタリ協会が総会決議した「アイヌ民族に関する法律（案）」と比べてみれば、この法律のスケールがいかに狭小なものかがはっきりする。基本精神、具体的内容が全く異なるのである。

第一（基本的人権）アイヌ民族は多年にわたる有形無形《ゆうけいむけい》の人種的差別によって教育、社会、経済などの諸分野における基本的人権を著しくそこなわれてきたのである。そのことにかんがみ、アイヌ民族に関する法律はアイヌ民族にたいする差別の絶滅を基本理念とする。

第二（参政権）明治維新以来、アイヌ民族は「土人」あるいは「旧土人」という公的名称のもとに、一般日本人とは異なる差別的処遇を受けてきたのである。明治以前については改めていうまでもない。したがってこれまでの屈辱的地位を回復するためには、国会ならびに地方議会にアイヌ代表としての議席を確保し、アイヌ民族の諸要求を正しく国政ならびに地方政治に反映させることが不可欠であり、政府はそのための具体的な方法をすみやかに措置する。

差別と屈辱の歴史をふまえての「新法」なのである。先進諸国の立法例で見られる、国会や地方議会における優先的議席の確保もうたっている。以下、第三「教育文化」、第四「農業漁業林業商工業等」、第五「民族自立化基金」、第六「審議機関」が続き、アイヌの教育レベルを上げ、伝統文化を発展させ、経済的自立を促進させるための対策が具体的に並べられてある。これこそがアイヌの人たち手作りの法律案であり、日本政府に反省を求め、アイヌの権利回復を目指す、民族全体の願いがそこに込められているとしたら、「アイヌ文化振興法」を「アイヌ新法」とは到底《とうてい》呼べないはずである。

6. 民族復権の新しい波

◆「アイヌ文化振興法」施行後

「アイヌ文化振興法」の施行と同時に、実施機関として財団法人アイヌ文化振興・研究推進機構が札幌に設立され、アイヌ文化交流センターが東京・八重洲《やえす》に開設された。同機構については発足一週間後、アイヌ民族代表理事が佐々木高明理事長（前国立民族学博物館長）、道環境生活部次長が務める専務理事の退陣を求める騒ぎがあった。今度も道庁・和人主導の運営がなされるのではないかと懸念《けねん》してのことだったが、財団の中に笹村二朗副理事長（北海道ウタリ協会理事長）を委員長とする「運営委員会」を設置してアイヌ中心の運営を図ることで、退陣要求は撤回された。

また、「北海道旧土人保護法」が廃止されたのに伴い、同法に基づき北海道長官（道知事）が管理していたアイヌの共有財産が返還されることになった。共有財産は、アイヌの田畑や海産物干《ほ》し場などの不動産、現金、公債《こうさい》証書、株券などで、現金は明治の始めに官営事業で得た収益金や「宮内省御下賜金《かしきん》」「文部省交付金」（アイヌ教育資金）などだ。「北海道旧土人保護法」が成立する以前は民間の和人らが管理しており、そのずさんな管理が帝国議会で追及されている。ところが、疑惑が解明されないまま、同法成立後は道長官の管理になり、同法第四条（貧困者援助）、第五条（治療費援助）、第六条（自活不能者援助）、第七条（学資支給、住宅改良資金）の費用はすべてこの共有財産で賄《まかな》われ、不足がある場合だけ国庫から支出されたという経緯《いきさつ》がある。

それを、一〇〇年も経ってから返そうというのである。道庁は一九九七（平成九年）年九月、返還の公告をした。しかも、該当者は一年以内に道庁に申し出ないと権利がなくなるという一方的な公告だった。

元々はアイヌの財産である。自分たちの財産を返してもらうのに、道庁によって一方的に期限を切られ、財産内容を勝手に決められ、しかも簿価《ぼか》そのままで返すというのはおかしい。こんな疑問を持ったアイヌ有志が、返還作業の中止とアイヌが参加する調査委員会の設置を求めた。だが、道庁は九九年（平成一一年）四月、権利者の資格を三八人に認め、返還を通知した。これに対して同年七月、アイヌ二四人が道知事を相手に、返還処分の無効確認を求める行政訴訟を札幌地裁に提訴した。

◆アイヌ議員

「アイヌ新法」問題がマスコミで大きく取り上げられるようになった頃、アイヌ初の国会議員が誕生し、やはり大きな話題になった。萱野茂が国会議員になったのは、九二年（平成四年）八月だった。七月に萱野は社会党から立候補し、参議院比例代表区で同党の名簿順位二五人中一一番目に登載《とうさい》されたが、次点で落選した。その後、社会党議員の死亡に伴い、繰り上げ当選したのである。名簿順位をめぐって社会党の中途半端な姿勢が強く批判されることもあったが、この繰り上げにより歴史的な議員が誕生したのだった。

すなわち、一八九〇年（明治二三年）に第一回帝国議会が開かれてから、実に一〇二年間というもの、アイヌ当事者を抜きに「アイヌ問題」が論議され、法律や施策が決められて来ていたのだ。その歪《ゆが》んだ実態を打ち破り、初めてアイヌ議員が国会の場で民族の主張をしたのである。「アイヌ文化振興法」の成立には、この萱野というシンボル的存在が国政の場に登場したことと、たまたま内閣の要《かなめ》・官房長官の座に長年アイヌ差別問題に取り組んで来た五十嵐広三が座ったことも、無視できないことだろう。

だが、「アイヌ文化振興法」成立後、この二人の国会議員はともに引退してしまった。萱野は「狩猟民族のアイヌは足元が暗くならないうちに家へ帰るのだ」といった趣旨の名言を残し、アイヌ民族らしい身の引き方をし、二風谷でライフワークのアイヌ文化の研究に打ち込んでいる。アイヌの人たちの中には、ウタリ協会案が目指した真の新法を望む声が強いのだが、国政の場では新法問題はもうすっかり決着済みと見る雰囲気《ふんいき》が強い。萱野に続くアイヌ代表国会議員、つまりは後継者が不在であることも、それに与《あずか》っていそうである。

やはり、アイヌ自身が議員となって民族の主張を政治の場に反映させてゆくことがとても大事なのだが、道内市町村レベルでは多少の実例はあっても、都道府県以上のレベルでは萱野以前の例が報告されていない。国政では、一九七七年（昭和五五年）に成田（後に秋辺《あきべ》と改姓）得平が参議院全国区に出て、五万票余りを得たが落選した。一九四七年（同二二年）、戦後初の北海道知事選に佐茂《さも》菊蔵が打って出たが、これも一万一二〇〇票余の得票で落選している。佐茂は衆議院議員選挙にも出馬したが、六三〇〇票余で落選した。当時のアイヌ協会幹事・辺泥和郎《べてわろう》も東京第一区から衆議院議員選挙に出たが落選し、専務理事の小川佐助は北海道議会議員選挙に出たが次点の次で破れている。

6. 民族復権の新しい波

◆「先住性」を認めた二風谷ダム訴訟判決

アイヌの聖地・平取《びらとり》の二風谷《にぶだに》で、萱野茂らが巨大なダム建設反対に挑み、九七年（平成九年）三月に札幌地裁で実質的な勝利をもぎ取った二風谷ダム訴訟（地裁判決で確定）は、判決でアイヌの先住性を初めて認定した。国が「アイヌ文化振興法」に盛り込まずじまいだったアイヌの先住性が法廷の場で認められたのだ。

二風谷ダム（総貯水量三一五〇万トン）は、北海道第三期総合開発計画の目玉である苫小牧《とまこまい》東部（通称・苫東《とまとう》）大規模工業基地開発計画の一環として、苫東へ工業用水を供給する目的で北海道開発局によって計画された。ダムを含む沙流川総合開発計画は総事業費約九二〇億円、ダムだけで約六〇〇億円の予算が注ぎ込まれた。一九八二年（昭和五七年）に事業着手、ダム本体は八六年（同六一年）に着工した。高度経済成長の落とし子的存在であり、オイルショック後の産業構造転換の波をかぶって肝心《かんじん》の苫東へは企業進出がまるでなく、工業用水供給の目的は薄れていた。それにもかかわらず、北海道開発局は「多目的ダム」へ用途変更して建設を強行したのだった。

ダム建設予定地の日高の沙流川沿いの地域は道内で最もアイヌ人口比率が高く、二風谷地域では約五〇〇人の住人の八割以上がアイヌである。買収対象地二〇五ヘクタールの地権者は一五三人で、うち八五人をアイヌが占め、アイヌの土地は「北海道旧土人保護法」による給付地だった。八四年（同五九年）から始まった用地買収交渉で大半が買収に応じた中で、二風谷文化資料館の萱野茂館長と北海道ウタリ協会副理事長の貝沢正の二人は応じなかった。

それは二風谷がアイヌの聖地だったからである。雪も雨も少ない。「多目的」に変更したダムの主要目的には下流域の洪水調整があるが、過去一〇〇年に記録に残る水害はわずか二回しかなかった。しかも、気候が温暖で食料も豊か。そのため多くのアイヌが住みついていたのだ。「聖地が水没するのは耐えられない」と訴え、萱野と貝沢は八八年（同六三年）二月、北海道収用委員会に異議を申し立てた。だが、同委員会は八九年（平成元年）二月、水没予定地となる二人の農地約一・八ヘクタールの強制収用を認める裁決を行なった。この裁決取り消しを求めて、九三年（同五年）五月、萱野と貝沢耕一（正の長男。正は九二年に死去）が行政訴訟を札幌地裁に提訴した。

しかし、ダム本体は九六年（同八年）に完成し、四月から貯水を開始し、係争中にもかかわらず、一部供用も実施されていた。この闘いの中で萱野らは、ダムが無理に作られるのなら、せめて産卵のための鮭などが上流に遡上してゆくための魚道を設けてほしい、アイヌ古来の鮭漁も復活させてほしい、と自然と共に生きるアイヌ民族らしいアピールを行なって多くの人に感銘を与えたが、その願いは叶えられなかった。

判決は九九年（同九年）三月二七日、札幌地裁で出された。一宮和夫裁判長は、建設省の事業認定と北海道収用委員会の収用裁決の両方を、はっきりと「違法」と断定し、ただし「既に本件ダムが完成している現状においては、取り消すことによって公の利益に著しい障害を生じる」として原告の請求を棄却した。つまり、原告の訴えは正しい、国と北海道収用委員会のやったことは違法だ、と認めながらも、ダムが出来てしまった以上は元へ戻せないから請求は認められないというのだ。

既成事実をつくった方が得、という面で割り切れなさを残すが、判決の中身はアイヌの先住性、独自の文化の尊重という面で、これまでにない、踏み込んだ見解を示しており、その点では原告の実質勝利といえるものだ。今後のさまざまな闘いや施策要求にも生かせる面が多いので、以下に要点をあげておく。

●本件事業計画の実施により失われる利益

原告らはアイヌ民族であり、「市民的及び政治的権利に関する国際規約」（以下B規約）二七条にいう少数民族であり、二風谷地域にアイヌの人々が居住し、独自の文化を有している。本件事業計画実施により二風谷地域が広範に水没し、アイヌ民族の生活、文化に大きな影響を及ぼすことは容易に推認できる。

6. 民族復権の新しい波

完成した二風谷ダム

●少数民族が自己の文化について有する利益の法的性質について

〔B規約との関係〕

この規約は少数民族に属する者に対しその民族固有の文化を享有する権利を保障するとともに、締約国に対し少数民族の文化に影響を及ぼすおそれのある政策の決定及び遂行にあたっては十分な配慮を施す責務を課したものである。アイヌ民族は少数民族としてその文化を享有する権利を保障されているのであってわが国はこれを誠実に遵守する義務がある。

●アイヌ民族の先住性

アイヌの人々はわが国の統治《とうち》が及ぶ前から北海道に居住し独自の文化を形成し、アイデンティティーを有し、わが国の統治に取り込まれた後もその多数構成員が採った政策等により経済的、社会的打撃を受けつつ、なお独自の文化を喪失しない社会的集団であるから「先住民族」に該当する。

●アイヌ民族に対する諸政策

弁論の全趣旨を総合すれば、アイヌの人々の生活の安定を図る目的で制定された北海道旧土人保護法もいわゆる同化政策であり、和人文化に優位をおく一方的な価値観に基づき和人の文化をアイヌ民族に押しつけたものであった。これにより、アイヌ民族独自の習俗、言語等の文化が相当程度衰退することになった。

●検討

本件事業計画が実施されると、アイヌ民族の民族的・文化的・歴史的・宗教的価値を後世に残して行くことが著しく困難になることは明らかである。（国が）譲歩を求める場合は前記のような同化政策の歴史的経緯に対する反省の意を込めて最大限の配慮がなされなければならないのに、本来最も重視すべき諸要素、諸価値を不当に軽視し、安易にダム建設がアイヌ文化に優越すると判断したものである。また本件用地は北海道旧土人保護法に基づいて下付《かふ》された土地であるところ、この土地を下付してアイヌ民族として慣れない農耕生活を余儀なくさせ民族衰退の一因を与えながらわずか百年も経過しないうちにこれを取り上げることになるのである。多数構成員による安易かつ身勝手な施策であり違法であると断じざるを得ない。

まず、日本が批准《ひじゅん》している国際人権規約（B規約）を強く意識し、その規約における「少数民族」に該当するのだから独自文化の尊重に十分な配慮をすべきだった、と明瞭に国側の非を認定している。さらに、国が国連への報告書、「アイヌ文化振興法」の条文でも最後までためらい続けたアイヌの「先住性」についても極めてすっきりとした認定をしている。「北海道旧土人保護法」も同化政策であり、和人の一方的な価値をアイヌに押しつけたのだと認め、この点でも歯切れがいい。

国際的な人権意識に根ざして考えること、アイヌの先住性をきちんと認定すること、歴史的事実を直視して認めるべき非はきちんと認めること。この判決に見られるこんな特徴は、今後、日本社会がとるべき道を示唆しているように思える。

6. 民族復権の新しい波

◆国際的な流れと連帯

二風谷ダム訴訟の札幌地裁判決がアイヌの先住性をはっきりと認めたのは、国際的な流れを受け止めたものといえる。この流れは一九七〇年代以降「民族自決」を求める声が高まって出来たものであり、先住民族独自の伝統・文化・生活などを認める機運は近年、ますます強くなっている。アイヌも八〇年代半ばから国連に積極的に関わるようになり、先住民族・少数民族同士の国際的な連帯も進んでいる。本書の最後に、アイヌがＩＬＯ（国際労働機関）一〇七号条約（「独立国における原住民並びに他の種族民及び半種族民の保護及び同化に関する条約」）の改正作業に参加したことを、特に紹介しておきたい。

労働問題を扱うＩＬＯが、なぜ先住民族・少数民族の権利問題に関係するのか。こんな疑問があるかもしれない。先住民族に関わる問題が今、顕在化《けんざいか》しているのは、主に大国の植民地となった国においてである。二〇世紀初めまで、これらの地域では先住民族がプランテーションや鉱業の労働現場で奴隷同然に扱われ、その改善が国際的な課題ともなっていたのである。つまり、労働問題と先住民族の問題とは密接に関わっていたのだ。

一〇七号条約は一九五七年（昭和三二年）に採択されたもので、「独立国における種族民又は半種族民で、その社会的及び経済的状態がその国の共同社会の他の部類の者が到達している段階より低い段階にあり、かつ、その地位が自己の慣習もしくは伝統により又は特別の法令によって全部又は一部規制されているものの構成員」を対象に、保護しながら同化させるねらいを持っていた。要するに、ある民族の社会的・経済的状態が支配階層民族より低いレベルにあり、地位が規制されているということで、アイヌと和人の関係を想起すれば、これに当てはまることがわかる。

これは明らかに「統合主義」に基づき同化を推進するものであり、基本的には「北海道旧土人保護法」と変わらない考え方である。当然ながら、世界的に少数民族の自立運動が高まって来るに従い、内容の修正が迫られた。八六年（同六一年）のＩＬＯ理事会で改正問題が審議され、翌八七年（同六二年）には各国政府に質問書が送付された。そうして八九年（同六四年）六月、一〇七号条約の改定条約として、新たに一六九号条約が採択されている。この改正作業にアイヌも参加したのである。

改正の中身は、先住民の自主的権利を尊重する基本姿勢で貫かれている。当該民族の占有する土地が文化や精神に特別な重要性を持っていることを認めたり、境界（国境）を越えた接触及び協力の権利を認めるというのが、具体的内容である。サハリン（旧樺太）と千島を追われたアイヌの人たちのことを考えれば、「国境を越えた接触及び協力」の意味もすんなりと理解できることだろう。

しかし、日本政府はこの改正についても冷淡で、求められた報告書は提出を先延ばしにした挙《あ》げ句《く》に消極的回答に徹し、条約の批准もしていない。「条約の適用範囲が不明確で、土地などに関し、わが国の国内法制度に合わないため」（労働省国際労働課。『北海道新聞』八九年七月八日付夕刊）という理由からだ。「土地権」を認めれば、カナダのイヌイット（エスキモー）、オーストラリアのアボリジニらに既に実施されている土地の返還や自治州の新設などが具体的政治課題として浮上してくる。日本政府はそこを警戒しているのだ。ロシアとの間における、いわゆる北方領土返還問題でも、千島やサハリン（旧樺太）はもともとはアイヌ・モシリだった。こうした土地や領土がからむ問題にアイヌをからませないというのが、日本政府の姿勢である。だが

だが、先住民の自主的権利の尊重が国際的常識となり、日本国内でも二風谷ダム訴訟の地裁判決で「先住性」をはっきりと認めた。現在、「世界先住民族の国際一〇年」の最終年になる二〇〇四年までの採択を目指して国連で審議が進められている「先住民族の権利に関する国連宣言案」には、「先住民族は彼らに影響を及ぼしうる立法的または行政的措置の策定に参加する権利を持つ」「合意なしに没収された土地や資源の返還を要求する権利を持つ」などが盛り込まれている（『朝日新聞』二〇〇〇年三月二七日付朝刊）。アイヌの人々の要求こそが、世界の潮流に合致しているのである。今後、アイヌの民族復権運動も、この国際的な流れの中で他国の先住民・少数民族との連帯をいっそう図ることが、ますます重要な意味を持ってくることだろう。その努力がいずれ、真の「アイヌ新法」制定へ結びつき、さらにはその新法さえ不要な社会を、私たちみんなで実現させることを願ってやまない。

6. 民族復権の新しい波

7.

アイヌ民族共有財産とアイヌ遺骨返還の行方

◆アイヌ共有財産裁判第一審

アイヌ共有財産裁判第一回口頭弁論は、一九九九年一〇月二一日に開かれた。定刻に、法衣を着た三人の判事が入ってきた。中央が持本健司裁判長、その両側を中山幾次郎、近藤幸康の陪席判事が囲む。「通常は起立をしますが、座ったままでいてください」と裁判所側の事前指示があったので、全員が着席したまま裁判官を迎えた。判事が席に着くと、すぐに弁論が始まった。原告側代理人の房川樹芳弁護士がすでに提出してある訴状のポイントをかいつまんで説明し、詳細は次回以降に展開すると述べた。

訴えのポイントは大きく分けて三つある。

第一点は、被告・北海道知事（長官）のずさんな共有財産管理は、憲法第二九条一項の「財産権はこれを侵してはならない」との規定に反すること。アイヌ民族のために財産の管理を委ねられた知事は、最善を尽くして管理運用する「善意の管理者の注意義務」を負う。ところが、被告は財産の管理・運用状況について共有者に対してまったく報告をしていない。被告が公表しているのは一九八〇年（昭和五五年）以降のものだけであり、指定された財産がどのような経過をたどって現在に至ったかがわからない。特に、当初は現金以外の財産も指定されていたのに、それらが処分されて現在は現金のみになった経緯はいっさい不詳のままである。そのうえ、被告は一方的に財産を返還するとして金額を公表したが、管理状況が明らかでない以上、その金額が適正なものかどうか不明である。しかも、被告が共有者ないし相続人を調査して返すべきなのに、共有者の中から請求してきた者のみに返すとしている。これは明らかに共有者の財産権を侵害するものである。

第二点は、適正手続きの保障を定めた憲法第三一条違反であること。本件返還手続きは、被告の公告から一年以内に返還請求をした者のうち、被告が正当な共有者であると認めたもので、さらにその共有者の代表者にだけ財産を返すというものだが、この手続き自体、共有者である原告らの意向を確認せずに一方的に定められたものである。他方、国際人権B規約では少数民族の権利保護を定め、国連の先住民族権利宣言草案では先住民族が当該民族に係る事項の決定過程に参加する権利を認めている。またアイヌ民族の先住民族性を肯定した二風谷ダム裁判の判決では、「先住少数民族の文化等に影響を及ぼすおそれのある政策の決定及び遂行に当たっては、その権利に不当な侵害が起こらないようにするため、右利益である先住少数民族の文化等に対し特に十分な配慮をすべき義務を負っている」と述べている。これらから考えると、「自ら決定した手続きによって、自己に影響する可能性のある法的または行政的措置の立案に完全に参加する権利」を有しているアイヌ民族が、返還手続きに関与している必要がある。しかし、アイヌ文化振興法の制定にはアイヌ民族が参加していないし、少なくとも「民族の同意」を得て返還手続きをするという措置を定めてもいない。この点でも憲法第三一条に違反する。

第三点は、個人の尊重を定めた憲法第一三条と国際人権B規約第二七条に違反すること。国際人権B規約の第二七条では「種族的・宗教的または言語的少数者が存在する国において、当該少数民族に属する者は、その集団の他構成員とともに自己の文化を享有し、自己の宗教を信仰し、かつ実践し、または自己の言語を使用する権利を否定されない」と規定し、少数民族の権利保護を図っている。日本は一九七九年八月にこの条約を批准している。憲法では第九八条二項で条約の遵守を謳い、国内法上、条約は法形式として上位の効力をもつ法規範であるとの判例もある。また、二風谷ダム判決では、ダム事業によって得られる利益と、失われる（アイヌ民族の）利益を比較考量する際に「後者の利益がB規約および憲法第一三条で保障される人権であることに鑑み、その制限は必要最小限度においてのみ認められるべきである」とし、アイヌ民族の文化等への十分な配慮をすべき義務を示した。つまり、先住少数民族の「文化享有権」が憲法第一三条にも由来することを明らかにしている。したがって、共有財産を返還するに際しては、アイヌ民族に十分な配慮をすべきであり、それを欠いたアイヌ文化振興法附則第三条は、国際的潮流に反し、憲法一三条にも違反している。

要約すれば、第一点は「善意の管理者の注意義務」を全うしておらず財産権を侵しているということ。第二点は、一方的な返還手続きは法的適正手続きの保障に反すること。第三点は、先住・少数民族の権利を尊重する国際的潮流と憲法の人権保障に反すること。これらの点で違憲な処分だから無効であり、取り消されるべきだ、という主張である。行政上の手続きという狭い枠の論に閉じ込めず、国際的な視野から返還処分の理不尽を突こうというねらいがうかがえる内容だ。

口頭弁論では、次いで被告側の「答弁書」の確認を行なった。受けて立つ被告の言い分をまとめたものだ。ここで被告は、原告には「訴えの利益」がない、という主張を強く打ち出してきた。この後、一審を通じて一貫して被告側主張の柱となった理屈である。次のような内容だ。

——訴えが成立するには、行政権力の行使で生じた法的効果を無効として取り消すと、原告の法的利益が回復される関係があることが、前提である。その関係がないときには、訴えの利益を欠いて不適法な訴えとなる。本件では、原告らの返還請求どおりの返還決定を行なったものであり、原告の権利または法律上の利益を侵害するものでなく、なんらの不利益を与えるものではない。その処分の無効確認または取り消しによって回復されるべき法律上の利益は存しない。したがって、これらの訴えは、「訴えの利益」がなく、すべて不適法であり、却下されるべきである。

◆サイモン　ニシパ

原告の訴状、被告の答弁書の確認が終わった。このあと早速、原告のパフォーマンスが始まった。この日予定していた原告陳述は四人。そのトップを切って発言席に立った原告団副団長の川村兼一さんが、こう口を開いた。

「サイモン　ニシパ、パーセニシパ、クアニ　アナクネ　シネ　アタナン　アイヌ　クネーワ　レー　コロカトウー　カワムラ　シンリツ　エオリパカイヌ」（裁判長、私は一人のアイヌで、川村シンリツ・エオリパック・ア

イヌと申します）

アイヌ語で陳述を始めたのだ。アイヌ語の法廷陳述は、二風谷ダム訴訟で原告の萱野茂さんが事前通告なしに最終陳述の一部を行なった前例があるだけだ。しかし、今回は裁判所側が、アイヌ語が一部であればよい、と事前に認めていた。川村さんは用意したアイヌ語原稿の半分ほどを読み、あとは日本語に切り換え、「公正なる裁判長、私たちアイヌにどうか正しい判断をしてください。私たちアイヌにきちんと接してください。裁判長の正しいご判断が、アイヌ民族の誇りをもって生きていける社会の実現に向かって前進させてくれるのです」と訴えた。

「シンリツ・エオリパック・アイヌ」という川村さんのアイヌ名は、「先祖を大事にする人」という意味である。その名にふさわしく、川村さんは旭川の「川村アイヌ民族記念館」の館長を務め、アイヌ語教室も開いている。小川さんの動きに呼応して、返還手続きの問題点について道庁に公開質問状を出すなど独自の活動を展開し、訴訟に合流した人だ。質問状などでは、特に旭川の共有財産について問題点を追及してきた。公告された旭川の共有財産は七五万円余と全体（一四八万円余）の半分を占め、訴訟でも重要な位置を占めている。複雑な歴史的経緯については第4章で詳述した。

川村さんの次には、原告団長の小川隆吉さんが陳述に立った。小川さんはアイヌ式の礼拝儀式のオンカミをしてから、こう切り出した。

「私たちアイヌは、この地球上に人間として生まれてきたことをカムイに伝えるために、自称をアイヌ（人間）と呼んで今日まで生きてきました。文字と貨幣を必要としない社会で、静かに平和に暮らし、争いが起こればチャランケ（討論）によってすべてを古老中心に解決する社会で、自然の恵みはコタン（村）に住む人間だけでなく生命あるすべての生き物と分かち合って暮らしてきました」

次いで、明治維新後の日本政府のアイヌ政策がアイヌの伝統と文化、生活を破壊するものであったこと、共有財産についてはその管理をめぐって不正や汚職がはびこったことを指摘し、こう訴えた。

「知事は、一昨年からの度重なる私たちの資料公開請求に対して、『原資料は不存在』と言い、その管理責任のなさとずさんさをいみじくも明らかにしました。共有財産の管理経過を一度も知る機会のなかったこの一〇〇年、大祖父母、エカシ（翁）、フチ（おばあさん）にどのような過失、どのような罪があってこのような仕打ちを受けなければならないのか、その説明を北海道知事から受けたいと思います」

三番目の島崎直美さんも、勉強中というアイヌ語による自己紹介から入った。そして、訴訟に参加した経緯を説明。胆振《いぶり》の鵡川《むかわ》に住む父親が、寝たきりの母の看病にかかりっきりなので、父の代理人として返還申請をしたそうだ。その父が申請に際して「これから育つ若いアイヌ、子供たちに役立つことができるのなら、ぜひ申請をする」と言ってくれたという。それから自分の思いをこう語った。

「私は最初に下手なアイヌ語で自己紹介をしました。アイヌ語を習い始めてから四年くらいになりますが、いまだに覚えたのはほんの少しです。それでも私の言葉だから、アイヌの母語だから、と勉強しています。こんなすてきな言語を、本来なら父母から伝承されるはずなのに、と思うことがしばしばあります。この言語も同化政策の犠牲そのものになったのかと残念でたまりません。また、私はアイヌ史を読み直してみました。その中の『共有財産』に目を止め、何度も何度も読みましたが、納得できませんでした。……勝手にアイヌの領土に入り、搾取しておいて、この日本政府のやり方は許せないと思います。この法律（注・旧土法）が二年前まであったのかと思うと信じられないが、これも現実なのだと受け止めています。

アイヌ新法が制定されるのが楽しみでもあったのですが、これもまた骨抜きの制定で、アイヌの生活のために何の効力もありません。日本政府のごまかしだと思います。実際、私の生活に何の変化もございません。文化伝承、もちろん大切ですが、その前にアイヌの生活実態は何も変わりません。『北海道旧土人保護法』が明治三二年（一八九九年）に制定（正しくは公布）されてから一〇〇年間、いや、それ以前からアイヌは苦しんできました。もう間近に二一世紀がきます。、また今までたどってきた悲しい歴史、過ちを繰り返さないでほしいと思っています。私たちの子孫、未来へと続くこれからの子供たちのためにも、アイヌみんなが納得できる判断を望み、私の意見をおわります」

最後は北川しま子さん。日高の平取町《びらとり》出身で、松浦武四郎の『エゾ探検日記』に母方の祖母が一一歳、父方の祖母が一〇歳と記されているという。そのことを紹介し、「話の中では、我々の祖先がアイヌモシリでみんな仲良く楽しく暮らしていました」と続けた。そして話は和人の侵略に及ぶ。

「和人がアイヌ民族を強制連行と強制労働に駆り立て、食事もろくに与えず、そこで病気になっても薬を与えず、アイヌ民族を劣る者として扱い、アイヌモシリの土地を奪い、言葉も奪っておいてから、明治三二年には、アイヌは五〇年もすればいなくなるということで北海道旧土人保護法が作られましたが、同化されてアイヌ民族は死んでしまってはいないのです。

一〇〇年後にアイヌ文化振興法が新しく作られましたが、何の権利もないし、一〇〇年以上も奪われた補償もなく、植民地政策が今もアイヌ民族を苦しめています。先住民族としての権利を我々アイヌに返してもらいたいのです。我々アイヌ民族はアイヌモシリの大地を奪われてから貧乏に陥れられたので。日本政府はアイヌモシリの大地を返して、何百年もの間苦しめた謝罪をし、アイヌ民族の先住権と主権を認め、アイヌ民族の復権のために尽くすべきです」

7. アイヌ民族共有財産とアイヌ遺骨返還の行方

原告側はまず、財産の返還が原告にとって「不利益な行政処分」であることを証明しようとした。不利益な処分である以上、勝訴して返還手続きをやり直すことになれば、より有利な返還処分がなされる（法的利益が回復される）可能性が高くなる。だから「訴えの利益」もあるのだという論理だ。原告が不利益処分と考える理由は三つある。

① 公告された共有財産の管理経過が明らかでなく、北海道庁長官が管理していた指定財産のうち現在の北海道知事が管理していない財産が、旧土法第一〇条のいう「共有者の利益のために」処分されたかどうかが明確でない。すなわち、知事の公告した共有財産が本来返還対象となるべきすべての財産なのか、あるいは本来返すべきなのに除外されているものがあるのか不明である。

② 貨幣価値の変動を十分に考慮しないまま共有財産の評価を行なって公告しているのは、返還請求権の一部を侵害している。

③ 返還手続きに原告らの意見をなんら反映させずに公告がなされている。当該関係者を手続きに参加させるか少なくとも意見を反映させる必要があるのに、まったくなされていない。

要約すれば、①返すべき財産が公告リストに入っていない可能性がある、②貨幣価値が昔のままだ、③返還手続きにアイヌの意見が反映されていない――という内容だ。この三点について被告側は次のように反論してきた。①公告で指定した財産以外の財産を想定する原告らの主張は、返還処分自体の根拠を自ら否定してしまう。新法施行の際に「現に」管理している財産が返還対象のすべてであり、十分に調査したうえですべての財産を公告した。②貨幣価値の変動に対する考慮は制度自体の設計に入っていない。③返還手続きへのアイヌの参加も制度は予定していないが、審査委員会にはアイヌの代表も入れた。――こんな反論である。

◆全面敗訴

第四回口頭弁論（二〇〇〇年四月一三日）から、三人の裁判官の全員が人事異動で交代してしまった。新裁判長は中西茂、陪席裁判官は川口泰司と綱島公彦（第五回からは綱島に代わり戸村まゆみ。さらに第一五回は戸村に代わり別所卓郎）。中西裁判長は「三〇分しかとっていない」と断ったうえで、原告の陳述を認めた。旭川在住の杉村満さんは、川村さんらが運営するアイヌ語教室に通う七〇代の男性だ。まず、杉村さんがアイヌ式礼拝のオンカミをしてから、口を開いた。

「（略）この私たちの共有財産は、長い間、私たち民族が差別を受けてきたつらい歴史の産物です。ただ個人に、または代表者に返してそれで終わりという性質のものでは絶対ありません。北海道開発の名のもとに、北海道全体の土地がアイヌを無視して和人の手にどんどん渡っていったのは、ご承知のとおりです。アイヌの風習は禁止されました。アイヌ語を話すな。入れ墨を入れるな。イオマンテ（クマ送り）をするな。死んだ時、家を焼くな。和人と同じ名前をつけろ。まだまだきりがありません。

アイヌ民族は生活の中で、いつも多くの神々とともに自然の中で生きてきました。アイヌの生活の中には、生きていくための掟がありました。それは今の社会の法律です。それを禁止したのです。アイヌをやめろというのは、死ねということです。今もその過ちを国も道も正式には認めていません。

しかし、アイヌ民族はそれに必ずしも従ったのではありません。アイヌ同士では懐かしくアイヌ語を使い、歌や踊りや、カムイノミ（注・神への祈りの儀式）は戦時中の貧しい時でも続きました。アイヌの伝統文化は少ないながら残りました。明治から一三〇年以上になりますが、厳しい中でも少しずつ、細々とは生き残り、今、ようやく生き生きとアイヌを出せるようになってきているのです。

精神文化の禁止はつらいけど、もっとひどいのは生きていくことです。経済です。動物がとれなくなったのは、大打撃でした。川の鮭をとるな、山の木を切るな。そして土地は取られてどんどん山奥へ追われたり。行くところがないのです。生きることさえ大変な状態になったのですから、貧乏などというものではありません。自由に自分が住む大地ではなくなったのですから、『アイヌモシリ（アイヌの土地——人間の世界）』という言葉、どれほどアイヌにとって重要なことばか、考えてみてください。

7. アイヌ民族共有財産とアイヌ遺骨返還の行方

「なぜ旭川にだけ特別に、別の法律があったのか。その成立と運用の経過を正確に調査してください。『北海道旧土人保護法』成立以後、旭川の土地はその保護法にも従わない道庁の一方的な判断に対して、我々の祖先が反対したのです。それ以来、明治三八年の第二次近文アイヌ地紛争といわれるもの、昭和七年からの『アイヌ地を返せ』の要求、終戦までのアイヌを無視した寄付などといって処分したこと。終戦後の農地改革の時と約五〇年も、そのつど、アイヌの要求をまともに聞かず、狡猾なだましが続いています。

無償で寄付したとするものとして、旭川師範学校の敷地、近文小学校、大有小学校敷地、道路用地、鉄道用地などがあります。『旧土人保護法』一〇条では、『内務大臣の許可を得て共有者のために共有財産の処分を』

することができるとなっていますが、その『許可』の証拠、『共有者の利益のため』の証拠を見せていただきたい」

最後に杉村さんは、先人アイヌの言葉を引用して締めくくった。

「明治八年に世を去った上川アイヌの指導者、クーチンコロの言葉です。『やがて、この小石一つ、アイヌの自由にならず』。死後二〇年足らずで現実となりました。アイヌの言葉に『ピリカ　クヤイヌ』（真心の意）があります。法を守るのも、過ちをするのも人間。ピリカ　クヤイヌに願いを込めて、そのことを強調して、私の陳述を終えます」

第一四回（〇一年一〇月二三日）口頭弁論で裁判長は、結審を宣言し、〇二年三月七日、判決があった。

1　判決主文　原告らの請求のうち、被告が平成一一年四月二日付けでした別紙一第一項記載の返還するとの決定に係る各請求については、訴えをいずれも却下する。

2　原告らのその余の請求をいずれも棄却する。

3　訴訟費用は、原告らの負担とする。

全面敗訴だった。主文だけ朗読し終えると、三人の裁判官はさっと姿を消した。この間、わずか三〇秒足らず。傍聴席から「ひどい」「不当だ」「恥を知れ」と怒声が飛んだ。被告席では道の職員や代理人が笑みを浮かべている。判決理由はいずれも、アイヌ文化振興法第三条附則にもとづく手続きを金科玉条の大前提とした上で、「原告の有利な決定であり、訴えの利益はない」という結論を導くものだった。小手先の法令解釈に徹しており、その理屈はすべて、道庁側の言い分をそのままなぞったに過ぎない。そこには、血の通った行政を実現させようとする意思は、微塵も感じられない。聞く耳をもつようなポーズをとりながら裏切った分、被告以上にタチが悪いかもしれない。

7. アイヌ民族共有財産とアイヌ遺骨返還の行方

◆札幌高裁でのたたかい

二〇〇二年八月六日、第二審が札幌高裁で始まった。二四人いた原告は一九人に減っていた。原告から降りた五人の理由は定かでないが、おおよその事情は察しがつく。原告に残った青木悦子さんはこう語る。

「アイヌはみんな貧乏なんですよ。控訴審の原告を続けていくのに、一人一万五〇〇〇円が必要だった。これは私にとっても大きい額でしたが、幸い私はペウレ・ウタリの会が出してくれました。そのお金が払えなくてもおかしくないし、勝っても返ってくるお金はわずかです。でもね、裁判で闘っている権利は、たった一九人や二四人のものじゃないんです。アイヌ全員に権利があるはずです」

原告の中に一人、亡くなった人がいる。一審の第四回口頭弁論で、旭川の共有財産について話した杉村満さんで、前年の暮れに亡くなった。その遺志は親族らが引き継いで原告に参加している。こうした変化はあったが、原告団は態勢を立て直し、決意を新たにして二審に臨んだ。

「今度は負けられない」という原告らの思いが、廷内に緊張感を生む。裁判官は、坂本慶一裁判長と、甲斐哲彦、石井浩の陪席二人（両陪席は第五回から、北澤晶、石橋俊一に代わった）。裁判長が原告、被告の双方が提出してある書類の確認を終えてから原告団長の小川隆吉さんが陳述に立った。「控訴審の、冒頭に、あたりまして、……」と、陳述書の文面を一語一語確かめるようにゆっくりと読む。

「（一審の敗訴以来）よく眠ることのできない夜をすごしてまいりました。一人目をつむると、腹立たしさ、悔しさが頭を持ち上げて参ります。また、アイヌの先祖たちに対して、このままでは本当に申し訳ないという気持も起こってきました」

率直な心情の吐露だ。こうした悔しさだけでなく、原告として集まった者には、共有財産の侮蔑的な返し方への怒りもあった。その思いを、小川さんはこう表現した。

「今ここで沈黙していたら、アイヌ民族の誇りを投げ捨てることになります。私もほかの原告も、この裁判はペウタンケの叫びなんだと思っています」

民族の誇りをかけた「ペウタンケの叫び」であるというのだ。「ペウタンケ」とは、危急の折に危害を加える敵に、霊の力で対抗するためにあげる叫び声のこと。自分たちの正しさをカムイ（神）に訴えようと全身全霊からの叫び声を上げ、悪魔払いをするのである。歴史的には、一七八九年（寛政元年）、道東で起こった「クナシリ・メナシの蜂起」時のペウタンケが有名である。

小川さんに次いで、村松弘康弁護団長が意見陳述に立ち、「実体審理に入り、歴史の封印を解こうとすることを認めてほしい」と訴えた。今度こそ、「訴えの利益」論の壁をぶち破り、何がなんでも実体審理入りさせるのだという意気込みの溢れる決意表明だ。村松さんは閉廷後の集会で、実体審理入りの意味を次のように解説している。

「『訴えの利益』論は日本の最も高い壁になっており、司法制度審議会で、行政裁判のあり方が検討されています。……国民が行政を訴えるとき、三〜五％しか勝てない。『敗訴者負担』もあり、訴える者がいなくなる。相手方の弁護士費用を、こちらが負担させられてしまう。そういうとんでもない法律が準備されている。大事な問題です。大きな企業を訴えたり、パイオニアワークの裁判が非常に難しくなる。厚い壁をどう越えていくかということになる」（支援する会「ニュース」第二五号）

一審判決では、被告の共有財産返還決定は原告らの請求通りに認めたものだから、「原告らにとって有利な行政処分」であると判定している。しかし原告らは、これはけっして「有利な行政処分」でないと主張し、根拠を三つ挙げる。①アイヌが先住民族であることや旧土法が廃止されるに至った経緯を配慮しない返還手続きは、アイヌ民族の先住権、人権、条約上の権利を侵害している。②返還に先行する公告内容は、被告が認識したものに限られる。公告の仕方次第で範囲が決定されてしまい、漏れがある可能性がある。③アイヌ文化振興法附則第三条二項は、旧土法における不当な財産管理を清算すべく設けられた条項であり、複数回にわたる返還を予定していない。返還対象から外れた財産を返還請求する手段はない。――以上であり、それゆえに「有利な行政処分」ではなく、「訴えの利益」があるというのだ。

次に、一審判決では、仮にこの返還処分が取り消されてもまた同様の処分がなされるだけと断じたが、これは「行政事件訴訟の取り消し判決の拘束力について理解をまったく欠くもの」と批判している。「取り消し判決の拘束力」とは、行政処分を違法とする判決が出た場合に、その判決趣旨と矛盾する処分等について適切な措置をとらせることだ。同一処分を繰り返してならないのは当然だが、アイヌ民族の権利への配慮、公告から漏れた財産の対象化、貨幣価値の変動への考慮、手続き策定へのアイヌの参加などを盛り込んで返還をやり直せば、従前と同一の処分が繰り返されることはない、と主張する。

ここまでは一審の論戦の延長線上にある論点だが、さらに原告は「『条約法条約』違反」と「違法性の承継」という新たな考えを強く打ち出した。これらと、一審で出した見方をより強めた「先住民族問題としての視点」を合わせた三つが、二審を貫く原告側主張の大きな柱と言ってよい。これらは口頭弁論の中で意見書の提出や証人尋問の形をとって具体的に展開されるので、ここでは新たな二つについてかんたんに紹介しておく。

「『条約法条約』違反」は、次のような趣旨である。少数先住民族は先住権に関する限り独自の法人格をもつ国際法の主体となる。日本は条約に関するウィーン条約（いわゆる「条約法条約」）を批准しており、第二七条では「当事国は条約の不履行を正当化する根拠として、自国の国内法を援用することができない」と定めている。国際法上はアイヌも独自の法人格をもち、先住権に関する問題では日本政府と対等な立場に立つわけである。先住権の尊重という国際義務を免れるために、日本政府が国内法をアイヌに援用するようなことは許されない、という理屈だ。原告は、共有財産の「共有」についても、民法上の「共有」よりも、個人の所有権に分割できない「総有《そうゆう》」ないし「合有《ごうゆう》」に近いものなので、「共有物の分割」に近い返還方法ではなく、総有的な性質を尊重した返し方をすべきだ、と主張している。

「違法性の承継」は旧土法による共有財産の管理は現憲法下はもちろん明治憲法下にあっても違憲なもので

あり、返還について別の法律を策定しても、その違憲性・違法性は承継される――。元が違法なものであれば、手続きだけ整えても、引き続き違法な状態が続くというわけである。被告側が返還手続きだけに絞って、法で定められた手続き通りに返還がきちんとなされようとしたのだから問題がないと主張しているのに対し、部分的に限定して見るのではなく、一連の流れの全体を見るべきだという主張である。

◆札幌高裁でも敗訴

原告側は、二審では学者・研究者らの専門的知見も積極的に取り込み、自分たちの主張を学問的かつ実証的に裏づけていこうとした。

学者の知見は早速、第二回口頭弁論（〇二年一〇月八日）に意見書として原告側から提出された。札幌学院大学法学部の松本祥志教授の「アイヌ民族共有財産と先住権」である。三本柱の「『条約法条約』違反」と「先住民族問題」にかかわる内容であり、アイヌの先住性に関しては国際法上、アイヌと国は対等な立場に立つので国内法の規定を押しつけることができないことを、明らかにするものである。以下、意見書に即して内容を紹介する。

松本さんはまず、一九九七年五月、アイヌ文化振興法案が国会で可決される時になされた付帯決議に着目する。決議は、アイヌ民族の先住性を歴史的事実として再確認するという趣旨のものだった。二風谷ダム事件の札幌地裁判決（一九九七年三月二七日）で正式に認められたアイヌの先住性を再び確認したものと言える。つまり、国として、アイヌ民族という「他の国際法主体」に対する意思表示と位置づけをしたのが、この決議だったというのである。

従来、「国際法主体」は国家だけとされていたが、一九四八年に国連の停戦交渉官がイスラエルで殺害された事件で、国連から勧告的意見を求められた国際司法裁判所は翌年、「（国際法主体とは）国際的な権利または義務を有し、かつ国際請求によって主張する能力をもつもの」との見解を出している。また、第二次大戦時のナチス・ドイツによる人種差別政策への反省から個人の人権を守る国際人権法が誕生し、植民地からの独立闘争は人民を国際法主体にし、国際的な自由貿易の飛躍的発展は個人の国際的役割を拡大し、「投資紛争解決条約」などを生んだ。さらに、インターネットの発達、国際ＮＧＯの活躍などもあり、今では人民や個人も国際法主体になりうると考えられている。

アイヌのような先住民族は、人民の下位概念として「経済的、社会的および文化的権利に関する国際規約」（A規約）と「市民的および政治的権利に関する国際規約」（B規約）の共通第一条（以下、「国際人権規約共通第一条」）における「人民自決権」という国際的な権利をもっている（注・日本は両規約を一九七九年に批准）。

二風谷ダム事件判決、アイヌ文化振興法成立時の付帯決議は、アイヌの先住性を国として認めたものであった。この先住性をもつ先住民族とは国際法上の概念であり、国家と別の法主体として認められるもので、国家と対等な立場にある。先住民は基本権として自決権をもち、この権利にもとづいて、共同体として経済的、社会的、文化的発展を自由に追求したり、天然資源を自由に処分することが尊重される。また、国が先住民の資源を開発するような場合には先住民との協議が必要となり、損害を与えたら補償をしなくてはならない。かつて横行していた「無主地先占」という法理は今では否定され、先住民族と国との譲渡協定がない限り、当該土地の法的権限は先住民族にある。

「アイヌ民族が、先住権という国際的権利を行使して共有財産の処分手続きのやり直しを要求しているときに、『訴えの利益』に関する国内法制度のような、アイヌ民族とは異なる国際法主体である日本国の『内規』（＝国内法制度）を一方的に押しつけることは、国際法上許されない。アイヌ民族が適用に同意した国内法制度ないし規則以外は、適用することが許されない。アイヌ民族との協議を回避して国際法上適正な解決をえることはできない」

二〇〇四年三月四日の第九回口頭弁論で坂本裁判長が結審を宣言、同年五月二七日、札幌高裁判決の言い渡しがなされた。「旧保護法一〇条三項により共有財産として指定された財産の中には、北海道知事において指定後の管理の経緯の詳細を把握しきれていないものがあることは否めない」と、原告側の例示をそのまま認めつつ、知事側の不十分さを認めた。しかし結論としては、原審判決の訴えの利益がないという趣旨をほぼ踏襲し「本件控訴をいずれも棄却」するものであった。

閉廷後に行われた集会において、弁護団長村松弁護士が、判決は「（北海道知事は）指定後の管理の経過を詳細に把握していないことは否めない」として道の管理に問題があったことを指摘した。また、「再度の返還手続きは禁じられていないから、新たに管理していた共有財産が発見された場合には、道は再度の返還手続きを行うべきである」とした点を評価しつつも、返還するべき共有財産を、アイヌ文化振興法施行時に知事が「現に」管理している共有財産に限定することによって、管理経過の問題点解明の道を閉ざした不当判決であると批判した。

引き続いて、控訴人から、最高裁判所に上告して最後までたたかう決意が表明された。

同日、北海道知事高橋はるみは出張先で記者会見をし、「管理している共有財産は十分に調査して公告したものであるから再調査はしない」と言明した。知事のこの言明に関して、控訴人団・全国連は二度にわたる公開質問状を提出して、裁判所判決を尊重し「管理経過の詳細」を再度調査するべきであると追及した。

◆最高裁判所への上告が受理されず

二〇〇四（平成一六）年六月八日、控訴人は記者会見を開き、控訴人中一六名が最高裁判所（以下「最高裁」）に上告することを表明した。

八月四日に「上告理由書」および「上告受理申立書」が弁護士から最高裁に提出された。

二〇〇六（平成一八）年三月二九日には、秋辺上告人が再度最高裁を訪れ、口頭弁論開催を訴える面談が予定されていたが、この日に先立つ三月二四日、上告を棄却する最高裁第二小法廷決定が通告された。

上告棄却の理由は、裁判官全員一致の意見として次の通り述べられている。

民事事件について最高裁判所に上告をすることが許されるのは、民訴法三一二条一項又は二項所定の場合に限られるところ、本件上告理由は、違憲及び理由の不備をいうが、その実質は単なる法令違反をいうもの又はその前提を欠くものであって、明らかに上記各項に規定する事由に該当しない。

上告人団は直ちに「アイヌ民族共有財産裁判上告人緊急声明」を発表し、最高裁決定を批判した。また、上京中の秋辺を通じて、声明と同趣旨の「抗議文」を最高裁に届けた。

7. アイヌ民族共有財産とアイヌ遺骨返還の行方

二〇〇八（平成二〇）年まで、北海道知事は請求者のいない分の共有財産引き取りを、アイヌ文化振興・研究推進機構に申し入れているが、同機構は評議委員会でこの受け取りを拒否している。また同年三月一四日付で、上告人を含む、共有財産の返還決定者に対して、その受領を要請する文書（公告時の知事堀達也名）を送付してきた。同趣旨の文書はこれまで二回届けられているが、三月二五日を限って提出を求める「回答書」と題した文書の内容は、次の通りである。

①共有財産については、北海道は管理するのみで、共有者に分割して渡すことが出来ない。
②各共有別に、共有者間で代表者一名を選出していただき、その代表に口座振替・現金書留・直接手交などの方法によって返還する。
③次の項目に○をつけてください。
1　代表者となる意思がある。名前・連絡先を他の共有者に知らせて差し支えない。

2　代表者となる意思はないが、名前・連絡先を他の共有者に知らせても差し支えない。
3　代表者となる意思もなく、名前・連絡を知らせては困る。

上告人団は、この文書を受けた上告人以外の返還請求者にも呼びかけ意思統一のうえ、知事高橋はるみに抗議文を提出し、「アイヌ民族共有財産返還請求者有志代表小川隆吉」名で「抗議および通告文」を発表した。

1　現在の共有財産管理責任者は、現知事高橋はるみであるにもかかわらず、元知事名の文書を用いて担当課参事名で受領を要請することはアイヌ民族に対する、責任と誠実を欠いたものである。
2　回答は拒否する。
3　共有財産返還を要求する意思は変わっていない。

同時に記者会見を行ったが、席上、小川隆吉は、「北海道知事が、共有財産の管理経過を誠実に説明しない限り受け取る事はしない」と言明した。

「アイヌ文化振興法」附則第三条5項は、「第三項（返還請求は、知事公告の日から起算して一年以内に請求することが出来る・筆者）に規定する期間内に共有財産の共有者が同項の規定による請求をしなかったときは、当該共有財産は指定法人（現、アイヌ文化振興・研究推進機構・筆者）に帰属する。」と規定されている。この規定に従うならば、当裁判の原告は札幌地裁の判決で返還請求分の共有財産の返還を確定されたのであるから、原告に係わる共有財産は原告に帰属することになり、もはや指定法人に帰属させることは出来ないことになったと解釈される。したがって、共有財産の「返還」は、少なくとも当裁判の原告に係わるものに関しては、同人の同意なくして如何なる処分も出来ない事態に至っている。

裁判の過程で、北海道知事は共有財産管理の実態については一貫してその審理を回避してきたが、共有財産

7. アイヌ民族共有財産とアイヌ遺骨返還の行方

そのものはいぜん知事の管理の下に残存することになった。

日本政府が、アイヌ民族を先住民族と認めるに至った今日、旧法においてアイヌ民族に宛てられた共有財産をこのまま知事の下に管理し続けることが出来るであろうか。あらたな解決への途が、法廷において、或いは原告が当初に要請したように、北海道知事の再調査、再報告を通じたアイヌ民族との合意の方策がたてられることが求められている。

アイヌ民族共有財産裁判上告人緊急声明

アイヌ民族共有財産裁判　上告人一同

私たちは、北海道旧土人保護法にかかわる「アイヌ民族の共有財産」管理とその「返還」に関して札幌地方裁判所、札幌高等裁判所の相次ぐ不当な判決を不服とし、二〇〇四年八月最高裁判所に、上告してきたところであります。

去る二〇〇六年三月二四日最高裁判所は、第二小法廷五名の裁判官全員一致の意見として、私たちの訴えを棄却しかつ、上告審としても受理しない旨の判断を下しました。

上告書提出以来私たちは、北海道の先住者アイヌとしての声を直接届けるべく、調査官面談および口頭弁論の開催を求め、かつ下級審では十分に行なわれなかった管理経過についての事実審理を周到に行う機会を与えられるよう要望してきたところであります。この度の棄却は、上告人にとってはきわめて不当かつ侮辱的な判断であると言わざるを得ません。

最高裁判所は、上告棄却の理由として「上告理由は単なる法令違反をいうもの」としています。私たちの訴えは、「北海道旧土人保護法」の下、百年余にわたる不法杜撰な共有財産管理にあらわれた、北海道知事及び日本国のアイヌ政策の不当性を問い直すものでありました。この訴えの本質からして、最高法規に照らして厳格な審理をするべき最高裁判所こそふさわしい場でありました。上告理由書は、この訴えが、日本国憲法および先住民族の権利を尊重する国際法に照らして真摯に審理されるべきであることを委曲を尽くして述べています。

これを「単なる法令違反をいうもの」と断ずる最高裁判所は、私たちの訴えの真意を不当におとしめるものであります。加えて、自らに課せられた、最高の判断によって行政および立法府の不備不当を正すべき責務を放棄したものといわなければなりません。

私たち上告人一同は、このような最高裁判所の判断を到底受け入れることができません。

また、私たちが下級審において明らかにした北海道知事による共有財産管理における多くの問題点は、札幌高等裁判所においてその一部が認められたのみで、全体の解明と私たちおよび祖父母・父母の被った損害は、司法の場で審理されることの無いまま残されることになりました。最高裁判所はじめ札幌地方裁判所・同高等裁判所が、如何に法的手続きや法文上の文言の解釈によって私たちの訴えをしりぞけたとしても、北海道長官および知事の残した文書がしめす不当杜撰な共有財産管理の事実、および九七年知事公告が示した共有財産の虚偽が消え去るものではありません。

日本の近代百余年の間に、「旧土人」と称され、国家と多数日本人から十分な尊重と配慮を受けることなく待遇されてきたわれわれアイヌの人権と誇りを、日本国の司法がその回復のために何ができるのか、第二小法廷裁判官諸氏は改めて自らの課題として頂きたい。

以上、怒りをもって抗議するものです。

二〇〇六年三月二七日

7. アイヌ民族共有財産とアイヌ遺骨返還の行方

◆アイヌ遺骨返還へ

学者達によるアイヌ墓地発掘はその後も続いた。一九六五年には北海道大学が江別市でアイヌ墓地を発掘、七二年には静内町で（現新ひだか町）でも墓地を発掘した。

一九八〇年、北大医学部に集められたアイヌの遺骨、いわゆる「児玉コレクション」が児玉作左衛門の死後（一九七〇年）放置されていることを知った、海馬沢博らアイヌの人々は、北海道大学学長に公開質問状を送ったが、埒があかず北海道ウタリ協会が交渉を引き継いだ。

一九八二年に北大がアイヌ人骨一〇〇四体を保管していると発表。一九八四年、北大が構内にアイヌ納骨堂を建設、〇四年までに九六九体を納骨。遺骨の一部を北海道ウタリ協会に返還した。

二〇〇七年（平成一九年）九月一三日、国連総会で「先住民族の権利に関する国際連合宣言」が採択される。日本も賛成票を投じる。

国連広報センターによると、宣言は、文化、アイデンティティ、言語、雇用、健康、教育に対する権利を含め、先住民族の個人および集団の権利を規定している。宣言は、先住民族の制度、文化、伝統を維持、強化し、かつニーズと願望に従って開発を進める先住民族の権利を強調している。また、先住民族に対する差別を禁止し、先住民族に関係するすべての事項について完全かつ効果的に参加できるようにする。それには、固有の生活様式を守り、かつ経済社会開発に対する自身のビジョンを追求する権利も含められる。また、国連広報官は、この宣言には法的拘束力はないが、「世界の先住民族の待遇を整備する重要な基準であり、これはこの惑星の三億七〇〇〇万人の先住民族に対しての人権侵害を無くし、彼らが差別やマージナライゼーション（周辺化）と戦うのを援助するための疑う余地のない重要なツールである」と評した。

二〇〇八年（平成二〇年）一月一四日、小川隆吉が北大に「北海道大学医学部、児玉作左衛門収集のアイヌ人骨の台帳とそれに関連する文書」を開示請求。二月二九日、北海道大学が「アイヌ人骨台帳」開示決定。

同年六月六日、「先住民族の権利に関する国際連合宣言」決議を受け、国会の衆参両院が「アイヌ民族を先住民族とすることを求める決議」を行う。

同年八月五日、北大開示文書研究会が発足する。

二〇〇九年（平成二一年）一二月、鳩山由起夫民主党内閣の内閣官房長官を座長とする「アイヌ政策推進会議」が発足する。

二〇一一年（平成二三年）六月、「アイヌ政策推進会議」の「『民族共生の象徴となる空間』作業部会報告」がまとまり、「アイヌの精神文化の尊重という観点から、各大学等に保管されているアイヌの人骨について、遺族等への返還が可能なものについては、各大学等において返還するとともに、遺族等への返還の目途が立たないものについては、国が主導して、アイヌの人々の心のよりどころとなる象徴空間に集約し、尊厳ある慰霊が可能となるよう配慮する」と報告された。

二〇一二年（平成二四年）九月一四日、先祖の墓地を「発掘」され、遺骨を持ち去られたままになっている浦河町杵臼コタン出身の城野口ユリさん、小川隆吉さんら計三人の遺族は、北海道大学に奪われた先祖の遺骨の返還と一人当たり三〇〇万円の慰謝料支払いを求めて、札幌地方裁判所に提訴した。訴状には「全道各地でアイヌの墓地をあばき、埋葬されていたアイヌの遺骨を持ち去った」歴史を告発、「現在においても研究材料として扱われている先祖の遺骨を取り戻し、アイヌプリ（アイヌの伝統・習慣の意）にしたがってイチャルパ（先祖供養）したいという原告らの切実な願いの下で訴えを提起した」とある。

二〇一三年（平成二五年）、北海道大学がアイヌ人骨一〇二七体以上を保管していると報告。

文科省でも調査を進め、全国一一大学が一六三五体以上のアイヌ人骨を保管していると報告した。

二〇一四年（平成二六年）一月、畠山敏紋別アイヌ協会長が、モベツコタン（北海道紋別市）由来の遺骨四体の返還などを求めて、北海道大学を提訴した。

7. アイヌ民族共有財産とアイヌ遺骨返還の行方

同年五月二七日、浦幌アイヌ協会（差間正樹会長、一七人）が遺骨六四体の返還などを求めて、北海道大学を提訴した。

同年六月二日、政府は「個人が特定されたアイヌ遺骨等の返還手続に関するガイドライン」を閣議決定。身元の特定された遺骨については、先祖供養をする「祭祀承継者」が希望すれば返還するとのガイドラインを示した。しかし、身元の特定されている遺骨はわずか二三体で、ほかは象徴空間に集約される。

同年六月一三日、「アイヌ文化の復興等を促進するための『民族共生の象徴となる空間』の整備及び管理運営に関する基本方針について」が閣議決定され、北海道白老郡白老町に建設されることが決まる。この象徴空間では、①アイヌ文化の復興とともに②アイヌの人々の遺骨及びその副葬品の慰霊及び管理が目的とされた。これに対し、浦幌アイヌ協会などは「アイヌは個々の子孫ではなく、集落全体で埋葬、供養してきた歴史がある」と反論し、アイヌコタンへの遺骨の返還を求めた。

二〇一五年、道内在住のアイヌ・和人らが「発掘アイヌ遺骨の白老への再集約は人権侵害」と日弁連に救済申し立てる。

二〇一六年三月二五日、三地域の訴訟のうち浦河から持ち去られた遺骨と副葬品について返還することで和解が成立した。

同年七月一五日、一二箱の遺骨は、北海道大学医学部のアイヌ納骨堂（札幌）から、約八五年ぶりに故郷・北海道浦河町杵臼コタンに帰り、引き渡し式が行われた。一六日から一七日にかけカムイノミ（カムイへの祈り）やイチャルパ（慰霊の儀式）など、アイヌプリ（アイヌ式）の儀式を執り行ない、杵臼墓地に元どおり埋葬された。

同年一一月二五日に紋別の遺骨返還訴訟で和解が成立。一七年三月二二日には、浦幌の遺骨返還訴訟でも和解が成立した。同年八月に紋別、九月に浦幌にそれぞれ遺骨が帰った。

その後も、各大学が保管するアイヌ遺骨返還訴訟が提起されるなどしたため、二〇一八年二月、政府のアイヌ政策推進会議は「大学の保管するアイヌ遺骨等の出土地域への返還手続に関するガイドライン」を作成して、出土地域が特定できる遺骨については、出土地域のアイヌ関係団体」からの求めに応じて、出土地域へ返還することとなった。

同年一一月一四日、アイヌらでつくる「先住民族アイヌの声実現！実行委員会」（共同代表：川村シンリツ・エオリパック・アイヌ／多原良子）は、一七年春以降、内閣官房アイヌ総合政策室との七回にわたるチャランケ（交渉）を行い、それを踏まえ一二項目の要求書にまとめ国に手渡した。「⑴従来の国のアイヌ政策でアイヌの権利や文化が深刻な打撃を受けたことへの国の反省と謝罪、⑵『アイヌ民族議会』などを通じた自決権の確立、⑶新設の『交付金制度』は、アイヌが幅広い目的で主体的に使えるようにする、⑷アイヌ文化復興に向け漁労、狩猟、採集を認める。登録制による伝統的サケ漁の解禁、生存捕鯨の権利確立、自然条件に恵まれた土地の返還などを求めている。アイヌ遺骨問題をめぐっては、⑽国および当事者である大学や研究機関の謝罪、問題解決に向けた枠組み作り、今後の研究利用をやめることなどを盛り込んだ」（週刊金曜日二〇一八年一一月二三日号）。

二〇一九年二月一五日、政府は「アイヌの人々の誇りが尊重される社会を実現するための施策の推進に関する法律案」（アイヌ新法案）を閣議決定した。新法案は、アイヌ民族を先住民族として初めて明記し、「先住民族への配慮を求める国内外の要請等に鑑み、従来の福祉政策や文化振興に加え、地域振興、産業振興等を含めた様々な課題を早急に解決することを目的」として新しい交付金制度を創設、サケ漁などの伝統的な狩猟も一部規制を緩和している。しかし先住民族として与えられるべき先住権は与えられていない。

アイヌ民族の側からは、表向きは「先住民族」という言葉を使っているが、アイヌの言語や文化や土地、自然資源というものに対する権利を認めていないなどの批判がでている。真の「アイヌ新法」の実現への道はまだ険しい。

年表

西暦	和暦	アイヌ民族・北海道関連事項	日本
一八世紀初め		場所請負制が始まる。	
一七七四	安永三	飛騨屋久兵衛、貸金と引換えに松前藩から奥蝦夷の厚岸、霧多布、クナシリの三場所を二〇年の約束で請け負う。クナシリのツキノエが飛騨屋の交易船を妨害。	
一七八二	天明二		天明の大飢饉（～八七年）
一七八三	同三	工藤平助『赤蝦夷風説考』でロシア南下への防備を訴える。	
一七八五～八六	同五～六	幕府、最上徳内らに蝦夷・千島を初探検させ、御試し交易を実施。	
一七八九	寛政一	クナシリ・メナシでアイヌ蜂起。松前藩により鎮圧され、三七人が処刑される。	
一七九二	同四	ロシア使節アダム・ラックスマンが漂流民の大黒屋光太夫らを伴い厚岸に来航し、通商を求める。	
一七九三	同五	幕府は松前で会談し、通商を拒否。	
一七九六	同八	ブロートンが率いる英国船、虻田沖に来て測量。	
一七九八	同一〇	幕府の命で近藤重蔵が択捉島に標柱「大日本恵登呂府」を立てる。	
一七九九	同一一	幕府、和人地と東蝦夷地を直轄にする。それとともに、和語使用などアイヌの和風化を進める。	

年表

一八〇四	文化一		ロシア使節レザノフが長崎に来航し、通商を求める
一八〇七	同四	松前藩を陸奥国・梁川に移封し、西蝦夷地を含む全域を幕府直轄にする。前年に樺太でロシア船が襲撃したことが松前に伝えられる。この年も樺太とエトロフ・クナシリに来襲。	
一八一一	同八	ゴローニン率いるロシア船ディアナ号、クナシリ島に来航、調役との会談中に逃走を図り、捕まる。	
一八二一	文政四	幕府、蝦夷地直轄をやめ、松前藩が復領。アイヌの和風化がいっそう進む。	
一八四五	弘化二	松浦武四郎、蝦夷地へ初航。以後五八年までに計六回、蝦夷地、サハリン、南千島を踏査。	
一八五三	嘉永六		米使節ペリー、浦賀に来航。翌年「日米和親条約」結ぶ
一八五五	安政二	松前とその周辺を除く蝦夷地全域を再び幕府直轄とし、函館奉行管轄とする。「日露通好条約」を結び、択捉島まで日本領、サハリン（旧樺太）はロシアとの雑居地に。	
一八六五	慶応一	英国領事館員ら、森村と落部村のアイヌ墓地から人骨を盗掘。	
一八六六	同二	箱館奉行が英国公使と談判。英国側は犯人三人を処分し、陳謝して補償金を出す。	

一八六七	同三		大政奉還、王政復古
一八六八	明治一	榎本武揚ら旧幕軍、五稜郭を占領。	明治維新
一八六九	同二	榎本軍、降伏。開拓使を設置。「蝦夷地」を「北海道」と改称。場所請負制を廃止。	
一八七一	同四	札幌に開拓使庁を開設。アイヌを「平民」籍に入れ、和人式姓名を強要。「旧土人」呼称を公文書で用いるよう指示。アイヌ習俗禁止。	廃藩置県
一八七二	同五	「北海道土地売貸規則・地所規則」を制定。開拓使、アイヌ三五人を東京へ「留学」させる。	
一八七五	同八	「樺太千島交換条約」を結ぶ。ウルップ島以北一八島を日本領土とし、樺太（サハリン）をロシアに譲る。	
一八七六	同九	樺太アイヌを宗谷経由で対雁（江別）へ強制移住。アイヌの戸籍完成（和人は七三年に完成）。アイヌの仕掛け弓猟を禁止。	
一八七七	同一〇	「北海道地券発行条例」制定。アイヌの占有地を「無主地」として官有化。対雁のアイヌ多数がコレラに罹患、一〇年間余でコレラと天然痘で半数の四〇〇人強が死ぬ。	
一八七八	同一一	開拓使、戸籍上のアイヌの呼称を「旧土人」に統一。英国人女性のイザベラ・バードが道内のアイヌコタンを訪ねる（『日本奥地紀行』を八〇年に出版）。	
一八七九	同一二	英国人宣教師バチェラーがアイヌへの伝道を始める。	前年から大雪に見舞われ、全道の鹿が大量

年表

			に死ぬ
一八八二	同一五	開拓使廃止。函館・札幌・根室の三県を置く。	秩父困民党事件
一八八四	同一七	北千島アイヌ九七人を色丹島へ強制移住。	
一八八六	同一九	三県を廃止し、「北海道庁」を設置。「北海道土地払い下げ規則」で和人に官有未開地を一人一〇万坪払い下げ、または無償貸付する。	
一八八八	同二一	宮内省、「新冠御料地」を「新冠御料牧場」と改称し、アイヌ約四〇〇人を奥地のアネサルへ強制移住させる。 バチラーが胆振の幌別にアイヌ児童用の「愛隣学校」を設立。 色丹島に強制移住させられた北千島アイヌ、五年間に約半数の四五人死亡。	
一八八九	同二二		大日本帝国憲法発布
一八九〇	同二三		帝国議会開設
一八九一	同二四	『北門新報』主筆の中江兆民、小樽から稚内まで旅行し、アイヌの現状を紀行文に著す。	
一八九二	同二五	バチラー、函館にアイヌ学校を開設する。 久松義典、『北海道新策』を著し、アイヌについて触れる。	
一八九三	同二六	改進党の加藤政之助代議士が第五回帝国議会に「北海道旧土人保護法」案を提出、否決。	

一八九四	同二七	元秩父困民党指導者・飯塚森蔵が白糠のコタンに潜伏、アイヌと交流する。	日清戦争（〜九五年）
一八九五	同二八		「下関条約」調印
一八九七	同三〇	「北海道国有未開地処分法」公布。同法で開墾・牧畜・植樹等の用地一戸当たり一五〇万〜二五〇万坪を無償貸付、成功後無償付与。華族や大資本の進出を優遇した。	
一八九八	同三一	全道に徴兵令施行（八九年から順次施行地域を拡大）。 政府、衆議院に「北海道旧土人保護法」を提案し、可決。	
一八九九	同三二	「北海道旧土人保護法」公布。 旭川の第七師団設置建設工事を東京の大倉組が請け負って始める。	
一九〇〇	同三三	第七師団西のアイヌ給付予定地を大倉喜八郎へ払い下げると道庁が決定。アイヌに手塩移住を命ずるが、反対運動により払い下げ、移住ともに取り消しとなる。	
一九〇一	同三四	「旧土人児童教育規程」公布。拓殖計画「北海道一〇年計画」の一環として一九一一年までに全道に二一校の「旧土人学校」を開設予定。	
一九〇二	同三五	青森の歩兵第五連隊、八甲田山雪中行軍訓練で遭難、落部村の弁開凧次郎らが捜索に従事。	
一九〇四	同三七		日露戦争（〜〇五年）

年表

一九〇六	同三九	道庁、旭川の近文給与地を旭川町に貸与し、アイヌには一戸一町歩を貸し付け、残りは模範農耕地にする。	
一九〇八	同四一	バチラーの養女、バチラー八重子がバチラー夫妻とともに英国へ渡る。	
一九一一	同四四	皇太子（後の大正天皇）が北海道行啓し、沿線のアイヌが「奉迎」にかり出される。	
一九一三	大正二	樺太アイヌ・山辺安之助『あいぬ物語』を出版。	
一九一四	大正三		第一次世界大戦（〜一八年）
一九一六	同五	新冠御料牧場の都合でアネサルのアイヌ全八〇戸を平取・ヌキベツに強制移住させる（〜一八年）。	
一九一八	同七	武隈徳三郎『アイヌ物語』を出版。	
一九二〇	同九	平取、静内、浦河、白老に「旧土人病院」を設置（〜二二）。	
一九二二	同一一	「旧土人児童教育規程」廃止。アイヌ子弟の教育も一般規程に準拠。	
一九二三	同一二	知里幸恵『アイヌ神謡集』出版。「旧土人救療所」を各地に設置。	
一九二七	昭和二	十勝旭明社（アイヌの教化・生活改善団体）設立。	
一九二九	同四	違星北斗、結核で二九歳で死去。	
一九三〇	同五	北斗の遺歌文集『コタン』出版。アイヌ初の全道的組織「北海道アイヌ協会」が道庁の主唱で設立される。（十勝旭明社が中心となり旭川の	

		アイヌは不参加)。	
一九三一	同六	バチラー・八重子、歌集『若きウタリに』を出版。白老の貝沢藤蔵『アイヌの叫び』を出版。	
一九三二	同七	札幌で第一回全道アイヌ青年大会開催。旭川の給与予定地をアイヌへ返還するよう天川恵三郎、荒井源次郎らが上京して強力な運動を展開。	
一九三四	同九	旭川市近文の給与予定地だけを対象とした「旭川市旧土人保護地処分法」公布（近文アイヌ四九戸に一戸一町歩を給付）。	
一九三七	同一二	知里真志保『アイヌ民譚集』、森竹竹市『原始林』出版。「北海道旧土人保護法」を改正。	日中戦争開始
一九四一	同一六		太平洋戦争開始
一九四五	同二〇		日本敗戦。ポツダム宣言を受託し、無条件降伏
一九四六	同二一	日高・静内町で全道アイヌ大会を開き「北海道アイヌ協会」を設立する（旭川のアイヌも参加）。新冠御料牧場と日高種馬牧場のアイヌへの返還要求などを決議。「北海道旧土人保護法」を改正。	
一九四七	同二二	北海道アイヌ協会、給与地の農地改革法適用除外を道庁・政府に要求するが、不許可となる。	

年表

一九五一	同二六	農林省と北海道で新冠御料牧場の解放を協定、アネサルにアイヌ二二戸の入植が決まる。	サンフランシスコ講和条約・日米安全保障条約調印
一九五六	同三一	知里真志保『アイヌ語入門』出版。	
一九五七	同三二		国際労働機関（ＩＬＯ）第一〇七号条約を採択
一九六一	同三六	北海道アイヌ協会、名称を「北海道ウタリ協会」と改める。	
一九六四	同三九	行政管理庁が「北海道旧土人保護法」の廃止を勧告。	東京オリンピック
一九六六	同四一		国連「国際人権規約」採択
一九六八	同四三	「北海道旧土人保護法」第五次改正（最後の改正）。 北海道百年祝典開催。この後、記念事業が続く。	大学紛争激化 小笠原諸島施政権返還
一九七〇	同四五	全道市長会で「北海道旧土人保護法」の廃止を決議。 北海道ウタリ協会も同廃止を決議。 外務省、国連人権規約に基づく報告書で「本規約に規定する少数民族はわが国に存在しない」と表明。 鳩沢佐美夫『日高文芸』に評論「対談・アイヌ」を発表。	日米安保自動延長 大阪万博開催
一九七一	同四六	萱野茂ら、「二風谷アイヌ文化資料館」を開設。	
一九七二	同四七	道庁、第一回「ウタリ生活実態調査」を実施、結果発表。	沖縄施政権返還 田中角栄が『日本列島改造論』を発表

		「第二六回日本人類学会・日本民族学会連合大会」が札幌医大で開かれ、結城庄司、新谷行らがアイヌ研究を批判。 日高・静内の「シャクシャイン像」台座文字削り取り事件。この後、旭川常磐公園「風雪の群像」爆破などの事件が続く。	札幌オリンピック
一九七三	同四八		石油ショック
一九七四	同四九	第一次北海道ウタリ福祉対策開始（第二次は八一～八七年度、第三次は八八～九四年度、第四次は九五～二〇〇一年度）。	
一九七五	同五〇	東京都、第一回「東京在住ウタリ実態調査」を実施、結果発表。	
一九七九	同五四	道庁、第二回「ウタリ生活実態調査」を実施、結果発表。	日本政府、国連「国際人権規約」A・Bを批准
一九八二	同五七	北海道ウタリ協会、北海道と全千島におけるアイヌの先住権を総会で確認。	国連「先住民に関する作業部会」を設置
一九八四	同五九	北海道ウタリ協会、「北海道旧土人保護法」廃止と「アイヌ新法」の制定を総会で採択、知事と道議会議長に陳情。道は知事の私的諮問機関「ウタリ問題懇話会」を設置。	
一九八五	同六〇	チカップ・美恵子「肖像権裁判」を提訴する。	
一九八六	同六一	中曾根首相「知識水準発言」の釈明に「日本単一民族	

年表

		国家」説を主張して批判の世論が湧き起こり、「北海道旧土人保護法」も問題になる。政府は名称変更で対処しようとするが、北海道ウタリ協会は新法制定を求める。	
		道庁、第三回の「ウタリ生活実態調査」結果を発表。	
一九八七	同六二	国連人権委員会の先住民作業部会にアイヌ代表参加。	
一九八八	同六三	ウタリ問題懇話会が答申を出し、「北海道旧土人保護法」の廃止と「アイヌ新法」制定の必要性を訴える。北海道ウタリ協会は答申に沿った要請を決議し、知事と道議会議長に再陳情。知事・道議会・ウタリ協会の三者が一致して国に要請。「肖像権裁判」和解、原告の実質勝訴。	青函トンネル開通
一九八九	平成一	政府、関係省庁による「アイヌ問題検討委員会」を設置。東京都第二回「ウタリ実態調査」結果発表。	ＩＬＯ第一六九号条約採択
一九九一	同三	国連人権規約にもとづく報告書で政府はアイヌを本規約の「少数民族」と初めて認める。	
一九九二	同四	萱野茂、参院選比例代表区に社会党の名簿一一位に登載、次点で落選。北海道ウタリ協会の野村義一理事長、国連本部で開催の「世界の先住民のための国際年」開幕式で演説。	国連「国際先住民年」
一九九三	同五	「二風谷ダム裁判」（原告・萱野茂、貝沢耕一）始ま	

		る。道庁、第四回「ウタリ生活実態調査」結果発表。	
一九九四	同六	萱野茂、参議院議員に繰り上げ当選し、アイヌ初の国会議員になる。	国連「世界の先住民の国際一〇年」
一九九五	同七	内閣官房長官の私的諮問機関「ウタリ対策のあり方に関する有識者懇談会」を設置。	
一九九六	同八	「有識者懇談会」が答申を出し、アイヌの北海道への先住性を認め、アイヌ伝統文化の保存振興と理解の促進策を採るよう求める。	
一九九七	同九	「アイヌ文化の振興並びにアイヌの伝統に関する知識の普及及び啓発に関する法律」（アイヌ文化振興法）公布。「北海道旧土人保護法」を廃止。「二風谷ダム裁判」で札幌地裁が原告の実質勝訴となる判決を出す。この中で、アイヌの「先住性」を認める。	
一九九七	同九	アイヌ文化振興法で定められた業務を行う「財団法人アイヌ文化振興・研究推進機構（略称アイヌ文化振興財団）」が設立。	
一九九九	同一一	アイヌ有志、「アイヌ共有財産訴訟」を札幌地裁に提訴（7・5）。アイヌ共有財産裁判第一回口頭弁論（10・21）。	
二〇〇〇	同一二	国土交通省、文部科学省、北海道、アイヌ文化振興財団、北海道ウタリ協会との間で「アイヌ文化振興等施	

年表

		策推進会議」が設置される。	
二〇〇二	同一四	札幌地裁でアイヌ共有財産裁判原告敗訴の判決。	
二〇〇三	同一五	北海道ウタリ協会総会議案書に「共有財産問題はアイヌ民族蔑視政策の象徴。認識することは重要。（パンフ）配布などに支援」と記載（5月14日）。	
二〇〇四	同一六	札幌高裁でアイヌ共有財産裁判「控訴いずれも棄却」判決（5・27）。	
二〇〇六	同一八	アイヌ共有財産裁判最高裁第二小法廷、上告棄却決定（3月24日）。	9月13日、国連総会において「先住民族の権利に関する国際連合宣言」採択。日本政府は賛成票を投じた。
二〇〇八	同二〇	衆参両議院で政府に「アイヌ民族を先住民族とすることを求める決議」が全会一致で採決される（6・6）。 8月、内閣官房長官が、総合的な施策の確立に取り組むため「アイヌ政策のあり方 に関する有識者懇談会」を設置。 小川隆吉が北大に児玉作左衛門収集のアイヌ人骨台帳を開示請求（1・14）。 北海道大学が「アイヌ人骨台帳」開示決定（2・29）。 北大開示文書研究会が発足する（8・5）。	
二〇〇九	同二一	4月、北海道ウタリ協会が、アイヌ協会に名称変更。 7月、「アイヌ政策のあり方に関する有識者懇談会」が報告書を内閣官房長官に提出。 鳩山由起夫民主党内閣の内閣官房長官を座長とする	

二〇一一	同二三	「アイヌ政策推進会議」が発足（12月）。
二〇一二	同二四	「アイヌ政策推進会議」の「『民族共生の象徴となる空間』作業部会報告」がまとまる（6月）。 浦河町杵臼コタン出身の城野口ユリ、小川隆吉ら遺族は、遺骨返還と慰謝料支払いを求めて、札幌地方裁判所に提訴（9・14）。
二〇一三	同二五	北海道大学がアイヌ人骨一〇二七体以上を保管していると報告。 文科省も全国一一大学一六三五体以上のアイヌ人骨を保管と報告。
二〇一四	同二六	畠山敏紋別アイヌ協会長が、モベツコタン（北海道紋別市）由来の遺骨四体の返還などを求めて、北大を提訴（1月）。 浦幌アイヌ協会（差間正樹会長）が遺骨六四体の返還などを求めて、北大を提訴（5・27）。 政府が「個人が特定されたアイヌ遺骨等の返還手続に関するガイドライン」を閣議決定（6・2）。 「アイヌ文化の復興等を促進するための『民族共生の象徴となる空間』の整備及び管理運営に関する基本方針について」が閣議決定され、白老郡白老町に建設決定（6・13）。
二〇一五	同二七	道内在住のアイヌ・和人らが「発掘アイヌ遺骨の白老

二〇一六	同二八	への再集約は人権侵害」と日弁連に救済申し立て。 三地域の訴訟のうち浦河から持ち去られた遺骨と副葬品について返還することで和解が成立（3・25）。 浦河町の遺骨は、北大医学部のアイヌ納骨堂（札幌）から、約八十五年ぶりに故郷に帰り、引き渡し式を執り行ない、杵臼墓地に元どおり埋葬された（7・15〜17）。
二〇一七	同二九	紋別の遺骨返還訴訟で和解が成立（11・25）。 浦幌の遺骨返還訴訟でも和解が成立（3・22）。同年八月に紋別、九月に浦幌にそれぞれ遺骨が帰った。
二〇一八	同三〇	政府のアイヌ政策推進会議が「大学の保管するアイヌ遺骨等の出土地域への返還手続に関するガイドライン」を作成（12月）。 「先住民族アイヌの声実現！実行委員会」（共同代表：川村シンリツ・エオリパック・アイヌ／多原良子）が、アイヌ新法案について一二項目の要求書にまとめ国に手渡す（11・14）。
二〇一九	同三一	政府がアイヌ新法案を閣議決定（2・15）。

参考文献

参考文献（各項目内は、編著者名もしくは書名を原則として五十音順に配列）

〔概説書・通史〕

・『旭川市史』第一巻（一九五九年）
・榎森進『アイヌの歴史　北海道の人びと〔2〕』（三省堂、一九八七年）
・喜多章明『アイヌ沿革誌』（北海道出版企画センター、一九八七年）
・木村尚俊他編『北海道の歴史　60話』（三省堂、一九九六年）
・『釧路市史』（一九五七年）
・財団法人アイヌ文化振興・研究推進機構編『アイヌ民族に関する指導資料』（二〇〇〇年）
・『新釧路市史』（一九七四年）
・『新選北海道史』（一九三六・一九三七年）
・『新北海道史』（一九六九―一九八一年）
・新谷行『増補アイヌ民族抵抗史』（三一新書・三一書房、一九七七年）
・関秀志・桑原真人『北海道民のなりたち』（北の生活文庫第一巻、北海道新聞社、一九九五年）
・高倉新一郎『アイヌ政策史』（日本評論社、一九四二年）
・田畑宏・桑原真人監修『アイヌ民族の歴史と文化』（山川出版社、二〇〇〇年）
・田畑宏・桑原真人・船津功・関口明『北海道の歴史』（同、同）
・永井秀夫・大庭幸生編『北海道の百年』（山川出版社、一九九九年）
・北海道ウタリ協会『アイヌ史』資料篇３（北海道出版企画センター、一九九一年）
・宮島利光『アイヌ民族と日本の歴史』（三一新書・三一書房、一九九六年）

〔史料・資料・歴史的文献〕

参考文献

・アイヌ民族共有財産裁判を支援する全国連絡会編『アイヌ民族共有財産関係資料　第2集』（二〇〇〇年）
・「アイヌ民族共有財産裁判の記録」編集委員会編『百年のチャランケ――アイヌ民族共有財産裁判の記録』（緑風出版、二〇〇九年）
・「天川恵三郎手記」（谷川健一編『近代民衆の記録5　アイヌ』所収、新人物往来社、一九七二年）
・「荒井源次郎上京日誌」（同、同、同）
・阿部正己蒐集『アイヌ関係新聞記事』（阿部正己編『アイヌ史資料集』第六巻所収、北海道出版企画センター、一九八五年）
・阿部正己編『札幌県旧土人沿革調査』『十勝国旧土人沿革調査』『根室県旧土人資料』（阿部正己編『アイヌ史資料集4』所収
・阿部正己編『アイヌ史資料集』第四～第六巻（北海道出版企画センター、一九八三―八五年）
・板倉源次郎『北海随筆』（『日本庶民生活史料集成』第四巻所収、三一書房、一九六九年）
・『蝦夷地一件』（井上隆明訳・原本現代語訳、教育社新書・教育社、『赤蝦夷風説考』所収、一九七九年）
・『蝦夷の光』創刊号（『近代民衆の記録5』所収）
・『英国人アイヌ墳墓発掘事件』（阿部正己編『アイヌ史資料集』第四巻所収）
・小川正人・山田紳一編『アイヌ民族　近代の記録』（草風館、一九九八年）
・「開拓使日誌」（日本近代思想大系22『差別の諸相』所収、岩波書店、一九九〇年）
・「開拓使布達」（『対アイヌ政策法規類集』、河野本道選『アイヌ史資料集』第二巻所収）
・「樺太千島交換条約附録」（同、同）
・「樺太移住土人ニ対スル救護並ニ授産計画」（同、同）
・『北の光』（谷川健一編『近代民衆の記録5』所収）
・「旧樺太土人蓄積御本県ヨリ御下渡可相成分御繰替エ渡ノ義ニ付願上」（『対雁移住旧樺太土人沿革』、阿部正己編『アイヌ史資料集5』所収）

・工藤平助『赤蝦夷風説考』（井上隆明訳・原本現代語訳、教育社新書、一九七九年）
・「啓明会第十八回講演集」（河野本道選『アイヌ史資料集』第五巻所収）
・河野常吉蒐集『アイヌ関係新聞記事』（河野常吉編『アイヌ関係資料集』第七巻所収）
・河野常吉編『アイヌ史資料集』第七巻（北海道出版企画センター、一九八四年）
・河野本道選『アイヌ史資料集』第一―第六巻（北海道出版企画センター、一九八〇―八一年）
・『古事記』（ワイド版岩波文庫・岩波書店、一九九一年）
・「国会資料」（北海道ウタリ協会編『アイヌ史』資料編3所収）
・財団法人アイヌ文化振興・研究推進機構編『平成10年度　普及啓発セミナー報告集』（一九九九年）
・更科源蔵・吉田豊共訳『アイヌ人物誌』（松浦武四郎『近世蝦夷人物誌』現代語訳、農文協、一九八一年）
・関場不二彦『あいぬ医事談』（河野本道選『アイヌ史資料集』第三巻所収）
・高橋信吉『蝦夷痘黴史考』（同）
・高橋真「不正和人を追放せよ」（『アイヌ新聞』創刊号、小川正人他編『アイヌ民族　近代の記録』所収、草風館、一九九八年）
・谷川健一編『近代民衆の記録5　アイヌ』（新人物往来社、一九七二年）
・『対雁移住旧樺太土人沿革』（阿部正己編『アイヌ史資料集』第五巻所収）
・「対雁旧樺太移民共救組合約定書」（『対アイヌ政策法規類集』所収）
・「帝国議会資料」（北海道ウタリ協会編『アイヌ史』資料編3所収）
・東京都『東京在住ウタリ実態調査報告書』（東京都、一九七五・一九八九年）
・中江兆民「西海岸にての感覚」（『差別の諸相』所収）
・新井田孫三郎『寛政蝦夷亂取調日記』（『日本庶民生活史料集成』第四巻所収）
・羽太庄左衛門正養『休明光記』（『新撰北海道史』第五巻資料一所収、一九三六年）
・久松義典「北海道新策」（『差別の諸相』所収）

参考文献

・平秩東作『東遊記』(『日本庶民生活史料集成』第四巻所収)
・北海道『アイヌ民族を理解するために』(北海道、一九九〇・一九九六年)
・北海道ウタリ協会編『アイヌ民族の自立への道』(北海道ウタリ協会、一九八七年)
・『北海道新聞四十年史』(北海道新聞社)
・北海道警察本部『白老村・敷生村・元室蘭村、旧土人結核病トラホーム調査復命書』(河野本道選『アイヌ史資料集』第三巻所収、一九八〇年)
・北海道庁『ウタリ生活実態調査報告書』(北海道、一九七二・一九八六・一九九三年)
・北海道庁『旧土人に関する調査』一九一八年(『近代民衆の記録5』所収)
・北海道庁「近文給与地関係北海道指令」(河野本道選『アイヌ史資料集』第二巻所収)
・北海道庁『北海道旧土人』一九一一年、『北海道旧土人概況』一九二六年(河野本道選『アイヌ史資料集』第一巻所収)
・北海道庁『北海道社会事業』第四二号(『アイヌ民族 近代の記録』所収)
・松浦義信編、松本十郎書簡『根室も志保草』現代文(みやま書房、一九八四年)
・松本十郎『石狩十勝両河紀行』(『日本庶民生活史料集成』第四巻所収)
・『宮古島島費軽減及び島政改革請願書』(『差別の諸相』所収)
・最上徳内『蝦夷国風俗人情之沙汰』(『日本庶民生活史料集成』第四巻所収)
・吉田巌『心の碑』(吉田巌著編『アイヌ史資料集』第一巻所収)
・吉田巌『アイヌ史資料集』第一巻(北海道出版企画センター、一九八三年)
・『良友』(『アイヌ民族 近代の記録』所収)

〔アイヌ自身の著作〕

・違星北斗遺稿集『コタン』(『近代民衆の記録5』所収)
・小川佐助「馬師一代」(川上勇治『エカシとフチを訪ねて』所収)

・小信小太郎「いつまでも学者の研究材料たる勿れ」（『蝦夷の光』第二号、『近代民衆の記録5』所収）
・貝沢正「土人保護施設改正に就いて」（同、同）
・川上勇治『エカシとフチを訪ねて』（すずさわ書店、一九九一年）
・萱野茂『アイヌの碑』（朝日文庫・朝日新聞社、一九九〇年）
・武隈徳三郎『アイヌ物語』（河野本道選『アイヌ史資料集』第五巻所収）
・チカップ美恵子『風のめぐみ　アイヌ文化と人権』（御茶の水書房、一九九一年）
・知里幸恵『アイヌ神謡集』（岩波文庫・岩波書店、一九七八年）
・知里真志保『アイヌ語入門』（にれ双書・楡書房、一九五六年）
・バチラー八重子『若き同胞に』（『近代民衆の記録5』所収）
・鳩沢佐美夫『対談・アイヌ』（『日高文芸』第六号、『近代民衆の記録5』所収）
・森竹竹市『原始林』（『近代民衆の記録5』所収）
・山本多助「全道ウタリーよ蹶起せよ」（『アイヌ新聞』第二号、同）
・山辺安之助著、金田一京助編『あいぬ物語』（河野本道選『アイヌ史資料集』第六巻所収）
・結城庄司『アイヌ宣言』（三一書房、一九八〇年）

〈研究書・論文〉

・上村英明『北の海の交易者たち――アイヌ民族の社会経済史――』（同文舘、一九九〇年）
・岡田路明「アイヌ――生活・文化・世界観」（札幌学院大学人文学部編『北海道と少数民族』所収、札幌学院大学、一九八六年）
・小熊英二『〈日本人〉の境界』（新曜社、一九九八年）
・海保洋子『近代北方史――アイヌ民族と女性と』（三一書房、一九九二年）
・桑原真人『戦前期北海道の史的研究』（北海道大学図書刊行会、一九九三年）

参考文献

・国立国会図書館編『アイヌ民族のための法律』(国立国会図書館、一九八七年)
・国立国会図書館編『外国の立法――特集先住民族』(同、一九九三年)
・竹ケ原幸朗「『解平社』の創立と近文アイヌ給与予定地問題」(永井秀夫編『近代日本と北海道』所収、河出書房新社、一九九八年)
・テッサ・モーリス＝鈴木『辺境から眺める　アイヌが経験した近代』(みすず書房、二〇〇〇年)
・ひろたまさき『日本近代社会の差別構造』(『差別の諸相』所収)
・松井恒幸「近文アイヌと『北海道旧土人保護法』」(『近代民衆の記録5』所収)

〔一般書〕

・イザベラ・バード『日本奥地紀行』(高梨健吉訳、東洋文庫・平凡社、一九七三年)
・上田満男『わたしの北海道――アイヌ・開拓使』(すずさわ叢書14、すずさわ書店、一九七七年)
・小笠原信之『しょっぱい河――東京に生きるアイヌたち』(記録社、一九九〇年)
・小笠原信之『Q&A　アイヌ差別問題読本』(緑風出版、一九九七年。増補改訂版、二〇〇四年)
・掛川源一郎『バチラー八重子の生涯』(北海道出版企画センター、一九八八年)
・萱野茂監修『アイヌ民族写真・絵画集成』第六巻『アイヌ民族の歴史　差別・抑圧と誇り』(日本図書センター、一九九五年)
・樺太アイヌ史研究会編『対雁の碑　樺太アイヌ強制移住の歴史』(北海道出版企画センター、一九九二年)
・現代企画室編集部編『アイヌ肖像権裁判・全記録』(現代企画室、一九八八年)
・『現代日本朝日人物辞典』(朝日新聞社、一九九〇年)
・小池喜孝『伝蔵と森蔵』(現代史出版会、一九七六年)
・小井田武『アイヌ墳墓盗掘事件』(みやま書房、一九八七年)
・小坂洋右『流亡――日露に追われた北千島アイヌ』(道新選書24・北海道新聞社、一九九二年)

・砂川幸雄『大倉喜八郎の豪快なる生涯』（草思社、一九九六年）
・『飛礫11』（つぶて書房発行、鹿砦社発売、一九九六年）
・仁多見巌『異境の使途』（北海道新聞社、一九九一年）
・橋本進『南北の塔　アイヌ兵士と沖縄戦の物語』（草土文化、一九八一年）
・花崎皋平『静かな大地　松浦武四郎とアイヌ』（同時代ライブラリー・岩波書店、一九九三年）
・藤村久和『アイヌ、神々と生きる人々』（福武書店、一九八五年）
・藤本英夫『銀のしずく降る降る』（新潮選書・新潮社、一九七三年）
・藤本英夫『知里真志保の生涯』（同・同、一九八二年）
・本多貢『北海道地名漢字解』（北海道新聞社、一九九五年）
・北大開示文書研究会編著『アイヌの遺骨はコタンの土へ――北大に対する遺骨返還請求と先住権』（緑風出版、二〇一六年）
・松下竜一『狼煙を見よ』（現代教養文庫・社会思想社、一九九三年）
・和田春樹『北方領土問題』（朝日選書・朝日新聞社、一九九九年）

あとがき

幕末から現代まで。そう遠くはない時代の、日本国内のアイヌの歴史を本書はたどっています。それはこの期間の歴史が、今のアイヌ民族を取り巻く状況にきわめて密接かつ重要な関係を持っている、と判断してのことです。「今」を知るには、この百数十年から二百年間ほどの歴史を抜きにできないと考えたからです。

この問題意識は、前著『Q&A　アイヌ差別問題読本』(緑風出版、九七年)の出版前後から持ち続けているものです。幸い、前著が多くの読者から好評裡に迎えられ、とりわけアイヌの人たち自身に歓迎していただけたことが、何よりの励ましになりました。そして、実はアイヌの人たちが、手軽に読める「通史」的な書物を切望していることも知りました。北海道ウタリ協会でそうした出版計画があったものの、紆余曲折の末に断念したそうです。たぶん、さまざまな難しい問題があってのことでしょう。

もとより本書がそれに代わるものではありません。それでも筆者としては、アイヌの人々にも十分に納得していただけるアイヌ史をと心がけました。望ましいのは、アイヌ自らの手で自民族の歴史を記録することだと思います。そしてそれが実現したら、本書は一定の役割を終えたと言っていいでしょう。そのためのささやかな一里塚になりえたら本望です。

ただし、アイヌの人々に納得してもらうといっても、それは彼らに迎合することではありません。史実の一つひとつを冷静に点検し、背後の流れを読み取り、より客観に近い歴史へとまとめ上げてゆく作業が必要だと思います。この点で、とりわけ幕末から明治期の記述には、アイヌの人々自身ばかりか、いわゆる和人も、目をそむけたくなるような内容があろうかと思います。でも、それをしっかり見つめることからすべての論議が出発し、より深い理解に達しうるのだと確信しております。

日本史における「アイヌ史」は、アイヌと和人との関係史です。そして、それは圧倒的な力の差を背景に、和人側の一方的な収奪、抑圧の連続という形を取り、とても不幸な関係でした。だから「加害者」の和人には発言権が一切ないのかと言えば、そうではないはずです。アイヌが抑圧から立ち上がるのを待つだけでなく、非アイヌの側からもそれに呼応し、励ますような歴史の見直しがあってしかるべきだと思います。「関係史」である以上、もう一方の発言者は私たちです。その意味からも、多くの非アイヌの人々にも、本書を通じて、アイヌ民族と私たちとの関係に尚一層の思いを馳せていただきたいと思います。

記述に際しては、一次資料による裏打ちをできるだけ丁寧に行なおうとしました。事実に即して語るというのが、ジャーナリストの基本姿勢ですので。それともう一点、できるだけわかりやすく、やさしい記述をと心がけましたが、歴史的資料の多用により難しい文章が自ずと多くなってしまいました。それを少しでも和らげようと、難解漢字には極力、ルビをつけるようにしました。

アイヌ文化振興法の施行から丸四年。アイヌ民族自身の自覚と自立への意欲が高まる一方、現実の差別や生活困難は一向に改善されていません。この現実が少しでも良くなるために、本書が役立つことを願ってやみません。最後に、本書を企画し、長年にわたり粘り強く励ましてくださった緑風出版社長の高須次郎さんに、改めて深く感謝申し上げます。

二〇〇一年六月末　梅雨の晴れ間に

小笠原　信之

あとがき

増補改訂版について

本書は、二〇〇一年の初版刊行後、江戸末期から今日までの歴代日本政府によるアイヌ差別政策とアイヌ民族の復権への歩みをまとめた本として定評をいただいている。その後、増補改訂版の刊行を考えていたが、二〇一二年に著者が急逝した。初版で著者が取り上げたアイヌ民族共有財産裁判は札幌地裁に審理中であり、アイヌ遺骨返還問題もその後大きな展開を見た。

増補改訂版にあたっては、著者が二〇〇四年の小社から刊行した『アイヌ共有財産裁判——小石一つ自由にならず』から地裁、高裁での審理と判決の重要な部分を著者の文章でまとめた。最高裁での上告棄却前後については、小社刊行の『百年のチャランケ——アイヌ民族共有財産裁判の記録』(「アイヌ民族共有財産裁判の記録」編集委員会編、二〇〇九年)所収の滝沢正「アイヌ民族共有財産裁判の経過」からも一部引用、参照させていただいた。記して感謝したい。

また「アイヌ遺骨返還へ」に関しては、本書刊行以降の動きを時系列的にまとめた。また年表についても重要項目を加え、読者の便を図った。

いずれも増補改訂部分についての文責は緑風出版にある。

〈著者略歴〉

小笠原信之（おがさわら　のぶゆき）

1947年、東京都生まれ。北海道大学法学部卒業。新聞記者を経てフリー・ジャーナリスト。

著書に『職業としてのフリー・ジャーナリスト』（晩聲社）『プロブレムＱ＆Ａ　アイヌ差別問題読本』『プロブレムＱ＆Ａ　ガン〝告知〟から復帰まで』『許されるのか？ 安楽死』『医療現場は今』『アイヌ共有財産裁判』『どう考える？ 生殖医療』『ペンの自由を貫いて』『「北方領土問題」読本』（共に緑風出版）『ガン告知最前線』（三一書房）『塀のなかの民主主義』（潮出版社）『しょっぱい河｜｜東京に生きるアイヌたち』（記録社）『「がん」を生きる人々』（時事通信社）など。訳書に『がんサバイバル』（緑風出版）『操られる死』（時事通信社、共訳）などがある。

2012年、逝去。

アイヌ近現代史読本《きんげんだいしどくほん》 ［増補改訂版］

2001年　7月30日　初版第1刷発行　　定価2400円＋税
2004年　4月10日　初版第3刷発行
2019年　4月25日　増補改訂版初版第1刷発行

著　者　小笠原信之©

発行者　高須次郎
発行所　緑風出版
〒113-0033　東京都文京区本郷2-17-5　ツイン壱岐坂
〔電話〕03-3812-9420　〔FAX〕03-3812-7262　〔郵便振替〕00100-9-30776
［E-mail］info@ryokufu.com
［URL］http://www.ryokufu.com/

装　幀　堀内朝彦・斎藤あかね
組　版　R 企 画　　印　刷　中央精版印刷・巣鴨美術印刷
製　本　中央精版印刷　　用　紙　大宝紙業・中央精版印刷　　E1200

ISBN978-4-8461-1908-9　C0021

百年のチャランケ
アイヌ民族共有財産裁判の記録
「アイヌ民族共有財産裁判の記録」編集委員会編

A5判上製
六一六頁
6000円

理不尽なアイヌ民族共有財産の返還に対し、アイヌ民族は行政に対し不正・不法を訴える。アイヌ民族の尊厳と人権を懸けた〈百年のチャランケ＝談判〉裁判闘争の全記録と、今日の日本国家によるアイヌ民族蔑視・差別の構造を明確にする。

アイヌの遺骨はコタンの土へ
――北大に対する遺骨返還請求と先住権
北大開示文書研究会編著

四六判並製
三〇四頁
2400円

一九世紀、頭蓋骨計測研究のためアイヌの墓地から、人骨と副葬品を持ち去った。今も大量の遺骨を保管する北大を相手に返還訴訟を起こしたアイヌたちの闘いを通して、先住権を無視したまま日本政府が進める「名ばかりのアイヌ政策」を告発する。

植民学の記憶
アイヌ差別と学問の責任
植木哲也著

四六判上製
二四〇頁
2400円

一九七七年に北大の「北海道経済史」講義で起きたアイヌ民族に対する差別発言……。その背景を探るため、札幌農学校以来の「植民学」の系譜を辿り、現代に至るアイヌ民族差別の源流を明らかにするとともに、「学問」の責任を考える。

プロブレムQ＆Aシリーズ
新・部落差別はなくなったか？［改訂版］
［隠すのか顕すのか］
塩見鮮一郎著

A5判変並製
二三六頁
1800円

部落民は「見えない人間」になりつつあり、マスコミもふれようとしない。しかしネットではあからさまな部落差別表現がとびかう。本書は、部落差別もまた、他の差別問題と同様に顕すことで、議論を深め、解決していく必要を説く。

国境の北と日本人
藤巻光浩著

四六判並製
二五六頁
2000円

旧樺太豊原、朝鮮戸籍の彼はバスを降ろされた……近代日本の国境の北であった大地。サハリン（旧樺太）、アイヌモシリ・旭川から青森へ――「国境」の北への旅。コロニアルな記憶を辿る旅から見えてきた「日本」と「日本人」の自画像……